eye.
守望者

——

到灯塔去

杰克之书

他们口中的凯鲁亚克

[美]巴里·吉福德 [美]劳伦斯·李 著
蒋怡 译

Barry Gifford
Lawrence Lee

Jack's Book:
An Oral Biography of Jack Kerouac

南京大学出版社

Jack's Book: An Oral Biography of Jack Kerouac
by Barry Gifford and Lawrence Lee
Copyright © Barry Gifford and Lawrence Lee, 1978
Introduction copyright © Barry Gifford, 1994
Simplified Chinese translation copyright © 2022
by Nanjing University Press Co., Ltd.
Published by arrangement with Curtis Brown Ltd.
through Bardon-Chinese Media Agency
ALL RIGHTS RESERVED

江苏省版权局著作权合同登记 图字：10-2018-555 号

图书在版编目（CIP）数据

杰克之书：他们口中的凯鲁亚克／（美）巴里·吉福德，（美）劳伦斯·李著；蒋怡译. 一南京：南京大学出版社，2022.4

书名原文：Jack's Book: An Oral Biography of Jack Kerouac

ISBN 978-7-305-25073-6

Ⅰ.①杰… Ⅱ.①巴… ②劳… ③蒋… Ⅲ.①克鲁亚克(Kerouac, Jack 1922—1969)-传记 Ⅳ.①K837.125.6

中国版本图书馆 CIP 数据核字(2021)第 229654 号

出版发行	南京大学出版社
社　　址	南京市汉口路 22 号　　邮　编 210093
出 版 人	金鑫荣
书　　名	杰克之书：他们口中的凯鲁亚克
著　　者	［美］巴里·吉福德　［美］劳伦斯·李
译　　者	蒋　怡
责任编辑	顾舜若
照　　排	南京紫藤制版印务中心
印　　刷	徐州绪权印刷有限公司
开　　本	880×1230　1/32　印张 13.5　字数 313 千
版　　次	2022 年 4 月第 1 版　2022 年 4 月第 1 次印刷
ISBN	978-7-305-25073-6
定　　价	78.00 元

网　　址　http://www.njupco.com
官方微博　http://weibo.com/njupco
官方微信　njupress
销售咨询　025-83594756

＊ 版权所有，侵权必究
＊ 凡购买南大版图书，如有印装质量问题，请与所购图书销售部门联系调换

四重传记:这一代人的道路(代序)

马 凌[1]

杰克·凯鲁亚克(1922—1969)的《在路上》出版于1957年,《纽约时报》迅速予以"时代之作"的高度评价,书评作者吉尔伯特·米尔斯坦指出:"就如同《太阳照常升起》比20年代的任何一部小说都更能被认为是'迷惘的一代'的信仰声明,《在路上》将被奉为'垮掉的一代'的信仰声明。"按照凯鲁亚克的好朋友威廉·巴勒斯的说法,该书出版后"美国售出了亿万条牛仔裤和百万台煮咖啡机,并且促使无数青年人踏上了漫游之路"。《在路上》不仅预言和激励了嬉皮士运动,并超越了"垮掉派"和"嬉皮士",以反抗束缚、蔑视物质、背包上路、纵情高歌、生命狂欢而成为西方青年亚文化的绝对经典。当然在保守的读者看来,书中人物吸毒、乱交、反传统、反主流,完全不能接受。誉之所至,谤亦随之,关于本书的争议从来都没有停息。放浪形骸固然不值得追随,追求自由与爱却也不能被轻易否决。如果青春是一场必定要发的

---

[1] 马凌,女,文学硕士,史学博士,新闻传播学博士后。复旦大学新闻学院教授,博士生导师。书评人。

烧,《在路上》就永远有一群体温三十七度二的读者。

在中国,1962年《在路上》的最早一个节译本出版,收于作为"反面教材"的"黄皮书"系列。十年后,阅读了本书的诗人芒克和画家彭刚以"先锋派"命名了二人的联盟,并热血沸腾地进行了一次扒火车的流浪之旅——在"文革"后期的氛围里,自然是以失败告终。改革开放以后,外国文学的大量译介成为"解放思想"的路径之一。1984年,广有影响的《外国现代派作品选》第三册收入了《在路上》片段,由黄雨石、施咸荣翻译,杰克·凯鲁亚克的大名走出了禁书目录。1990年和1998年,漓江出版社分别推出了陶跃庆和文楚安翻译的《在路上》;2006年,上海译文出版社推出了王永年的译本。该书的强烈叛逆性一度连译者们都很难接受,陶跃庆说:"读完整部作品才发现,情节之平淡、结构之混乱、文字之粗俗、俚语俗语之频密,完全超出我们对一部一般文学作品的想象。"王永年也直率地告诉记者:"我个人认为,无论是文字上还是文学上,这本小说都没有太大的出众之处,行文和结构都比较糟糕。"尽管毁誉参半,甚至正是因为毁誉参半,本书逐渐积累了中国读者,从未像在美国一样流行,也从未跌出小众经典的榜单。

时至今日,《在路上》的主人公们酷爱的66号公路,已经有了中国西部版本;背包客、搭车族、自驾族们堵塞着出城的道路;深受"垮掉的一代"影响的摇滚乐和音乐节,也都在中国普及和更新。旧金山"凯鲁亚克小巷"的"城市之光书店",迎来朝圣的中国文艺青年。甚至鲍勃·迪伦获得诺贝尔文学奖,都会带动《在路上》又一波热卖,因为迪伦说过,"对我来说,《在路上》就像《圣经》","它彻底改变了我的人生,就像它改变了每一个人那样"。最惊人的是2020年,《在路上》有十多个不同的简体字中译本出版,有的出版社甚至同时推出两个译本。即便是因为该书已成为"公版书",在中国的外国文学出版史上,这亦属前所未有的盛况,能够相提并论的只有海明威的《流动的盛宴》。

除了《在路上》,凯鲁亚克的其他作品也陆续引进中国,包括《荒凉天使》(2006)、《垮掉的一代》(2007)、《孤独旅者》(2007)、《达摩流浪者》(2008)、《巴黎之悟》(2010)、《俄耳甫斯诞生》(2012)、《而河马被煮死在水槽里》(2012)、《镇与城》(2013)、《梦之书》(2013)、《杜洛兹的虚荣》(2014)、《吉拉德的幻象》(2014)、《科迪的幻象》(2014)、《特丽丝苔莎》(2014)、《大海是我的兄弟》(2014)、《玛吉·卡西迪》(2014)、《地下人·皮克》(2015)、《大瑟尔》(2015)等,大约占到凯鲁亚克全部作品的百分之九十。有关凯鲁亚克和"垮掉的一代"的学术研究与准学术介绍,几乎成为一个现象。然而,相较于繁盛的作品译介,凯鲁亚克传记的译介相对冷清,只有2000年译林出版社推出的《垮掉的行路者》。《垮掉的行路者》原名为《杰克之书》,本次由南京大学出版社重新翻译、精心编辑,对于国内的凯鲁亚克读者和研究者来说,自是幸事一桩。

第一重传记:凯鲁亚克

《杰克之书:他们口中的凯鲁亚克》并不是一部"自传",本书的两位作者在凯鲁亚克去世六年后,遍访凯鲁亚克的亲朋好友,"想要他认识的、爱过的、恨过的人和那些认识他、爱过他、恨过他的人畅所欲言"。所以凯鲁亚克本人在这本传记中是沉默的,构成内容主体的是三十余位被采访者的众声喧哗。一般的传记写作会将通过访谈得到的资料抽丝剥茧、编织进新的文本脉络中,而这本书是将口述材料原样搬来,毫不避讳其中的抵牾扞格,因此该书读者要像侦探一样思考,像法官一样判断。难怪凯鲁亚克的好友、诗人艾伦·金斯堡在看过书稿后惊呼:"我的天哪,这就像是《罗生门》——众人撒谎,真相毕现!"

凯鲁亚克的小说都是从个人经历与心理经验中取材,因此不可避免地具有自传的性质。他一生所写的都只是同一部大书,由十几部著作构成滔滔不绝的自我陈述,不乏自我美化的成分,不乏部分主题的厚涂,更不乏有意无意的遮掩。所以亲友们的"证言",会让"另一个"凯鲁亚克浮现。只有将凯鲁亚克"自塑"的凯鲁亚克与亲友们"他塑"的凯鲁亚克并置,才能合成一个更真实的凯鲁亚克。

1922年3月12日,凯鲁亚克出生在美国新英格兰地区马萨诸塞州洛厄尔镇。他的父母利奥和加布丽埃勒都是从加拿大魁北克移民美国的,说一种不够高贵的法语方言,社会地位在小业主和工人之间。1939年,凯鲁亚克以优秀的成绩从中学毕业,又依靠橄榄球方面的优异天资获得了进预备学校和哥伦比亚大学的奖学金。大学二年级,他因为与教练吵架而退学,立志要做杰克·伦敦式的"冒险家、孤独的旅行人",要成为托马斯·沃尔夫那样的杰出小说家。第二次世界大战期间,凯鲁亚克在商船上做过水手,也短暂地参加过海军,因无法忍受军纪约束,住进精神病房并获准退伍,1943年完成小说《大海是我的兄弟》。1944年,他与哥伦比亚大学艺术系女生伊迪·帕克恋爱,并通过她结识交往了一批朋友,包括吕西安·卡尔、艾伦·金斯堡、威廉·巴勒斯、赫伯特·洪克等人,他们构成了"垮掉的一代"的核心。当年8月,因为协助吕西安·卡尔销毁罪证,凯鲁亚克被捕,伊迪·帕克为他付了保释金并与他结婚,但不久后二人分手。

此时的凯鲁亚克过着双重人格的生活。一方面,他混迹于校园中,与家境富裕的中产阶级朋友们鬼混,谈文学,谈恋爱,过度饮酒,服食安非他命、吗啡、大麻。他甚至因为过量服用安非他命得了静脉炎,不得不住院。另一方面,他与父母的劳动人民家庭过着清贫而循规蹈矩的生活。父亲患上癌症后,凯鲁亚克照料他直至辞世。1946年父亲去世，母亲在皮鞋厂当裁剪工，以工作收入维持母子二人的生活。

1946年12月，凯鲁亚克一生中的重大事件发生，他结识了来自丹佛的尼尔·卡萨迪。卡萨迪于1926年出生在犹他州盐湖城，在丹佛贫民窟随酗酒的父亲长大，十四岁偷了第一辆汽车，从此频繁出入少年管教所，据说创造了偷车五百辆的纪录。他在管教所的图书馆看到"哈佛古典文库丛书"，迷上了康德等哲学家，决定要上哥伦比亚大学。卡萨迪从少管所写给哥大学生哈尔·蔡斯不少信件，凯鲁亚克看过那些信，对卡萨迪非常感兴趣。因此，卡萨迪携新婚妻子露安娜来到纽约后，凯鲁亚克很快就与他建立了深厚友谊。1947年7月，凯鲁亚克的第一次旅行就是沿途搭便车，把丹佛作为第一站，去拜访卡萨迪。1948年底，卡萨迪驾着新买的哈德逊汽车，来到北卡罗来纳凯鲁亚克姐姐的家里，接上凯鲁亚克，同朋友一道疯狂穿越全国。1949年，凯鲁亚克从纽约出发去旧金山找卡萨迪。1950年，卡萨迪邀请凯鲁亚克一道去墨西哥。正是这四次旅行构成了《在路上》的四个部分。

凯鲁亚克出版的第一部小说是《镇与城》，是在1950年。这部小说体现出他在洛厄尔和纽约之间的徘徊与冲突，有托马斯·沃尔夫《天使望故乡》的影子，评论界反响一般。他在一家电影公司谋得一份自由撰稿人的工作，撰写脚本提要。同年11月，他第二次结婚，对象是琼·哈弗蒂。1951年，凯鲁亚克将一卷电传纸塞进打字机，开始快如闪电地写作《在路上》，整本书只有一个段落，足有一百二十英尺长。他全程靠妻子喂的豌豆浓汤和咖啡生存，更靠吞服安非他命来维持灵感，汗出如浆，T恤挂满了屋子。在全书结束部分，主人公找到了"多年来一直在寻找的目光纯净、无邪可爱的女孩"，可是在现实中，完成这个手稿后凯鲁亚克就与琼分道扬镳了。他将《在路上》题献给琼，但是此后琼起诉他，索要女儿的抚养费。

50年代,凯鲁亚克的朋友们开始出版一系列作品,凯鲁亚克本人则面临出版困境。他一直生活在底层,是一个执着的旅行者,靠打零工、出卖劳动力维生。每隔一段时间,他就暂停波希米亚的生活,回到母亲身边,过一段安宁的日子,将旅行时的笔记整理成文稿。这个时期,旧金山成为"垮掉的一代"的中心,金斯堡出版了《嚎叫》,凯鲁亚克在此地结识了加里·斯奈德,他将对方视为新英雄,代替了以前对尼尔·卡萨迪的崇拜。斯奈德是伯克利的研究生,研习中文和日文。凯鲁亚克与他讨论佛教,二人一起攀登马特洪峰,这段经历是此后《达摩流浪者》的主要内容。这段时间里,凯鲁亚克一边反复修改《在路上》,一边写出了一系列自传式风格的书,可以视为《在路上》的前传、后传、衍生和重述,包括《萨克斯博士》《梦之书》《玛吉·卡西迪》《地下人》《墨西哥城布鲁斯》《特丽丝苔莎》《吉拉德的幻象》《金色永恒经文》《世间的天使》。

1957年,凯鲁亚克当时的女朋友、编辑乔伊思·格拉斯曼见证了他的一夜成名。9月4日午夜,他们前往报摊,等候《纽约时报》运到,听说那天的书评一栏会有《在路上》的评论。凌晨,凯鲁亚克最后一次作为一个默默无闻的人躺下,早上电话铃声吵醒了他,他已经大名鼎鼎。乔伊思指出:"他身上几乎没有什么钱。他是知道怎么不花钱就能过日子的那种人。他所有的家当真的只有背包里的那些衣物。"对于常穿一件红黑相间的伐木工衬衫的人而言,成名是一件太不能适应的事。朋友霍尔姆斯为他办了一场派对,遍邀媒体记者,而他社交恐惧症发作,"三四十个人聚在公寓里,就为了见见这位新星,文学界年轻的马龙·白兰度,可他刚打来电话说来不了了,他卧病在床"。

尽管凯鲁亚克本人不情愿,他还是被媒体视为一场运动的代言人,"一时间,他发现自己被媒体摆在舞台的中央,衬托他的道具有法国存在主义（黑毛衣、贝雷帽）、晚期浪漫主义（无限制的享乐主义），以及人类从德·昆西到安斯林格有关毒品的全部看法"。在写给金斯堡的信中，他抱怨"多得难以想象的活动，我不可能记清楚，包括早些时候维京出版社的旅馆宴会厅，几千个尖叫的记者，《在路上》原先的一百英尺长卷轴版拉开来铺在地毯上，一瓶瓶老祖父威士忌，一篇篇宏大长文，《星期六评论》《世界电讯报》，所有他妈的地方，所有人都疯了"。当时，《纽约时报》和《村声》赞美他，《星期六评论》和《时代周刊》谴责他，无论崇拜还是贬低都达到极端的程度。尤为重要的是，众多读者都以为他是书中的离经叛道者迪安·莫里亚蒂，而他其实只是旁观者、叙事人萨尔·帕拉迪塞。面对媒体的多番刺探，他两度精神崩溃，不禁质疑："美国的作家们什么时候才能不受刺探个人隐私并加以炒作的狗仔队的骚扰？"凯鲁亚克选择了"垮掉"，或者，为了扮演一个更外向的角色，他选择了酗酒。《在路上》出版后，凯鲁亚克继续写作自传式作品——《达摩流浪者》《大瑟尔》《孤独旅者》《巴黎之悟》《杜洛兹的虚荣》，以及好几本没有出版的诗集、梦境记录等。他渐渐远离了昔日的伙伴们，也对当时如火如荼的激进社会运动颇有微词。

1966年，凯鲁亚克步入第三次婚姻，夫人是斯特拉·桑帕斯，少年时代朋友的妹妹，来自家乡洛厄尔小镇。1969年10月，因为过度饮酒，凯鲁亚克死于消化系统大出血，终年四十七岁。他的葬礼是天主教式的，手捧着念珠。美国的学院派多年抵制他的作品，直到70年代末期，他的大部分作品才陆续出版。在民间，传奇取代了作品，就像另一个嗜酒的天主教徒斯科特·菲茨杰拉德，人们总是阅读得更少，谈论得更多。杰克·凯鲁亚克，成了美国20世纪文学史上的一个传奇。

《杰克之书》廓清了凯鲁亚克生平中的多处迷雾，首先是他的社会阶层和认同。他在洛厄尔的贫民区长大，在《镇与城》等作品中对家境进行了美化:富裕,有着普鲁斯特式小点心的滋味,"我所有的童年都凝结在厨灶边香草味的冬日波光里"。少年玩伴直言不讳,"他们家有很多问题,很不走运",他的母亲认为凯鲁亚克本该属于更高的阶级。他们家无力支付他的大学学费,还希望依靠凯鲁亚克的橄榄球奖学金解决父亲的工作问题。年轻时,凯鲁亚克一定体会过阶层差别,他所上的大学预科学校百分之九十六的同学都是犹太商人的后代,凯鲁亚克一度混迹在富裕学生之列,还帮他们写期末论文。毕业典礼时,因为没有钱买白色套装,他只能放弃参加,"躺在体育馆后面的草坪上,嘴里嚼着一根草,一边读着惠特曼"。他后来结交的哥大朋友圈,吕西安·卡尔和威廉·巴勒斯都出身富裕家庭,艾伦·金斯堡的父亲是中学英语教师兼诗人,连凯鲁亚克的第一任夫人也来自有游艇的芝加哥资本家家庭。青年时期的凯鲁亚克身上有一种奇特的矛盾。一方面,他容貌堂堂,风度颇像中产阶级子弟。毒贩赫伯特·洪克回忆说:"凯鲁亚克看着就是一个典型的、白净的、年轻的美国大学生。……我觉得他是典型的箭领广告里的那种人。他们以前经常找白白净净的年轻人穿着西服打着领带拍箭领广告。"另一方面,他所喜欢的有钱朋友都离经叛道,要"批判现有的一切社会习俗"。由于凯鲁亚克从小勤工俭学,做过多种体力活,对于斯宾格勒《西方的没落》中的"费拉"——世界的贫民——有所了解和同情,他在尼尔·卡萨迪和路遇的底层人民中,找到了一种自在的感觉,他一生所记录的,也是这些人的生活状况。后来他笔下根本就没有主流价值观,不是冲突问题,而是根本不在意,凯鲁亚克的确继承了惠特曼的平民主义衣钵。凯鲁亚克的朋友斯奈德认为,"在某种意义上,杰克是20世纪美国的神话记录者。那也许就是他的那些小说站得住脚的原因——它们会是20世纪神话的最佳表述"。如果说金斯堡代表了激进犹太知识分子的反叛,斯奈德代表的则是"20世纪美国的另一个原型,是西部的原型,是无政府主义者、自由论者、世界产业工人联盟传统的原型,也是户外工作传统的原型",这一点"正好契合了(凯鲁亚克)对季节工人、铁道流浪汉、蓝领工人的兴趣"。

此外,《杰克之书》使凯鲁亚克与母亲的复杂关系得以显现。亲友们在其他方面各执一词,唯独在母子关系方面众口一词。洪克说:"她对他生活的控制到了令人咋舌的地步。她不赞成他和金斯堡来往,我认识的所有人她都不满意。我甚至没法告诉你她看起来像什么。她太难以捉摸,心思都在杰克身上,你几乎没有办法看清她本来的样子。"霍尔姆斯说:"她非常严格,非常挑剔,最不喜欢乱糟糟的,但是她本人又非常不理性。"与凯鲁亚克有过一段情缘的露安娜提到,在恋爱关系中凯鲁亚克像个小男孩,需要母亲般的呵护,同时对自己的情人又极不负责。她将此归因于母亲对凯鲁亚克的变态控制:"杰克无法从和他母亲之间的那段纠葛、与他母亲的关系中走出来,他无法跟一个女人建立起一段良好的稳定的关系。他从来也没能从中走出来。"另一个女朋友杰姬·吉布森也谈到凯鲁亚克与母亲的关系:"他需要母亲来稳住他自己的方向感。"父亲临终时,嘱咐凯鲁亚克要照顾好母亲,做个孝顺的孩子,这一点凯鲁亚克一生未忘,朋友说凯鲁亚克"总是牵挂着他的母亲"。母亲加布丽埃勒一直做着繁重的体力工作,每逢凯鲁亚克没有路费回家,她总是马上汇款;凯鲁亚克每次在外面流浪够了,总是会回到母亲身边,这其中有深厚的感情,也不乏感情胁迫和愧疚之心。《在路上》出版后,母亲随他由东而西、由北到南地搬迁,并管理他的收入和通信。他第三次结婚,很重要的一个原因就是母亲中风瘫痪在床,需要人照料。从"逃避与回归"这个角度看凯鲁亚克的婚姻生活,以及他周期性的离家旅行,当另有领悟。

《杰克之书》也使得凯鲁亚克的宗教倾向有了更合理的解释。虽然在20世纪50年代中期,旧金山"垮掉的一代"风行静坐习禅(凯鲁亚克谈论着十方世界、如来佛、乾闼婆,还有永恒;金斯堡念着《金刚经》《心经》《楞伽经》),但是在真正懂得佛教的朋友看来,他们的佛教"相当书卷气"。一个叫洛克·麦科克尔的年轻木匠和佛教徒——曾经收留过凯鲁亚克和斯奈德——说得中肯:"我觉得他的佛教是自己想象出来的。我想他的直觉没有错。他对佛教并不太了解,也没有接受过很多训练。加里·斯奈德完全不一样。"斯奈德在这方面堪称凯鲁亚克的师父,他给凯鲁亚克讲了寒山的故事,告诉他什么是"游方僧",还带他上山修行。不过,斯奈德并不认为写出《达摩流浪者》的这个弟子有多高的禅宗水平,嘲讽他是"临阵脱逃的佛祖",并且一语中的地提出:

> 从某个角度看,"垮掉的一代"是指代迄今为止美国存在过的所有原型和神话的一个集合名词,也就是惠特曼、约翰·缪尔、梭罗和美国流浪汉。我们把它们纠合在一起,然后再打开这个集合,它变得像文学母题,然后我们再加点佛教的东西进去。

在老友霍尔姆斯看来,"杰克的思想底色一直是天主教……杰克的书、杰克的个性、杰克的青春期、杰克的延续感、杰克的家庭观、洛厄尔,还有其他所有的事,全都是天主教性质的"。的确,凯鲁亚克的母亲是非常虔诚的天主教——法裔加拿大天主教——女信徒,母亲为他准备的小房间里,总有一个天主教的十字架。在《吉拉德的幻象》中,凯鲁亚克怀念他九岁夭折的哥哥,用完全诗意的笔法,将小哥哥塑造为一个天主教圣徒。"浪子回头"这个天主教主题,似乎也能部分解释他最后几年的文化保守倾向。

第二重传记:《在路上》

如果文学作品也有传记,《杰克之书》就包含了一部"《在路上》传"。书中用相当长的篇幅展现了这本书的孕育和诞生过程,特别就其中事实和虚构的部分进行了解析,书中人物之间的关系也得到了说明和校正。对于《在路上》的研究者来说,看《杰克之书》如入宝山,有目不暇给之感。

首先,此书戳穿了一个神话,我们今天看到的定版《在路上》,并非1951年那个历时三周打出的、单倍行距、不分段、一百多英尺长的纸卷。他的"自发性写作(spontaneous writing)"固然适合初稿,却并不适合定稿。《在路上》的出版历尽波折。1953年,稿子辗转来到著名评论家、维京出版社编辑顾问马尔科姆·考利手中,他认为《在路上》有结构问题,必须修改。凯鲁亚克认真改了,包括按照法律顾问的建议,调整人名与地名。最后又经过维京出版社内部编辑的删节与改动,《在路上》才终于成为我们看到的1957年通行版本。马尔科姆指出:

> 杰克做了件他后来永远也不会承认的事。他做了大量的修改,修改得很好。噢,他永远也不会承认的,因为他觉得故事应该像牙膏管里挤出的牙膏那样不可改变,他的打字机里打出来的每一个字都是神圣的。恰恰相反,他修改了,而且改得很好。

朋友们更是透露,早在1949年他就开始构思《在路上》,也许写过十个开头。所以《在路上》是一部深思熟虑之作,天才并不只靠安非他命驱动。

《在路上》的另一个传奇是风格独具。事实上,凯鲁亚克从多处学习风格,并进行风格练习。他青年时代博览群书,读过沃尔夫、惠特曼、普鲁斯特、麦尔维尔、布莱克、塞利纳、陀思妥耶夫斯基、劳伦斯、歌德、尼采、斯宾格勒、萨德、卡夫卡、海明威等人的作品。"二战"后他在新学院完成美国小说课程,写了有关托马斯·沃尔夫的论文,又熟读塞万提斯的《堂吉诃德》、约翰·班扬的《天路历程》,以及威廉·布莱克的著作。在写作《在路上》之前,他曾花费三年时间研读别的作家的小说,例如,《了不起的盖茨比》让他明白设置一个富有同情心的叙述者的重要性。同时,他又需要摆脱文学前辈的影响,寻找自己的声音。看了卡萨迪写给他和金斯堡的张狂恣肆的信件后,凯鲁亚克豁然开朗。他说:"在读完尼尔·卡萨迪那妙不可言的自由叙事的信件后,我找到了自己的风格——随心而写。卡萨迪是一位伟大的作家,他碰巧也是《在路上》里的迪安·莫里亚蒂。"

极其细致的观察和松散随意的风格糅合为一体,带有一种漫无情节的随意性和挑衅性,其叙述节奏富于速度与激情——小说里人物与事件纷至沓来,来不及细加解释就向下移动,像汽车一样飞驰,是"生活实录",也是"自由联想",这是全新的手法,颠覆了传统写作风格,也成为《在路上》的风格标志。而在稍微带点妒意的朋友看来,

> 他迟来的成功靠的是一种全新的散文体写作手法,他将之用在一个老生常谈的话题上,即年轻人的精彩冒险。凯鲁亚克的不幸在于,他的名望——跟他的文学地位这一有待确定的东西全然不同——更多地依赖于他描绘的人与事,而不是他的描绘手法,他后来坚称,要是可以选的话,他宁愿选后者。

的确,《在路上》的读者们关注书中的描绘手法,但它所描绘的人和事更为耀目,那么特立独行,那么疯狂恣意。凯鲁亚克根据朋友们的遭遇写成这本书,巧妙地融合了虚构和自传成分,应出版社要求,为避免法律纠纷而放弃书中人物的真名实姓。但是随着卷筒纸版曝光,这不再是秘密:萨尔·帕拉迪塞就是凯鲁亚克,迪安·莫里亚蒂是尼尔·卡萨迪,艾伦·金斯堡是卡洛·马克斯,威廉·巴勒斯叫老布尔·李,约翰·克莱伦·霍尔姆斯叫汤姆·塞布鲁克,赫伯特·洪克则叫埃尔默·哈塞尔。

一般情况下,大部分读者会说"我想读那本书",但是《在路上》使情况变成了"我想认识那个人"。书中的迪安·莫里亚蒂迷住了万千读者,他与叙述者萨尔的关系,换言之卡萨迪与凯鲁亚克的关系,一直是好事者关注的中心。在《杰克之书》中,霍尔姆斯这样解释二人的关系:

> 尼尔是个骗子……男人总是……被他身上那股活力、那股劲儿和他的单纯所吸引。……他总是在望向下一个时刻,如何行动,如何动起来。……他这人身上就没有嘲笑别人的气质……我相信,尼尔是传统意义上和最严格意义上的精神病患者。……杰克无法清楚地表达……他为什么如此迷恋尼尔。

其实,《在路上》的开头部分就有解释:"我一辈子都在这么追赶让我感兴趣的人,因为吸引我的只有疯子。他们疯狂地生活,疯狂地说话,疯狂地被拯救,他们渴望同时拥有一切,从不无聊得打哈欠或口吐陈腔滥调,而只是燃烧、燃烧、燃烧。"[1]霍尔姆斯指出:"杰克是来自新英格兰工业小镇的中产阶级男孩,非常中规中矩。他相信生活能够以某种方式开个口子。他想要开个口子,但是他自己没有胆量这么做。……尼尔似乎为他带来了……逃离的路线。"与此同时,"尼尔极度着迷于那些一整天坐在昏暗的房间里、咬着指甲写作的人"。凯鲁亚克正是后者,这就是二人一拍即合的原因。

《杰克之书》用了相当多的篇幅谈论尼尔·卡萨迪的私生活。他结过三次婚,三任妻子分别是:露安娜·亨德森,十五岁街头孤女;卡罗琳·鲁宾逊,丹佛大学美术系研究生;戴安娜·汉森,成熟的大家闺秀、有夫之妇。作为情种,卡萨迪每次离婚都是为了给下一任合法身份,但是一旦结婚事毕,他马上再回到前任身边生活。他为了同卡罗琳结婚而同露安娜离婚,可是离婚后马上又带着露安娜出门旅游,露安娜与他反反复复纠缠了十年,这期间,卡萨迪曾因殴打露安娜折断了自己的拇指,最后做了截断手术,但二人不久后依然能和好。戴安娜"完全是来自纽约的书香门第,以前从来没见过像尼尔那样的人,尼尔一头冲进了她的生活。她基本上是把整个人生交给了他,因为那强大的魅力,她之前从来没有感受过"。卡萨迪为了给戴安娜身份,去墨西哥办了与卡罗琳的离婚手续,然后奔赴纽约找戴安娜结婚,使她的孩子有了合法身份,随即他拿着从新婚妻子那里得来的钱,回旧金山去找前妻卡罗琳。一团乱麻的婚姻关系中,还穿插着多种露水情缘。尤为复杂的是,卡萨迪是双性恋,与艾伦·金斯堡等人有同性之谊。卡萨迪还喜欢将自己的女友"转让给"凯鲁亚克,露安娜和卡罗琳都曾与凯鲁亚克有过关系。因为以上种种,凯鲁亚克本人的性取向也是

---

[1] 本序中《在路上》的引文采用的是姚向辉译本(江苏凤凰文艺出版社2020年版)。

《杰克之书》的要点之一,有人说他是异性恋,有人说他是同性恋,有人说他是双性恋。

露安娜在访谈中的说法比较有说服力:

> 在我看来,杰克和尼尔比他们的实际年龄要小得多,像是两个孩子,可能十一二岁的样子,刚刚结识自己的哥们儿,勾肩搭背的那种。他们会聊天,会一起玩,跟性没有关系。他们非常亲密,非常温暖,一起发现事物,或者发现原来他们喜欢同样的东西,发现他们有着同样的想法。

多位朋友看到过他们一起玩小孩子的玩具手枪,用来打瓶盖,童心未泯。研究者认为,《在路上》有《哈克贝利·费恩历险记》的影子,是少年浪游主题的升级版,虽不中,亦不远。在墨西哥,卡萨迪抛下了病中的凯鲁亚克,二人的友谊到了尽头。最后当卡萨迪再次来到纽约时,凯鲁亚克婉拒了他,目送他最后一次拐过第七大道的路口。可是《在路上》的结尾依然饱含深情:"我想着迪恩·莫里亚蒂,我甚至想到我们终究没有找到的老迪恩·莫里亚蒂[1],我想着迪恩·莫里亚蒂。"

《在路上》的一些版本以惠特曼《大路之歌》中的一段作为题记,深化了"同行"这一主题:"伙伴啊,我把我的手给你!/我把比金钱更珍贵的我的爱给你,/我越过说教和规则把我自己给你;你会把你自己给我吗?你会和我一起远行吗?/我们会形影不离,直到生命尽头吗?"

---

[1] 指书中迪恩·莫里亚蒂的父亲,也就是现实生活中尼尔·卡萨迪的父亲。

第三重传记:"垮掉的一代"

《在路上》出版前夕,凯鲁亚克写过一篇小文章,后来改名《余波:"垮掉的一代"的哲学》。他声明,"'垮掉的一代'是我们(约翰·克莱伦·霍尔姆斯和我,还有比我们更狂野的艾伦·金斯堡)在40年代末的一种想象","垮掉,意味着倒霉和破败,但充满了情感强烈的信念","它代表的不是青少年罪犯,而是某种特殊灵性的拥有者……他们是地下英雄,是西方所谓'自由'机器的最终产物,他们嗑药,听博普爵士乐,时而闪现顿悟,体验'感官错乱',言谈怪异,贫困但快乐,预示着美国文化的新流派"。

凯鲁亚克对"垮掉的一代"颇多赞美之词,《杰克之书》进一步厘清头绪,指出"垮掉的一代"根本就不是所谓的"一代",这个标签是为了应付记者提问、试图自我解释而创造的。作为一个文学流派,"垮掉的一代"差不多就等于凯鲁亚克的朋友圈。后世将凯鲁亚克誉为"垮掉的一代"的标志性人物,殊不知他并非这个词的发明人。此书的被采访者,不仅包括霍尔姆斯和金斯堡,还有吕西安·卡尔、威廉·巴勒斯、格里高利·科尔索、赫伯特·洪克,以及更次要一些的人物,他们讲述与凯鲁亚克的交往,同时透露出对于"垮掉的一代"标签的认同或不满,对于同道中人的赞誉或贬低。在这个意义上,此书也可以算作"垮掉的一代"小传。

"垮掉"的最初发明者应当是同时混迹于纽约时代广场和哥大文艺圈的赫伯特·洪克。作为毒品贩子,洪克所说的"垮掉"在吸毒场合有特殊含义:被骗、被抢,或是情绪上和身体上极度亢奋之后的极度疲惫。至于他们迷上博普爵士乐后,如何把节奏、欢腾、狂喜之意随意添加进去,那就见仁见智了。

金斯堡、巴勒斯、霍尔姆斯和凯鲁亚克会共用一些主题与方法。《在路上》写成初稿到正式出版的七年间,他们比凯鲁亚克更早出版了"垮掉的一代"的作品。霍尔姆斯的《走》出版于1952年,使用了"垮掉的一代"这个词,引起了《纽约时报》文学记者吉尔伯特·米尔斯坦的兴趣,他邀请霍尔姆斯写了文章《这就是"垮掉的一代"》,文章大获成功。1955年春,凯鲁亚克用笔名"让-路易"发表了文章《"垮掉的一代"的爵士乐》,不过这一年是属于艾伦·金斯堡的:"湾区的诗界仿佛是超级饱和的溶液,等着结晶成一块水晶。后来证明,《嚎叫》就是那块水晶。"

> 我看见这一代最杰出的头脑毁于疯狂,挨着饿歇斯底里浑身赤裸,
>
> 拖着自己走过黎明时分的黑人街巷寻找狠命的一剂,
>
> 天使般圣洁的西卜斯特渴望与黑夜机械中那星光闪烁的发电机沟通古朴的美妙关系,
>
> 他们贫穷衣衫破旧双眼深陷昏昏然在冷水公寓那超越自然的黑暗中吸着烟飘浮过城市上空冥思爵士乐章彻夜不眠……[1]

此后,金斯堡为"垮掉的一代"所作的精神画像广为人知。

在金斯堡的努力下,《常青评论》为旧金山文学团体出了专刊,"垮掉的一代"开始成为大众媒体的焦点,为1957年10月《在路上》的问世打下基础。到1959年巴勒斯出版《裸体午餐》,"垮掉的一代"的核

---

[1] 引自文楚安的译本(《嚎叫:金斯伯格诗选(汉英对照)》,四川文艺出版社2001年版)。

心作品全部面世。从这个角度来看,没有文学宣言的"垮掉的一代",本是一场大家并肩的旅行。

协助《在路上》出版的评论家马尔科姆·考利这样看待"垮掉的一代":

> 有一个相当大的群体,他们拒绝服从,发起了一场顽强的叛变——很难说他们反抗的是什么,因为这个群体并没有制定章程,但他们很有可能是在反抗同龄人接受的法律、习俗、恐惧、思维习惯和文学标准这一整套传统……他们在两个层面上跟大多数传统的年轻人无异:他们不关心政治,即便是吸引观众的体育比赛也让他们提不起兴趣,他们在寻找某种信仰,一种会允许他们与世界和平相处的真正的宗教信仰。

到60年代,金斯堡等人成为具有政治性的嬉皮士运动的旗手,凯鲁亚克与他们渐行渐远,隐匿于佛教和酒精中,"前半生致力于创作《在路上》并使它出版,后半生则在抹杀该书的影响"。

第四重传记:巴里·吉福德

《杰克之书》的作者是巴里·吉福德和劳伦斯·李,前者是知名作家,"讲故事大师",后者是美联社记者,也是旧金山多家电视台的活跃人物。他们从1975年开始,两次穿越美国,采访了七十余人,写成此书。《杰克之书》在1978年出版后,成为第一本凯鲁亚克传记,也是凯鲁亚克研究的奠基之作,再版多次。他们访谈的原始资料现在保存在美国得克萨斯大学奥斯丁分校,相当一部分并未收入《杰克之书》,还有一些访谈是有限制地使用,例如,巴勒斯的部分就应他自己的要求有选择地呈现。

传记学研究者迈克尔·本顿认为,"从某种程度上说,所有的作家传记描绘的都是传记作家自己"。吉福德也不例外。吉福德本人的生活经历,与《在路上》里的迪恩·莫里亚蒂有惊人的相似之处。1946年,他出生于芝加哥的一家酒店,父亲是犯罪团伙的一员,常年在大小酒店客栈里活动。在一次采访中,吉福德描述自己的童年说:"在一个个酒店的游泳池边长大,听着南来北往的人谈天说地,注意他们如何说话,模仿芝加哥和哈瓦那的各种口音。"1957年《在路上》出版时,吉福德只有十一岁,但《在路上》所产生的影响在他身上留下了印迹,所以二十九岁时,他才有了为凯鲁亚克写传的念头。吉福德本人从"垮掉的一代"和黑色幽默中汲取养分,最有名的是"水手与卢拉系列",由七部公路小说构成。

吉福德写有短剧/故事集《作家们》,一共写了十六位作家,其中当然有凯鲁亚克。他虚构了1962年在纽约格林威治村的一家餐厅里,凯鲁亚克与著名黑帮老大"疯子乔"的一段对话。剧中凯鲁亚克问道:"你以为知识分子就不会有真正的人生经历吗?"

当然,凯鲁亚克有,吉福德也有。

2014年,我和外子驾车美国西部游,在66号公路终点圣莫尼卡看了日落,在洛杉矶听老鹰乐队唱了《加州旅店》,走了旧金山的凯鲁亚克巷,途经大瑟尔时,特意去海滩边听听潮音。离我们第一次读《在路上》,二十四年矣。

献给马歇尔·克莱门茨
我们一直想写的书
并一如既往地献给玛丽·娄

——B. G.

献给约翰,并纪念罗伯特·古德曼

——L. L.

两位作者谨向参与此项目(本书与杰克的《杜洛兹的虚荣》一样,肯定是"一趟充满冒险的教育之旅")的所有人表示感谢,尤其要感谢向我们提供私人帮助的人:卡罗琳·卡萨迪、詹姆斯·格劳尔霍兹、雷·坡克尔、马歇尔·克莱门茨、帕特和丽兹·德拉尼、肯和托尼·安德森、罗娜·古德曼、唐·埃利斯、迪尔德丽·泰布勒、德尼斯·麦克纳利、杜安·比格伊戈尔、雷·内斯坦、萨拉·萨特里、比尔·亚历山大、保罗·德安吉利斯、玛丽·娄·纳尔逊、KSAN-FM电台的官员们。还要感谢朱莉·里昂,她不辞辛劳地把几乎无法记录的内容逐一记录了下来。

——巴里·吉福德、劳伦斯·李

"你们整个美国……就仿佛金刚钻头上一个密密麻麻的巴尔扎克式的蜂巢。"

——杰克·凯鲁亚克,《萨克斯博士》

目 录

	新版序	001
	序	005
第一章	小镇	001
第二章	城市	021
第三章	路	091
第四章	重访城市	243
第五章	大瑟尔	279
第六章	阴郁的书式电影	307
	尾声	332
	"杜洛兹传奇"人物表	336
	"杜洛兹传奇"书目	359
	中英文人名对照表	362

新版序

1936年5月30日,在一封给阿诺德·茨威格的信中,西格蒙德·弗洛伊德写道:"为他人作传者,须投身于谎言、蔽障、伪善、错色中,乃至掩饰理解的缺失,实为传记之真相不可得,倘使偶有得之,亦不能挪而用之……真相不存在,人类不配拥有它……"

我和拉里·李谨记弗洛伊德的告诫,故选择了相当不正统(当时是1975年)的"口述史"来捕捉杰克·凯鲁亚克短暂一生的记录。拉里称之为"一种相当直接的作传方式"。我们的想法是,既然凯鲁亚克的亲朋好友中大部分人仍健在(他因长年酗酒而早早离世,终年四十七岁),那么,兴许我们能找到他们,然后说服他们坦率地聊一聊当事人,接下来就交由我们——还有读者——去爬梳种种不同的说法,决定谁的版本最贴近那无从躲藏的"真相"。杰克多年的好友、诗人艾伦·金斯堡在读完本书尚未编校的毛样后称:"我的天哪,这就像是《罗生门》——众人撒谎,真相毕现!"艾伦的话深深地刻在了我的记忆里。这是他一字不差的原话。

艾伦真诚地希望,凯鲁亚克能被置于"最明亮"的聚光灯下,这无疑是因为在"垮掉的一代"最风光的时候,杰克——和艾伦,还有其他的同时代人——曾受到过批评家和新闻媒体的无礼相待与伤害。虽然《杰克之书》很可能暴露了凯鲁亚克的各种缺点,但我和拉里·李的意图是让人们沉浸到他那十一本几乎遭人忘却的小说及其他作品中。当我们为了写这本传记展开调查时,市面上只有三本凯鲁亚克的书在售:《在路上》《达摩流浪者》和《梦之书》。到1980年,《杰克之书》出版两年后,他的书至少有八本能够买到。2012年,凯鲁亚克的几乎所有作品都推出了新版,小说《在路上》和《大瑟尔》被翻拍成了电影,他差不多成了一项产业。

我和拉里并没有打算把《杰克之书》写成一本"权威的"论著。我们相信,更精深的研究会紧随其来。"我死之后,"凯鲁亚克曾写道,"管它洪水滔天。"果不其然,那场雪崩立刻就爆发了,其实现在仍未结束。我们想要为此人的一生创造一场谈话式的、小说般(以对话的形式展开)的回顾。我们想要他认识的、爱过的、恨过的人和那些认识他、爱过他、恨过他的人畅所欲言,不给他们太多的时间、太多的岁月去思考说什么好。多数情况下,这些人还没有公开发表过关于杰克·凯鲁亚克的言论。他们的想法很新鲜——直到说给我们听,直到大声说出来,他们才知道自己是怎么想的。有一个书评人称:"如果你有兴趣,想听一听50年代的谈话是什么样的,如果你相信文学跟生活多半有点儿关系,那么就读一读这本书吧。"谈话,这正是我们所追求的。

小说家兼记者丹·韦克菲尔德后来在他的回忆录《50年代的纽约》里记录了那段岁月,他慷慨地把我们的传记描述为"一份引人入胜的文学和历史文献,对'垮掉的一代'最具有洞见的审视"。在我们看来,这里的关键词是文献。《杰克之书》的结构类似于纪录片,是一部凯鲁亚克在他的小说《萨克斯博士》中所说的"书式电影"。与韦克菲尔德先生年龄相仿的其他人则怪罪我们不该重新关注凯鲁亚克。他们当年就不喜欢他和/或他的作品,现在依旧讨厌他,也不乐意人们再关注他——连带着也不喜欢我和拉里。我们才不在乎哩,我们重视他的作品,以至于花人生的两年时间去推动凯鲁亚克之球再次滚动起来,这些完全在我们的意料之中。

我们知道,光是提到杰克·凯鲁亚克的名字,就足以激怒一些人。我们也知道,他的小说启发了千千万万的读者——尤其是年轻的读者——愤然离开他们身陷的抑或无趣抑或无望的处境去探索人生。我会一直敬重作家托马斯·麦瓜恩,因为他敢在一篇文章里公开表示,说他麦瓜恩永远也不想听到一句关于凯鲁亚克的坏话,因为杰克确实对不少人产生过积极的影响。"他向我们灌输了一个大道理……你不必一辈子在俄亥俄州的迪普斯蒂克生活,"麦瓜恩写道,"凯鲁亚克鼓励我用自己的车钥匙,开上了高速公路。"姑且不谈凯鲁亚克的文学地位究竟如何,至少他拥有感化他人的力量。

杰克·凯鲁亚克并非神仙下凡,《杰克之书》也无意效仿圣徒传。本书(称它传记也好,报告文学也罢,再或是拼贴画、神圣的集锦、邪恶的乱麻,不管它是什么,会被人说成什么)包含一些极其感性和剖白的材料。它读起来一点儿也不枯燥。尽管有弗洛伊德医生的名言在前,读者在本书里还是多多少少会窥得些许真相。本书是属于那些跟我们敞开心扉谈论故去的朋友或劲敌的人的。因此,它也属于凯鲁亚克,这就是我帮它起名为《杰克之书》的原因。人们出于种种理由,在这位故人生前没有告诉他自己对他的真实想法,这些是他们写给他的书信。我和拉里很荣幸地为他们递上这迟来的机会。

我永远也忘不了,跟丹佛的桌球老手——驼背吉米·霍尔姆斯一起,坐在他年迈的阿姨家中那间闷热的客厅里,当时他住在那儿,我大声地朗诵了《科迪的幻象》中令人动情的一段,那是凯鲁亚克基于他曾经的生活写的。霍尔姆斯从来没有读过,听完后他对我说:"我不知道杰克那么在意我。他是真的在意,对吧?"我也忘不了在2月的一个严寒的凌晨,吕西安·卡尔喝醉了酒,跌跌撞撞地走在包厘街上,嘴里不停地重复着那几句话:"我爱过那个人,我爱过杰克,真该死,我居然从来没有告诉过他!"

谨以本书的新版纪念已于1990年4月5日故去的劳伦斯·李。

——巴里·吉福德,2012年

序

美国老是对它的小说家提些怪里怪气的要求，仿佛他们光有艺术作品还不行。我们巴望着他们能给我们一套社会样板，这一期待是如此之强烈，以至于我们时常指着他们的生活而不是作品评头论足。假如他们宣布参与了一场正式运动，或是相互抱团，结为一代人，我们便心满意足，因为这使我们打算拿他们做的用处变得简单。要是他们再帮我们搞个宣言出来，那么这宣言执行起来便与契约一样有分量。

于是这样的事便发生了：自亨利·詹姆斯以来，美国人一直把欧洲视为一座大型的灵感借阅图书馆，移居欧洲变得有点儿像职责一般，不管能否完成。欧内斯特·海明威为皮酒囊打开了市场。经过斯科特·菲茨杰拉德夫妇的检定，在广场喷泉里洗浴成了某个特定阶层的美国年轻人的得体行为。

我们从作家们的作品里窥得一套道德规范，便在自己的脑海里认定，他们是我们发现他们所处的那个时代的人物。如果他们背叛我们的期待，那么文学批评家和记录人就会把他们像相册里粘错页面的邮票一样，重新放回属于他们的位置。这一来，连成长和变化这样再普通不过的机会，我们有时候也不愿给他们，可这些正是搞艺术的必备品啊。

　　本书的主人公即是文学实用主义这一态度的受害者。在大众的记忆里,杰克·凯鲁亚克是"垮掉的一代"的标志性人物。但是,"垮掉的一代"根本就不是所谓的一代。这个标签是为了应付记者提问、试图自我解释而创造的,却被人不假思索地接受了。凯鲁亚克在《在路上》的首个选篇中用了这个说法,目的是冲销量(《"垮掉的一代"的爵士乐》,1955年)。他的朋友约翰·克莱伦·霍尔姆斯在小说《走》里描绘了同样的世界,还帮《纽约时报杂志》和《时尚先生》撰写了有关这全新一代人的评论文章,文章是以这些期刊的读者所期待的文风写的。

　　凯鲁亚克身为作家,他迟来的成功靠的是一种全新的散文体写作手法,他将之用在一个老生常谈的话题上,即年轻人的精彩冒险。凯鲁亚克的不幸在于,他的名望——跟他的文学地位这一有待确定的东西全然不同——更多地依赖于他描绘的人与事,而不是他的描绘手法,他后来坚称,要是可以选的话,他宁愿选后者。

　　剔除那些业余爱好者、投机分子和自身代际认同不坚定或是不那么真诚的人以后,"垮掉的一代"——作为一个文学流派——差不多就等于凯鲁亚克和他的朋友威廉·巴勒斯[1]还有艾伦·金斯堡。无论在生活中,还是艺术创作上,三人间的相互依赖既强烈又复杂,并且在凯鲁亚克去世四十多年后,其散文体风格仍得以传承,被金斯堡化入诗歌创作中,成就了他如今享誉世界诗坛的地位。金斯堡不再是20世纪40年代那个一本正经、打着领带的"金斯"了,他成功地运用知名度的危险能量,打造出了一个有利于宣传他的写诗动机的形象。巴勒斯身上那股冷若冰霜的距离感、与柯立芝相仿的沉默寡言,显然自童年

1　威廉·巴勒斯,昵称比尔。(如无特别说明,本书脚注均为译注。)

起就融入了他的个性,他只关心别人不要来烦他。第四位人物格里高利·科尔索后来才进入这个圈子,他继续扮演"被诅咒的诗人"一角,近来在法国,那一角色已深入人心。凯鲁亚克未能成功地借鉴老友们的生存战术,也没有找到一个属于他自己的成功战术,这是本书最后部分的痛处。

《在路上》的手稿在凯鲁亚克的帆布背包里沉寂多年后,最终于1957年问世。当时,杰克荣获了他一直以来渴求的文学和商业成就,而他的第一部小说《镇与城》在1950年出版时并未能给他带来这些荣耀。金斯堡让他写一篇简要概述他的文学技巧的文章,于是《即兴散文体的基本要素》一文刊登在了《黑山评论》上,也就是那所在众人努力下促成的南方学院[1]办的期刊。凯鲁亚克的方法是向工匠气宣战,公众却误以为他在为蹩脚的意识流式的散文语言和诗歌开脱。凯鲁亚克本不情愿,却被人拥戴为一场运动的代言人,可这场运动他既没有欲望也没有能力去推行。一时间,他发现自己被媒体摆在舞台的中央,衬托他的道具有法国存在主义(黑毛衣、贝雷帽)、晚期浪漫主义(无限制的享乐主义),以及人类从德·昆西到安斯林格有关毒品的全部看法。

凯鲁亚克立刻意识到了自己这一形象的危害,不过他的回应里古怪地混杂着羞赧与好战。起初,他接受了这些关注,权当是人家的赞美,但这种关注的核心其实是羞辱。记者们为什么不像他们琢磨这个人一样仔细读一读他写的书呢?1967年,他对《巴黎评论》如是说:

---

[1] 南方学院指的是黑山学院,一所创办于1933年的实验性学院,它位于北卡罗来纳州的黑山镇。该学院按照教育学家杜威的教育哲学建立,强调文科教育、通识教育,以及艺术在教育中的重要地位。

> 我在我的小说里忙着采访自己,我一直以来忙着把这些自我采访写下来,我不明白为什么在过去十年里,我每年都要痛苦地屏住呼吸,一遍又一遍地向采访我的人重复我已经在书里解释过的东西……真叫人难以理解。

他开始毫不避讳地谈论他骨子里的保守思想和宗教信仰,那些话被人借着特写记者的技法引用在"恰当的"地方,以达到假意的反讽。《时尚先生》把他描绘成一个可悲的阶级叛徒。虽然那句不同寻常的骂人话只在他死后才说出来,但是凯鲁亚克的确在有生之年亲眼见证了他的预言成真。那是在1951年的一个午夜,他向厨房餐桌对面的尼尔·卡萨迪这么预言道:

> 我跟一个穿着皮夹克的小子一起去了在丽兹办的耶鲁俱乐部派对,我当时也穿了一件皮夹克,派对上有几百个年轻人全都穿着皮夹克,而不是穿着燕尾服、像克兰西那样的大富翁……妙极了,大家都在抽大麻,乱糟糟地聚在一起哀诉一个全新的十年。

他赶在别人的前头看到了潮流的涌来,人们却把潮流的到来怪罪在他的头上。

60年代末,一些社会形态与凯鲁亚克书中所写的内容之间产生的混淆继续侵害着他的名声。马尔科姆·考利在《流放者归来》一书中,从社会维度讲述了介于两次世界大战之间的美国文学,书中提到了《星期六晚邮报》与格林威治村之间长达三十年的积怨,《纽约时报》也有样学样,现在依然稳坐在"垮掉派"批评专家的宝座上。英语文学专业的学生等了二十年,才等来《在路上》的第一个学术版本。直到最近几年,凯鲁亚克的作品才开始在诗人杰克·斯派塞所谓的"伟大古老的骷髅头英语系"里流行。

然而,虽然各个学校的指定阅读书单存在着差异,但是在一定规模的任何一所学校,不管是安阿伯、教堂山、奥斯丁,还是剑桥,学生们总是能走到街对面,买到一部凯鲁亚克小说的大部头选读本,通常是英国的平装版。他的书流传了下去,《在路上》至今从未绝版过。金斯堡和诗人朋友们在科罗拉多那洛巴大学的佛学院创立了杰克·凯鲁亚克离身诗学学院[1]。电影公司又开始挖掘凯鲁亚克的小说了。1976年在纽约,1977年在洛杉矶,人们制作了一部根据他的生平改编成的戏剧。

跟另一位中途退场的嗜酒天主教徒斯科特·菲茨杰拉德一样,杰克·凯鲁亚克的传奇有可能不仅仅会遮蔽,而且会取代他的作品。要是他能活到两鬓斑白,晋为文坛元老,那么这家或那家出版社就有可能完成他的心愿,以统一的修订版(人名彻底地写正确)出版他的"一本大书……一本大部头喜剧,像普鲁斯特那样的",他会为它起名为"杜洛兹传奇"。事实上,一本大书的蓝图里并没有他的第一部小说《镇与城》的合适位置,杰克也承认过,他不会把第一部小说放进去。还有其他的问题。谨小慎微的出版商要求他为一些人物起一连串令人恼怒的假名,来掩盖本就不是真名的名字,甚至要把《地下人》里的纽约假装成旧金山,生怕招来诽谤诉讼。他的作品散落在国内外各个出版商手里,单部作品会突然冒出来,又突然绝版。

---

[1] 那洛巴大学(Naropa University)是北美第一所受佛教启发而创办的大学。1974年,金斯堡等人在那里创办了杰克·凯鲁亚克离身诗学学院(Jack Kerouac School of Disembodied Poetics),旨在用一种内省教学法,培养学生的写作技能并进行思维、精神等方面的探索。

本书的理念是为初次认识或想重新了解凯鲁亚克的读者提供一个框架，这位作家邀请我们品读他的一本大书——按市场的要求零零碎碎地组成的大部头。本书的两位作者分别出生于第二次世界大战期间与结束后不久，他们一开始只是通过作品来了解凯鲁亚克，但是他们发现，他的人生与他的作品一样值得人们细细探究。

凯鲁亚克于1969年与世长辞，终年四十七岁，用我们今天的眼光看不免年轻了些，他的大多数朋友活得比他久。我们的想法就是找到他们，与他们聊一聊杰克，以及他们自己的人生。我们希望，最后得到的结果能是一场跨越北美大陆的大型对话，其中不乏重重障碍、抵牾扞格、旧时的积怨和鲜活的记忆，所有这些，让读者透过他写进作品中的人物来读懂作家本人。

为了写这本书，我们在整个国家来来回回跑了两趟，多数时候是搭飞机。杰克当年走过的那些路，如今已被州际高速公路系统的同质文化所取代，好在杰克小说里的人物还活着。我们跟大约七十个人聊过，本书记录了其中的三十五位。我们不像《公民凯恩》里的朋友们和受害者那样有类似"玫瑰花蕾"的谜题要请教他们，我们也没有觉得自己像实地调查员，在按罗马天主教的程序追封圣人，虽然不止一个受访者提出过这样的类比。我们把从他们的谈话中获得的许多内容，用在了连接这些对话选段的文本上。我们让凯鲁亚克的朋友们聊了很多关于他们自己的事，因为在我们看来，同时呈现一张群体像和一张站在中心位置的男人的特写既是有可能的，也是合适的。由于出场演员的阵容比得上俄国小说，我们附上了人物表，帮助读者追踪他们在本书中的出场时刻，以及他们在凯鲁亚克笔下的虚构身影。

在接下来的文字中，你将从许多说话声中不止一次地读到，凯鲁亚克的小说是虚构文学，不是报告文学，我们举双手赞成。看到真实的人、地方和事件被写进书里，接着书又回过来改变现实，这实在是太美妙了。但是凯鲁亚克行文的技术性跳跃和令人心碎的美感，让他的小说远远超越了记者或日记作者的领域。他的书是天才的回忆果实。当杰克还是个生活在马萨诸塞州的小男孩时，他的朋友们给他取了个外号叫"记忆宝贝"；在把《在路上》带到世人面前的编辑眼里，他是一个记录天使；对他的小说家朋友约翰·克莱伦·霍尔姆斯而言，他是"好记性的回忆者"；在为数众多的跟我们谈话的人记忆里，杰克的形象与圣贤的概念糅杂在了一起。倘若需要奇迹来为凯鲁亚克的人生佐证，那么他的小说便是最好的证据。

海平面以上一百英尺，
有一块高地，那儿是壮阔的
梅里马克河与水流平缓的
康科德河交汇之处，洛厄尔便坐落于此
它是新英格兰地区
主要的工业城市之一。运河与
青草地纵横交错，布于人口稠密的
都市商业区。
那边的山上，是城里
从华厦美墅到廉租公寓的民宅。

——马萨诸塞州

联邦作家项目，1937年

第一章　小镇

"杰基·杜洛兹的家位于一座廉租公寓楼里……他与母亲、父亲和姐姐同住,有一间自己的房间,他家四楼的窗户俯视着周围的一大片屋顶……"

——《玛吉·卡西迪》,第 21—22 页

廉租公寓楼就是"小加拿大",以前是,现在仍然是。伯灵顿、纳舒厄、朴次茅斯也有类似的公寓楼,那儿街坊四邻的商店招牌用的是英文,但人们习惯用的是法文和法式风格。你依然可以看见,法裔加拿大年轻人在波塔基特维尔社交俱乐部的门口闲逛,在保龄球馆和啤酒屋里流连。杰克的父亲利奥在河对岸"人口稠密的都市商业区"经营着"聚光灯印刷店",他时常在生意寡淡的下午去那些地方消磨时间。

洛厄尔与许多新英格兰小镇一样,吞并了一批各具历史特色的村庄。杰克·凯鲁亚克出生于森特勒尔维尔,然后在德雷克特和波塔基特维尔一个接一个的出租屋与公寓里长大,它们全都位于梅里马克河和现已消失的纺织厂以北的地方,那些纺织厂用从容流淌的康科德河提升了梅里马克河的威力。康科德河只有在洛厄尔算是个城市时才能算得上是条河,那是按照以前的规模——新英格兰的规模——来衡量的。

在工业革命的早些年里,洛厄尔是个神奇小镇,基本上就是工业之都。那里的纺织厂织出的波士顿的财富,一直保留到了今天。查尔斯·狄更斯身在他的祖国时,曾严肃地批评过工厂奴隶制,他参观洛厄尔后,往家写了一份充满赞许的报告。这个地方的风貌,还有过来照管织布机的农场少女的行为举止,都给他留下了深刻的印象,对她们一周两美元的工资他也没什么好挑剔的。纺织厂老板在梅里马克河的北岸为小镇盖了一座纺织学院,不过对待自己的工人,他们就不那么慷慨了。随着19世纪慢慢过去,"技工"的薪酬相对变得越来越低。农场少女们便前往波士顿,去当速记员或接线员。她们在纺织机边的工作由爱尔兰、法国(经由加拿大)、波兰和希腊来的移民接手。

纺织厂一直经营到第一次世界大战结束,当时,它们由于进口布料和南方工厂导致的竞争而逐一倒闭。等到杰克出生——1922年3月12日——洛厄尔一个世纪的好日子也到头了。百年来,被纺织厂吸引来的移民渐渐以族群为单位,结成由共同的天主教信仰维系的一个个松散团体,各自又因忠实于特定的教区或语言而有所区别。每个族群都陷入了经济衰退,而美国其他地方要在十年后才会有此遭遇。

利奥·阿尔西德·凯鲁亚克和加布丽埃勒·安热·莱韦克在新罕布什尔相遇并结婚,双方家庭都是来自加拿大的移民。利奥是承印零星印件的印刷商,他卖过保险,等筹够钱后才开了自己的印刷店。他年轻时曾在新罕布什尔的伐木场干过。让-路易·勒布里·德·凯鲁亚克在家中排行第三,也是老幺。他的姐姐卡罗琳小名叫"宁",比他年长三岁,他出生时哥哥吉拉德五岁。

利奥和加布丽埃勒不在出租屋时,就生活在完全不同的世界里。利奥是个精力充沛、待人和善的好市民,他的印刷店里总是挤满了朋友。他们不需费什么口舌,就能忽悠他去打一下午的桌球,或是聊一下午的政治。他们一度还提议他去竞选洛厄尔的镇长,不过被他谢绝了。利奥把凯鲁亚克家族祖上的复杂概念传给了杰克,解释说他自己的父亲是从布列塔尼移民来的木匠,是讲康沃尔语的凯尔特后裔。利奥讲过,家谱上其中一支出过一位贵族,其盾徽是木匠的三片指甲和一句格言,翻译过来是"爱、劳作与受苦"。杰克父亲的朋友与顾客中有希腊人、波兰人和爱尔兰人,他说起英语来很自在,那是他们所有人都会讲的语言。加布丽埃勒更喜欢用法语,在家里也说法语,那是她做九天祷告的教区所用的语言,她把孩子们也送去那儿学法语。

杰克四岁那年,当时九岁的吉拉德死于风湿热。吉拉德是一个聪颖体弱的孩子,他以同等的善心对待杰克、妹妹宁、宠物猫,以及他从捕鼠夹里救出来的老鼠。杰克很崇拜他,常以他为榜样,所以他的离世让杰克很伤心。教导他们的修女为吉拉德举办了隆重的哀悼仪式来纪念他。吉拉德生前很受修女们的喜爱。他去世后,她们仔细回顾了他在短短一生里说过的话和做过的事,说他是预备中的圣人。吉拉德被安葬在加布丽埃勒娘家位于新罕布什尔纳舒厄的祖坟里。他的灵魂托付给了天堂,母亲希望那样的天堂在杰基和宁的眼里是舒服自在、近在身旁的地方。对加布丽埃勒来说,吉拉德无疑是圣人,这话杰基听了一遍又一遍。言下之意是杰克多半不是。

杰克学着向"利雪的特蕾泽"这个特殊的官方圣人祷告,这位圣人的生平为杰克回忆吉拉德的圣洁起到了类似模板的作用。特蕾泽来自法国城市布列塔尼,凯鲁亚克一家视那儿为故乡,她是一个钟表匠的女儿,患有肺痨。1888年,十五岁的特蕾泽穿上了加尔默罗会的修道服。当大家都清楚特蕾泽因肺结核不久于人世时,她所在的女修道院的院长教她坚持写日记,于是姑娘在日记里写满了资产阶级童年的快乐单纯的回忆。她去世后,加尔默罗会把她的日记整理成一份讣告小册《灵魂的故事》,很快便在世界各地成千上万的读者中传阅。日记中有一节跟竞选演说很相似:特蕾泽承诺说"要在天堂为世间谋福利",并且预言,她死后向她祷告的那些人会沐浴在"玫瑰雨"中。加布丽埃勒·安热·莱韦克就是她的一个信徒。加尔默罗会收到了大量的来信，全是关于由此发生的奇迹，不过梵蒂冈对于追封圣人前需要经历的等待期非常坚定。最后，庇护十世向一位来访的主教承认，他对特蕾泽的圣洁确信无疑，并于1914年放松了要求，准备追封她为圣人。1923年，就在二十四岁的特蕾泽去世二十五年后，庇护十一世为她举行了宣福礼，赐予她与圣女贞德同为法国守护神的地位。

如今，世人称她为"圣婴耶稣的圣特蕾泽"，她的肖像被制成彩色石印画，画里配有圣子、羊羔、玫瑰花、蛋黄色光束穿过背光云层等大量图像来衬托她那张天真无邪、受人敬重的面庞。在特蕾泽被追封为圣人四十年后，杰克·凯鲁亚克摊开四肢躺在旧金山的一个公园里，跟诗人菲利普·惠伦解释说，为了缓解内心的苦楚，他向特蕾泽和"柔弱的小耶稣"祷告，感受到了安慰与呵护。

杰克对教区学校里严厉的修女有着不堪回首的记忆，直到他七岁被送去公立学校，他的痛苦煎熬才算结束。吉拉德的灵柩、凯鲁亚克家安放十字架的幽暗的林间空地、哭泣的耶稣那廉价印制的肖像——所有这些图像都留在了他的脑海里，而他的思绪则停在了洛厄尔，或者叫"盖洛威"，他在第一部小说《镇与城》里这么称呼它。在那段艰难的岁月里，杰克和他的家人在梅里马克河北岸的贫穷社区那片新月形地带上四处漂泊。尽管那段时光给他留下了阴影，他忆及和说起童年时，却总是觉得充实与富足，他在写作中不厌其烦地重新思考、重新塑造人生中的那段时光，从不同的角度一次又一次地走近它。

在《镇与城》里，杰克把自己的生活放大许多倍，用他朋友们性格里的元素创造了一个庞大且复杂的家庭——马丁一家。马丁是圣特蕾泽的姓氏，也是洛厄尔一个重要的商人姓氏。杰克让他笔下的一家子住在一套占地很大、柱廊成排的房子里，是他以前在夏日傍晚与母亲和姐姐一同散步时路过的那种房子。小说里的马丁一家是待人冷漠的天主教徒，考虑到洛厄尔在30年代的经济现实，他们家过得几乎算是莫名地舒适。只有母亲马丁夫人有法国血统，凯鲁亚克用这一特征来掩饰但并不限制她的个性。马丁一家差不多集合了瓦纳姆路上所有富人家的特点，正是加布丽埃勒希望她儿子能够结识的那些富贵人家。

后来在杰克的写作生涯中，当他努力想把自己的真情实感付诸笔端时，他的法国血统就冒了出来，就像在《吉拉德的幻象》中，三十五岁的作家久久地沉思他四岁那年去世的哥哥，动情地回忆起热气腾腾的布丁和雨天午后放学回家的情景。杰克描绘了与加布丽埃勒——"妈妈"[1]——用法语进行的对话，然后再翻译出来。"当我读到普鲁斯特文中的茶杯，"他写道，"——所有那些茶碟都微不足道——整部文学史在指尖翻过——整个城市在那美味的面包心里——我所有的童年都凝结在厨灶边香草味的冬日波光里。"

杰克不仅着力刻画各种杂闻，也乐意倾听小道消息，他是《洛厄尔太阳报》和波士顿报纸体育版的忠实读者。他十一岁时开始写体育报道自娱自乐，记录赛马赢来的战利品——一盒弹珠。在另一个赛季里，这些弹珠摇身变为一场从统计学角度看算得上精彩的棒球赛的球员，杰克在余生中一直以这样那样的方式娱乐。

当时，电影的儿童票是十一美分，不过杰克和宁可以免费观影，因为利奥帮影院印制节目单。杰克七岁那年，电影开始有声音了，他是以这种喧闹的美国方式欣赏电影幻象的第一代人。在有声电影发明前，洛厄尔的主要剧院叫基斯剧院，它是基斯-阿尔比杂技巡回演出的

1　原文是法语Mémère，中译本以"妈妈"来表示。

一个站点。由于利奥跟剧院的这层关系,他的儿子得以一瞥马克斯兄弟和W. C. 菲尔兹在靠电影成名前的舞台表演风采。他们作为有声电影的明星,成了杰克和小伙伴们的原尺寸喜剧英雄。《战地之花》里的男人们是真正的英雄,万一德皇决定再次发动战争,他们就是大家的学习榜样。杰克觉得《时钟谋杀案》里的坏女人很可怕,因为她只是一个鬼魂,从来不以正面示人。

在教区学校,杰克的教义问答和第一本《圣经》读本用的都是法语。去公立学校后,他开始阅读当时流行的少儿读物:《王国的小小牧羊人来了》《桑尼布鲁克农场的瑞贝卡》,还有鲍勃西双胞胎的历险故事,他们是三对违背统计学常识的缺乏生气的双胞胎姐弟。所有这些书都是很受欢迎的精装册,尽管没什么文学价值,但还是得到了老师和图书管理员的认可,因为它们有积极正面的道德教益。不过,杰克的品位很快就转向了斯特里特和史密斯出版社及其他出版商每周推出的低俗惊悚杂志小说,这些书在洛厄尔的报摊和叫作"汽水供应站"的小杂货店里有卖。杰克是魅影侠拉蒙特·克兰斯顿的忠实粉丝,魅影侠知道"人们的大脑里藏着什么样的邪念",他会遮蔽人们的思维,然后打败那个恶魔。魅影侠是笔名为麦克斯韦尔·格兰特的人创作的,到杰克十二岁那年,魅影侠已经在多个媒体上占据阵地。他出现在杂志里、舞台系列剧里,还有广播节目里。

下雪天,杰克放学回到家,摇动留声机的手柄,播放厚重的古塔胶碟片,为他脑子里持续进行的赛跑、棒球比赛、神秘与历险电影配上背景乐。但是在春天和夏天,他的幻想会伸展至更广阔的舞台,去梅里马克河的沙堤、德雷克特的小树林、万纳兰塞街上的豪宅庭院和山上的孤儿院,他会把这些地方全合为一个城堡,让里面住满吸血鬼和扈从,都是他的幽灵主人公萨克斯博士的死敌。

《萨克斯博士》是杰克写的有关童年最后几个星期的小说。在书里,洛厄尔小镇的暮色渐渐变浓,铺展开来,里面藏着一个反世界,萨克斯博士这个绿色皮肤、披着斗篷的人在里头通过滑稽无聊的代理人与邪恶力量决斗。杰克提笔写这本书,是三十五岁那年在墨西哥看望威廉·巴勒斯时。萨克斯身上有着巴勒斯的影子,W. C. 菲尔兹以布尔·布隆的名字出现,还有许多不属于凯鲁亚克童年世界的知识分子配角。譬如,书中有一个描写波希米亚主义的有趣片段,是按照艾莎道拉·邓肯或是艾米·洛威尔的样子写的。只是,所有这些素材都与凯鲁亚克幻想剧的子情节有关系——正邪势力的殊死搏斗在洛厄尔镇民们的眼皮子底下进行着,丝毫未被察觉。马萨诸塞州童年的声音、气味和味道都在这里。萨克斯博士藏身的地下屋位于现实中的某条路上,杰克与朋友们走去德雷克特小树林边的球场——小镇的北部——时,就是沿着那条路去的。

在杰克所有关于洛厄尔的作品中出现的,是同一个小圈子的男孩们——"夏天的棒球队,冬天的篮球队,还有无敌的秋季橄榄球队"。他们做着男孩都会做的事,打球、搞恶作剧、裸泳、相互用暗语交流——用暗语既能加强同盟,亦能让大人摸不着头脑。但是,在杰克写的所有关于童年的书和故事里,他在自己与其他人之间做了明显的区分。他瞧不起把大仲马的小说人物而非麦克斯韦尔·格兰特幽灵故事里的人物当英雄的那些人。只有杰基能看见萨克斯博士并与他对话。书里暗示,其他男生没有意识到人心藏着邪恶,但杰基意识到了。他温柔地指责他的朋友们想象力不够。后来的结果表明,杰克是那个圈子里唯一走出洛厄尔去外面寻找出路的人。

乔治·J. 阿波斯托洛斯是杰克儿时最要好的朋友。他不管在书里还是在生活中都是G. J.,既明确干练又气场逼人的一个称呼。他在洛厄尔开了一家保险公司,公司里办公桌后面的书架上,放着一本翻得很旧的《在路上》。

G. J. 阿波斯托洛斯:

那小子很容易受伤。光是11月里毛毛细雨的天气,就会突然让他伤感起来。我想你要是读他写的书,肯定能在哪儿找到答案。

杰克的母亲对他有着很高的期待。杰克不缺什么,可他母亲还是想让他跟"更体面的"人打交道。

"我永远也成不了她想要我成为的那种人,我不能跟她在一起生活。我尽是让她失望。"他会这么说。杰克总是想要取悦他母亲,那么做似乎一点一点地侵蚀着他。他跟着"垮掉的一代"走了,不过他总是牵挂着他的母亲。

罗兰·萨尔瓦斯也没有离开洛厄尔。他是杰克小说里那个阿尔伯特·"讨厌鬼"·洛宗,来自一个法裔加拿大的大家族。杰基·杜洛兹(凯鲁亚克)在挤满人的厨房派对上认识了他,两人常在夏天结伴去河边野餐。

罗兰·萨尔瓦斯:

我总觉得杰克会出人头地的。我是说,成为一个作家——想成为一个作家——你留在自己的家乡是不会成为作家的。你得出去,付出最大的努力,尽量多学点。但是你在自己家所在的小镇或城市是做不了的。你得一步步学着点儿。他就是这么一路过来的。

第一章 小镇

他是个穿戴整洁的孩子——衣服干干净净,胡子也剃得很干净。他是个固执的守卫,右前卫还是左前卫,我记不得了。他很喜欢橄榄球。他以前常常告诉四分卫:"皮特,接下来把球传给我。我知道我可以比那个人跑得更快。"他跑得很快,真的非常快。

他家附近住的全是法国人。他母亲讲法语。我想他父亲不怎么说法语,但他母亲是个地道的法国人。杰克的父亲个子很高,烟不离口。他父亲长得高高大大,确实很高大。他喜欢跟别人开玩笑。他们一家子的为人我挑不出一根刺来。

我觉得杰克想有所作为,而不是一辈子默默无闻。他确实经常说起魅影侠。他喜欢那类东西,你知道:"咪喂—嘿—嘿—嘿—嘿!"

他学魅影侠真的学得挺像。

G. J. 阿波斯托洛斯:

我记得他曾经当过"银锡罐大侠"。要是有一扇窗或是门开着,他就会扔进去一个锡罐,上面有个纸条:"银锡罐大侠再次出击!"他会穿一件斗篷,发出他的萨克斯博士式的笑声。"咪喂—嘿—嘿—嘿—嘿!"

大家都以为是卑鄙的希腊人搞的鬼,也就是我。杰克的母亲无法相信,杰克居然会干那样的事。他会穿着斗篷——当时他十三岁——跳过篱笆,然后拔腿就跑,一直跑。

让我跟你说说萨克斯博士的城堡吧。

我们碰见一个老人走在纺织大桥上,他喝得醉醺醺的。我们把他带到这间很大的老房子里。他不停地说:"地板下有中国佬。"我们把他安置在简易床上,他从另一边滚了下去,撞到了头。那间屋子在河滨街上,在德雷克特那里。

杰克在《玛吉·卡西迪》里写到那件事时回忆说,G.J.确信那个老人因为头部受伤而死。第二天,三个男孩忐忑地等着《洛厄尔太阳报》午后版出来。他们松了一口气:报纸上没有老人的讣告。

约瑟夫·亨利·斯考蒂·比利,也就是小说里的斯考蒂·博尔迪尤,因为"舍不得买五美分的糖果和看十一美分的电影"[1]而得到了这个外号。杰克在《萨克斯博士》里这么描述他:"在早晨看起来是个非常英勇的少年。"他比杰克略大一些,算是杰克的偶像,尤其在体育运动方面。

斯考蒂·比利:

杰克非常顽强,是一个伟大的运动员。有一回我拦截他的球,或者说想要拦截,当我抓住他的腿时——乖乖,我被撞得头昏眼花!他直接把我撞飞了。

他这人很有意思。他们家有很多问题,很不走运,不过杰基从来没有提过。当然,家家有本难念的经,但我们男孩子从来就不怎么谈起,所以也许这不是什么怪事儿。

我和杰克还有G.J.就像是三个火枪手。我们总是黏在一块儿,从来不闹矛盾。但是杰基的父母不喜欢我们在他身边打转,仿佛我们不配跟他在一起玩似的。不过他母亲是个很和善的女人,他父亲也很和善,只是不怎么跟我们打交道。

---

[1] 这是凯鲁亚克在小说《萨克斯博士》中对斯考蒂的描述。

第一章 小镇

1936年春,杰克十四岁那年,洪水侵袭了新英格兰。杰克他们一家在波塔基特维尔的山上避险,眼看着梅里马克河的水溢出堤岸,漫过男生们常当作游乐场的沙堤,最后连纺织大桥也没在水里,把"小加拿大"与洛厄尔镇中心阻隔开。一个旧水闸保住了商业区,使其没有被彻底摧毁,但是事实上,利奥印刷店里的水漫到六英尺深。大水淹没了他想当独立商人的愿望。从那时候起,他为雇用他的印刷商工作,以此谋生,还在社交俱乐部看管保龄球场赚点外快。

起初,杰克、G. J. 和其他人把洪水当成精彩的历险。有一段时间,洛厄尔很是重要。摄影师从波士顿赶来记录这场灾难。从新罕布什尔冲来的有趣漂浮物朝下流涌来,杰克眼睁睁地看着它们漂出视线,漂出洛厄尔。二十年后,杰克写《萨克斯博士》时记起当时的场景,或多或少忽视了大水给他家的生计带来的影响,只是记录了他的恐惧,因为高水位让他没法一周一次走去镇中心的公共图书馆,借一摞没读过的书回来看。

不过到星期六早上,洪水就退去了。杰克和宁像往常一样去镇中心,路过两人在读书识字前一起去过的电影院。"——现在我们长大了,可以读书了。"凯鲁亚克对那个昼夜的记录,是他最精彩的回忆之一。回忆里的事件毫无疑问是从好几个星期或好几个月的真实体验中挑选出来的,但是杰克选择把那个特殊的星期六看成他童年的结束、青春期的开始。(这一起始点与性爱体验没什么关系。那是另外一桩事,另一个晚上,他在思考宠物狗的死亡时,无意间初次体验了手淫。)他看待世界的态度发生了细微而深刻的变化。

一整天,杰克独自爬了蛇山,闯了住着邪魔的空屋庭院。晚饭过后,他站在沙洲上,萨克斯博士来找他,第一次开口跟这个男孩说话:

"'大水,'萨克斯博士说,'让事情到了不得不解决的地步。'"有萨克斯的斗篷遮着,杰基跟幽灵一起在邻里巡游,他的朋友和家人都看不见他。加布丽埃勒出去买冷盘,由于去晚了,正急匆匆地往家赶;利奥在计划办一场派对。宁追上母亲,讲给她听自己在镇中心看见的一条裙子。广播里传来一个跳舞乐队演奏的格什温的曲子。小屋的门砰的一声关上。一个女人听了黄色段子后发出粗嘎的笑声。

男孩与幽灵越过篱笆,暗中观察着邻居们:斯考蒂若有所思地吃着糖块,G.J.环视着暮色,吉恩·普鲁夫躺在床上,被子一直盖到下巴,他在读斯特里特和史密斯出版社出的一本低俗西部小说。一个大一些的男孩在自信地大踏步走回家。杰基知道——虽然他也不知道自己是怎么知道的——这个青年会跟父母撒谎解释为什么工作到这么晚,他因为跟女友在德雷克特小树林的一个仓库里偷偷做爱,这时候才回家。洛厄尔的夜晚一如寻常,但杰克只是旁观者。今晚有幽灵站在他的旁边,他头一回自觉地意识到,自己是旁观的记录者。他看着,听着,把一切整理归档。萨克斯接连不断的评论是混乱到让人抓狂的伴奏,下面这句话,是对躺在床上看惊险小说的吉恩·普鲁夫说的:

> 将来你会随日出而起,狠狠地逼迫你那卑贱的躯体去辛苦劳作,热气腾腾的美味饭菜,吐出核,蛛网月光下疼痛的肉欲夜晚,夜里疲惫尘埃的迷雾,玉米、丝绸、月亮、铁轨——那就叫作成熟——但是你永远也不会像你在童年的无尽夜里裹着被褥、无忧无虑地啃书时那样快乐。

雨云遮住了月亮,不一会儿,萨克斯和男孩到了城堡里,邪恶的尘

第一章 小镇

世巨蟒从睡梦中醒来,就在这儿上演一场直接攻击。接下来的殊死搏斗集合了所有B级电影里农民摧毁疯学究的实验室的场景,萨克斯一下脱去斗篷和帽子,在吓得直哆嗦的男孩看来,他这等小角色完全不是他引来的这个怪物的对手。但是不要紧。随着风暴越来越急骤,巨蟒以凯鲁亚克从墨西哥神话里学来的那种方式被降服了(写《萨克斯博士》时他住在墨西哥),并由萨克斯亲口道出了其中的寓意:"我是不会有好下场的……宇宙除掉了它自己的恶魔。"

要分析这位成熟作家眼中的这道星期六分水岭,并不是下结论说十四岁的杰基很清楚甚至是懂得这其中的教训,但是凯鲁亚克后来许多决定和行动(其中一些可谓极其冲动和有害)的背后,似乎有一种对宇宙作为自我调控的机制的本质性依赖。住在瓦纳姆路的富有的长老会信徒可以用预定论的教义来自我安慰,但是,圣让-巴蒂斯特教区的凯鲁亚克家不信那一套。要过很长时间,凯鲁亚克才会用佛教的达摩概念为自己的这种态度找到具体的说法。

杰基现在成长为杰克了,在那一年和接下来的三年里,他变得更强壮了些,对自己的运动技能也更确信了点。他擅长所有的运动,不过橄榄球才是他的最爱。一生中,凯鲁亚克一直觉得10月是最仁慈的月份("10月大家都回家了",他写道)。在20世纪30年代的最后几年里,每年的10月都有四五个星期六,大批男孩和他们的父亲、兄弟成群结队地爬上蛇山,来到德雷克特的老虎队球场,他们比赛时至少用三种语言,有时候用四种。一些男孩的个子更高,但是杰克的肌肉更强健——速度也快。他粗壮的双腿不像是会跑那么快的,也不像是不管何时拿到球都能控制球的突然转向的。

那时他身边也有女孩子了,但不是很多。一些女孩子把杰克的腼腆当成自负。他在班里脑子反应快,是个熟练的运动员,正在长成一个标准的美男子。当时男孩与女孩的隔阂多半不会比现在更大,但是在与女孩子交流时,杰克似乎比他的朋友们更不自在。由此导致的距离感和沉默足以让其他人觉得,他是个专注于自我的人。

然而,有一个叫玛丽·卡尼的女孩子虏获了他的心。她在学校比杰克高一级,在河对岸的爱尔兰社区长大。她的弟弟充当了媒人,于是杰克就成了卡尼家前门走廊上的常客。玛丽的父亲在铁路上工作,这一职业让杰克很是神往。有可能卡尼一家为杰克带来了温暖和亲密感,那是他很难要求利奥和加布丽埃勒给他或从他们那儿获得的。杰克与玛丽长时间推心置腹地聊。G.J.、斯考蒂和罗兰曾听杰克聊起过他复杂的感想与抱负,但玛丽·卡尼似乎才是真正理解他的人。跟那三个人一样,玛丽·卡尼也从未离开过洛厄尔。

玛丽·卡尼:

我和杰克之间有着很深的感情,其他人不理解,也不知道。《玛吉·卡西迪》那本书出来后,我有了许多麻烦。大家责怪我,邻居也在背后嘀嘀咕咕。太令人难过了。

杰克人很好。他是个温和善良的孩子,洛厄尔的人不理解他。他们从来就不理解。这儿的人不读书。他们甚至都不会为他立块牌匾。

杰克很敏感。他只需要在铁路旁有一间屋子和一份工作。杰克过去什么都告诉我。

既然没有人会理解,我也不打算再说了。很久以前我就下定决心什么也不说,我要坚守这个决定。不管怎么说都不会有人听的。

G.J. 阿波斯托洛斯:

第一章 小镇

玛吉·卡西迪跟玛丽·卡尼之间没什么联系。她是杰克虚构出来的。我记得杰克在战后回来,让我打电话给玛丽·卡尼,他想见她。她说可以,只见十分钟,所以我们就过去找她:我、杰克,还有我的两三个兄弟。

玛丽正坐在杰克在《玛吉·卡西迪》里描述的那种柱廊上。她的身旁是她未婚夫、她母亲,还有她父亲。

杰克和她只是看着对方。他什么也没有说。他呆住了。他们之间没什么。所有的事都是杰克自己凭空想象的。他们之间一开始真的就没什么。

利奥在那场洪水中失去了店铺。此后,凯鲁亚克家便搬去了穆迪街上一家小吃店楼上的廉租房的顶楼。一天晚上,杰克在房间里读书,只听街上有个陌生人在喊他的名字。来人正是萨米·桑帕斯,一个比杰克大一岁的男孩,住在小镇的另一头。他听说过杰克的大名——不是当前卫的杰克,而是饱览群书还有从事创作的杰克。跟杰克一样,萨米也在根据他自己的进度研究严肃作家,不过他的品位更高级一些,也坚定得多。也许最重要的是,萨米确定他能以写作为生,他个人对成功的展望包括百老汇,他希望在那儿当制作人还有剧作家。

罗兰·萨尔瓦斯:

萨米那家伙是个聪明人。我是通过杰克和乔治认识他的。他们说的词比我说的要高深得多,所以他们聊天时——他们三个人——很多时候我会摇摇头。就连我和斯考蒂也听不懂。不过这也不要紧,你明白吧?不要紧。

当你提到桑帕斯时,你就会说到桑帕斯、杰克,还有乔治,他们三个人。他们更正经些。

到1938年秋天,杰克在洛厄尔高中读高三的第一个学期,加布丽埃勒已经回归她的老本行,在一家鞋厂割皮革,或者叫当裁剪工。利奥除了在社交俱乐部有份工作外,还能从一家爱尔兰人开的印刷店拿一份差不多稳定的工资。罗兰·萨尔瓦斯已经辍学去波士顿海军工厂上班,乔治·阿波斯托洛斯则加入了平民保育团,在科罗拉多参与建造埃斯蒂斯国家公园。

"我想上大学,不知怎的我知道父亲永远也供不起我的学费。"杰克写道。橄榄球给了他一条出路。虽然杰克以速度和韧性见长,但他的个子比他在洛厄尔校队的队友要小,也就是那些在德雷克特小树林的沙地比赛中对赛的男孩。1937年赛季的大部分时间里,教练让杰克做替补队员,杰克非常羡慕那些上场比赛的队友。不过,在1938年的秋天,他接连几次在最后一节比赛时上场且表现不俗,吸引了波士顿体育新闻记者的注意——还有波士顿学院、杜克大学和哥伦比亚大学的球探们。

在一场比赛中,杰克没有听从教练的直接指令,想尝试华丽的单手带球。他把球弄丢了,良心受到了谴责。不过在一场真正重要的比赛——感恩节那场与劳伦斯的会战——中,杰克完成了唯一的触地得分。从那一刻开始,他的大学奖学金有了着落。问题是:该接受哪一家的呢?

利奥的印刷店老板被波士顿学院的招生人员雇去,帮他们把凯鲁亚克招到他们球队来。杰克拒绝了。他可不想拜耶稣会信徒为师,况且波士顿离得也不够远。他深深爱着电影银幕上的纽约城,那儿有他向往的、他和萨米·桑帕斯共同喜爱的高雅生活。加布丽埃勒支持杰克,幻想着全家跟随他搬去纽约。杰克选择了哥伦比亚。不久之后,利奥被印刷店解雇了,从此往后,杰克相信利奥的不幸都是他拒绝去波士顿学院造成的。

在洛厄尔高中 1939 年的年鉴上,杰克穿着田径队服:黝黑清澈的眸子,凌乱的黑发,那双强健有力的腿让他能避开除最狡诈的防守队员之外的所有人。那年春天,他开始每周逃课一天,早上在图书馆读象棋书和任何他感兴趣的书:"歌德、雨果,尤其是威廉·佩恩的《格言》,读这些只是为了向我自己炫耀我在读书。"下午,他去里亚尔托,"深入研究 20 世纪 30 年代的老电影"。对杰克来说,唐·阿米契和艾丽丝·费伊坐在豪华轿车里巡回演出的那个曼哈顿,是一个有真正的顶层豪华公寓的真实地方,而他很快就要去那里参观了。

G. J. 阿波斯托洛斯:

1938—1939 年那会儿,他写给我的信有书本那么厚。我当时在平保团,在科罗拉多的埃斯蒂斯公园,我们在挖沟,在粉刷营房。但对于杰克来说,那儿好比是西部。对他来说,我在驯马。我下火车后得弯着腿走路,跟他一起走。

我记得有一天我犯了个错,不该去看劳伦斯·奥利弗演的《呼啸山庄》。我喝了杯啤酒,以为自己是主人公。我们去卡诺利湖,想撩个妹子。于是我走到一个姑娘面前,杰克说:"那位是希斯克利夫!"我在她耳边悄悄说:"为什么你的头发里没有石楠花的香味呢?"

我慌了。警察走上前来,问我说了什么,我就告诉了他。我是为杰克做的。他可喜欢了呢。他年轻时是如此敏感。他从来不会忘了自己的哥们。

虽然杰克跑在橄榄球场上时英姿飒爽,课业成绩也优异,但哥伦比亚的招生人员还是决定,他需要先去预备学校读一年,才能在体育与学业上够常春藤的格。他的奖学金先是资助他在霍瑞斯曼男校读一年,那儿的训练员会向他介绍哥伦比亚的著名教练卢·利特尔的理论和方法,而其他的老师大多数有博士学位,他们帮他准备哥伦比亚非常严苛的文科项目。霍瑞斯曼在范科特兰特公园的246号街上,在纽约城的最北边。杰克会跟加布丽埃勒的继母及其新任丈夫,还有他们全家一起住在布鲁克林。搭地铁单程就要两小时,一路上,杰克会在曾令他心驰神往的曼哈顿的地底下呼啸穿行。

G. J. 阿波斯托洛斯:

当杰克要去霍瑞斯曼时,他母亲跟我说:"现在杰克要去认识他本应该从小一起玩到大的人了。杰克的处境好多了。"

第二章　城市

整件事情的关键在于无聊。

——哈尔·蔡斯

霍瑞斯曼男校是哥伦比亚大学教育学院的一所附属中学。在1939年那会儿,它跟哥大一样,由令人敬畏的尼古拉斯·默里·巴特勒[1]监管,他跟多任总统(包括哈丁)和世界名人(如墨索里尼)是好友,自1889年起担任哥大的校长,直至1946年由德怀特·艾森豪威尔接替。倘若巴特勒能活着提提意见,他多半会建议艾森豪威尔留在哥大,而不是辞职去谋求一份劣等的工作。在他漫长的任职期中,巴特勒努力想让他的学校给学生灌输传统的价值观。哥大让学生先在古典课程中扎下根来,再通过大型的讲座课程让他们接触人文学科的各个领域,最后让学生在小型研讨会上实现自我成长。不管是研究生还是本科生,都有同等的机会接受许多最最优秀的教师的指导。

杰克在洛厄尔的大多数同学即使有毕业的,也都是拿着高中文凭结束求学生涯的。那些继续读书的人不大可能去比纺织学院更好的学校。霍瑞斯曼中学是以支持免费公共教育的伟大斗士的名字命名

---

[1] 尼古拉斯·默里·巴特勒(Nicholas Murray Butler,1862—1947),美国哲学家、外交家和教育家,1931年诺贝尔和平奖得主。

的,却辅导年轻学子去接受昂贵的私立教育。跟其他田园气息更浓重的学校相比,它的教学方式算是比较正式和严苛的,其标准也远远超过杰克在洛厄尔的高中。由于拿到霍瑞斯曼的文凭就相当于一只脚跨进了多所常春藤高校的大门,所以学生名单上满是从曼哈顿来的有钱的年轻走读生,包括爱尔兰裔和犹太裔暴发户的继承人。一些男生每天早上坐着豪华轿车来上学,随身带着家庭厨师准备的午餐。杰克每天清晨六点在布鲁克林坐地铁,拎着的纸袋里装有加布丽埃勒的继母做的花生黄油三明治。加布丽埃勒要是知道的话,兴许会很高兴,因为霍瑞斯曼的每日生活以强制性的礼拜仪式开始。不过杰克算了算,全体学生中有"百分之九十六是犹太裔的富家子弟",他注意到,他们在被迫唱像《前进吧,基督战士!》和《杰弗里·阿默斯特爵士》这些新教圣歌时很是为难,虽然杰克自己也觉得尴尬。

那年秋天,杰克的历史课教室俯瞰着范科特兰特公园,光秃秃的树木勾勒出的轮廓让他想起德雷克特的小树林。但是,哪怕杰克当真思乡情切,他也只需要在布鲁克林看看,因为加布丽埃勒的继母和她的新任丈夫把房子的里里外外料理得像极了洛厄尔或纳舒厄的法裔加拿大家宅。每天晚上,马大娘和尼克大伯坐在客厅里,听着像科林神父备受争议的布道那样的广播节目,其实那压根儿就不是什么布道,只是打着宗教幌子的乡土法西斯主义。楼上的房间里,杰克在拼命地赶霍瑞斯曼毕业班学生的功课,尽管他早已是上大学的年纪。

橄榄球也不尽如人意。在洛厄尔,杰克曾经是——最终当上了——明星球员。可在霍瑞斯曼,他只是许多从不知名的高中来的男生中的一个,他们天天被卢·利特尔的执教门徒灌输理念,还要不停地削尖自己的脑瓜,好挤进哥大。那个赛季里,纽约的专栏作家抨击利特尔以这种方式利用霍瑞斯曼,但争议很快就被人忘却了,由于制度设计,像卢·利特尔这样的不在少数。此人的原名是路易吉·皮科洛,波士顿人氏,天主教徒,他的成名之路始于华盛顿特区的乔治敦大学。利特尔属于最早的那一批技术员教练,张口闭口都是各种心理学和欺骗术的理论。杰克的技巧正好符合利特尔的橄榄球风格,在那个赛季里,凯鲁亚克的一记横向传球("说是横向传球,那也太慢了,我把球撸射到了左边")赢得了比赛。不过,他还是没能挤进首发阵容。当然,等他进哥大后,卢·利特尔自会看到他的天赋。

那一年,在纽约度过的第一个秋天,整个城市就是一座辽阔的校园。上学的第二天,杰克就逃学了,他搭地铁到时代广场便下了车。接下来他就去看电影,去他梦想的城市中央观察人群和变幻的灯光。他在霍瑞斯曼的同班同学中挑选朋友时,会选那些能带他去探索城市奥秘与欢愉的男生。大多数周六的晚上,杰克在布鲁克林马大娘家的床铺总是空空的。杰克会留宿在派克大道或河滨大道的某个朋友家里——"他本应该从小一起玩到大的人"中的某一个。凯鲁亚克在哥大校园的一次踏勘中遇见了年轻的小威廉·F. 巴克利。而在《杜洛兹的虚荣》一书中,杰克虚构了一个名叫"雷·奥姆斯特德"的有钱的年轻朋友。他们某一天在吃午餐时遇见,"雷"把自己的鸡肉三明治与杰克分享。

雷长得瘦小,一副书生气,杰克则身材健壮,性格直爽。一天晚上,杰克去奥姆斯特德家吃饭,他靠优雅的举止赢得了雷的母亲的喜爱,雷的父亲对他在赛场上的英勇逸事大为感兴趣。他们邀请他再来做客。(十年后,在《在路上》的一个失败的开头里,代表凯鲁亚克的那个角色会离开这样一个富裕的家庭,开始他漫长的旅途。)很快,杰克就习惯了跟一帮有钱朋友打交道,跟其他乡下小伙子在一起反倒不自在起来,他们嘲笑他天天围在犹太人和"苦读生"身边打转,还帮他们写期末论文。

杰克在洛厄尔上高中时，对广播台播放的大型乐队表演很感兴趣，这些演出来自纽约各大饭店的舞厅。在霍瑞斯曼，他遇见了跟他有同样兴趣且对纽约城的音乐演出了如指掌的西摩·怀斯。怀斯介绍杰克认识了一位最近刚从霍瑞斯曼毕业的校友乔治·阿瓦基安，此人在格林威治村开了一家叫"尼克家"的爵士乐俱乐部，开始了他身为创作人和音乐学家的生涯。在为校报写的一份访谈中，杰克把阿瓦基安当成那个领域的学术权威（他后来确实成了权威）进行采访。凯鲁亚克写了一篇详细分析贝西伯爵乐队运作方式的文章，还想法子采访到了格伦·米勒，米勒说起话来跟寻常人一样骂骂咧咧，这叫他好不吃惊。这些都是按编好的改编曲来表演的舞团，不过，他们的伴唱队倒是有一些独特的声音，其独唱的副歌预示了一种全新的爵士乐，那将会是一种极富个人表现力的形式。1940年，杰克在《霍瑞斯曼纪事》上写道，莱斯特·杨极有可能把次中音萨克斯发扬光大为一种独奏乐器。事实正是如此。杰克了解这种乐器能够传达的情感维度，他多希望自己有这样的演奏技能。

那年在霍瑞斯曼，杰克谱写的曲段工匠气略重，像是在报道和批评。他发表的两个短篇故事读来也别扭，且过于造作。《兄弟》的故事由一个叫华生的年轻侦探讲述给福尔摩斯般的亨利·布朗听，后者"身材瘦削，有着撒克逊人的仗义性格"。两人在布朗的家乡度假，路过一家杂货店时，偶然间撞上了一桩有预谋的杀兄案的生动线索。布朗制服了凶手，叙述者责怪自己没能留意到相关的细节：毒药、瓦斯管、一笔遗产。《圣诞夜》是一个短故事，背景设置在平安夜格林威治村的一家酒馆。老板在故事一开始便称，他的酒馆是要代表整个宇宙的。当酒馆的常客一个个被刻画出来时，一个留着胡子的客人的到来

第二章 城市

让众人猛然酒醒,来人正是耶稣。这两个故事更多地得益于30年代通俗杂志上的虚构故事,而不是萨米推荐给杰克模仿的大师之作。

1940年6月,杰克在场地外偷偷地听自己的毕业礼。他买不起必需的白色套装,不过,好在典礼在听力所及的范围内。他就懒洋洋地躺在体育馆后面的草坪上,嘴里嚼着一根草,一边读着惠特曼。

那年夏天,身负补课任务的杰克回到了洛厄尔:他在霍瑞斯曼的化学和法语课程没有及格。(加布丽埃勒的方言和课堂上用的法语完全不同。)然而,他却跟兄弟们四处游逛,他们现在给他起了个新的绰号,叫扎格,那是村里酒鬼的名字,那个酒鬼漫步在波塔基特维尔的街上时,会时不时地把双手往上一甩,大叫:"呜呼!呜呼!"一天夜里,杰克、乔治和萨米借着酒劲,抓住小镇居民的衣领说,他们三个人,每个人都真的是上帝。接着,男孩们跌跌撞撞地走到梅里马克河边的沙堤上,大声喊出这个消息。

那年夏天,杰克没怎么跟萨米见面,他也从来没有补上失掉的学分,不过没有关系,有卢·利特尔为他保驾护航。杰克离开马大娘在布鲁克林的家,搬去宿舍住。利奥送他去纽约,两人参观了纽约世博会的最后展季,那场世博会展出的是后大萧条时代所创造的奇迹,但战争会令展会延期。

跟其他大一新生一样,杰克被分配到最老的宿舍楼住——哈特利楼的一个两人间。他不喜欢那儿的蟑螂,也不喜欢他的室友,便利用奖学金运动员的身份,设法在莱文斯顿楼弄了一个单人间,那栋楼要稍微雅致些,大多数研究生都住在那里。

加布丽埃勒省吃俭用,给杰克买了一件大学生的运动夹克,杰克给自己买了个烟斗。他一边做作业,一边吞云吐雾,背景里WQXR广播台在播放古典乐。现在他是大学生了,但也有叫人失望的事。过完悠懒的暑假，杰克面对的是一大摞让人却步的阅读材料、日常橄榄球训练，还有他为了填饱肚子要打的零工——在学生食堂里洗碗碟。

斯考蒂·比利：

1940年9月，我和G.J.去纽约城看望扎格。他带我们参观了哥伦比亚大学，地下室里的"狮洞"，还有他的房间。我们去了麦迪逊广场花园，扎格说："咱们去上面看看格伦·米勒的办公室吧。"我们都惊呆了。"当然可以，"杰基说，"干吗不去呢？"于是我们就上去了，发现米勒的办公室空荡荡的。这么个大名人，办公室里居然一个人也没有。

扎格在新美国饭店里撮合我和一个叫露西尔的姑娘。这是我第一次去妓院。三个人中，我最后一个上她，我一身绿色西装打扮，还戴着绿色领带。杰克管我叫"法罗娃"，因为我的绿色西装和帽子，绿色领带和绿色烟斗——还有金牙。露西尔只穿了一件浴袍。我们去房间时她说："你也是从俄克拉荷马来的吗？"我很好奇那些疯子跟她说了些什么，不过接着她脱下了浴袍，我就把俄克拉荷马这回事抛到九霄云外去了。你从来没见过有人能脱衣服脱得这么快。

我们还在某个很高级的餐馆吃了一顿有七道菜的饭。鸡肉端上来时，有一根绳绕在它们的周围，杰克拿起抹黄油的刀，想用刀把绳子给切开。这些事我们怎么会知道该怎么做？所以服务生就拍了拍杰基的肩，跟他说："不好意思，先生，您用的是抹黄油的刀。"

"没关系，老兄，"杰基说，"我的手臂很有力气。"

他的力气确实很大。

第二章 城市

当大一新生的教练那年秋天确定球员名单时,杰克并不在首发阵容里。不过,他确实上场比赛了,卢·利特尔正好在一旁看着他与圣本尼迪克特学院球队比赛。当杰克成功打出九十码的开球回攻时,利特尔为他喝彩。几个回合后,凯鲁亚克接住一个悬空球,对方两个球员赶来阻截。他转动身子想要脱身,却听见一记剧烈的碎裂声。助理教练只当是寻常的扭伤,那一周的每个下午,杰克都要瘸着腿坚持撑完整场训练,心里恨死了利特尔和其他那些指责他装病的人。最后,他被送去了医务室,拍了张 X 光片,结果显示有一处丝状开裂。他的腿绑上了石膏。

杰克以受伤为借口偷起了懒。每天晚上他不去洗碗,而是去"狮洞"点上一份牛排和一个圣代冰激凌,然后挂在体育部的账上。他也不去训练,一头栽进了托马斯·沃尔夫的小说中,他写道,沃尔夫"让我了解到,美国是一首大写的诗,而不是一个人们在里头挣扎和挥洒汗水的地方"。

斐·伽玛·德尔塔组织的人邀请杰克参加他们的兄弟会,杰克便参加了,不过他拒绝戴效忠便帽。在那年春天的选举中,杰克当选为大二班级的副班长,这份荣誉于他而言确是个惊喜。1941 年,当杰克回到洛厄尔的家中过暑假时,他奉命补上大一化学未及格的功课,不过教练员们帮他搞到了资格,仅仅重修这门课即可。

那是美国参战前的那个夏天,杰克和朋友们每天喝喝啤酒,在绿山里露营,梦想着去远方探险,比如去商船上当船员。杰克和萨米搭免费便车去波士顿,桑帕斯在波士顿公园的临时演讲台上慷慨激昂地做了列宁主义的即兴演讲。利奥在纽黑文的印刷厂找到一份稳定的工作,于是,杰克的父母现在也打算离开洛厄尔了。

那个 8 月的一天夜里,"妈妈"在厨房里跟她的侄女布兰奇聊天,杰克坐在后门廊里,抬头望着天空。他有幸经历了——或者说不幸承受了——宇宙意识的一个闪现,文学评论家管那叫顿悟,宗教学者称之为启示。杰克久久地凝望着繁星,想象着它们也在回望他,之后他蹒跚地走进客厅,一屁股坐进利奥的安乐椅中,开始幻想自己在体育、文学和财务方面大获成功的未来。接着,他又回去望了一眼星星,那些星星"只是茫然地注视着我。换句话说,我突然意识到,我所有的抱负,不管它们是如何出现的……在人类呼吸与'快乐繁星的叹息'之间的空白地带里无论如何都不重要……不管我在何时何地与何人做了些什么,到头来都不重要"。

回忆起这段经历时,杰克在脑海里把它跟欧洲和亚洲已经开始的那场大战联系在一起。此时距珍珠港事件爆发还有四个月。

那个夏天快结束时,他帮利奥和加布丽埃勒搬去长岛海湾上租来的房子里,那儿靠近纽黑文。途经洛厄尔和纽黑文之间的某个地方时,凯鲁亚克家把提格黑——也就是"小灰"——给弄丢了。在他们家的宠物猫系谱——可追溯至吉拉德在世时养的猫——中,"小灰"是最年轻的一只。一只猫的死去在杰克看来总是一个特别不祥的征兆。

那年9月,美国加入战争明显已是时日问题,卢·利特尔的四分卫报名参加了海军。但是,仍然有许多高年级学生可以打后场,才二年级的杰克厌恶自己还要再坐一个赛季的冷板凳。他和卢·利特尔的关系恶化到当众对峙的地步。这位教练最终指责杰克不能演好KF-79,那是五个赛季以前让利特尔名扬"玫瑰碗"的一套假动作。KF-79持续演了好多年,它有一些略微不同的变种,如TNT、FDR,或者是LS/MFT:四分卫假装将球传给右前卫,右前卫接着假装从对方的阻截队员上空快速传球。当然,在这段烦琐冗长的把戏中,四分卫始终都握着球,到1941年秋天,它根本就唬不住人了,而是体育馆里

第二章 城市

人人都预料得到的套路，尤其是哥大的对手球队。其实，利特尔的传说不过如此：只是一个传说而已。战争会成为他接下来十年里大部分赛季都输球的借口。等到50年代，利特尔被强制退休时，常春藤联盟橄榄球会成为一项不一样的运动。利特尔与他的意大利先辈断绝了关系，这一点叫杰克很不喜欢，他取笑这位教练时髦衣架子的名声。哥大里流传着一个谣言，说利特尔有一百多套西装和运动夹克，不过利特尔方的公关人员发布的官方数字是大约四十套。最后，杰克觉得哥大违背诺言，没有帮利奥在纽约找份工作，这让他完全不再留恋。多半是利特尔的某个招生人员在游说凯鲁亚克时确实这么许下过承诺，也许是听杰克说了利奥在洛厄尔的老板的故事——当时老凯鲁亚克的儿子拒绝了波士顿学院，老板就把他开除了。

就在利特尔当着其他队员的面羞辱杰克、骂他演不了KF-79后的那个星期六晚上，杰克打包了行李，离开了莱文斯顿楼。在杰克出去的路上，利特尔堵住他，问他要去哪里——杰克故意等能碰上教练的那个时间才走——凯鲁亚克告诉他要去布鲁克林的马大娘家。到了布鲁克林，他丢下自己的行囊，告诉尼克大伯他要回学校。然而，他去了灰狗汽车站，买了张会带他"深入美国之夜"的车票。

那是一张去华盛顿特区的车票，他在那儿的廉价旅馆住了一夜后回到了纽黑文家中。杰克放弃了哥大，这让利奥失望极了，杰克辩解说他会靠写作养活自己，但是利奥不肯听。杰克在附近一家工厂找了份为轮胎缝边的工作，可他在工作第一天的午餐时间便甩手走人了。接着一个朋友告诉他，哈特福德的一个服务站在招机械修理工。杰克便去做了。

在哈特福德，他租了一间屋和一台便携式打字机。1941年10月和11月整整两个月，他每天夜里回到住处，为一本他在脑海里起名为

《丛林之上》的集子写两三个故事。所有的故事后来都没有出版。

感恩节到了,杰克本来要跟往常一样为汽车加油。谁知萨米·桑帕斯突然出现在出租屋,要杰克解释他为什么离开哥大。为了写作,杰克告诉他,不过这个答案并没有让萨米满意。他们在一家餐馆吃了一顿感恩节晚餐,争论去看哪一部电影好,然后两人分头去了不同的影院,过后再在酒吧里碰头。

大约一个星期后,利奥写信来,说他在洛厄尔找到了一份稳定的工作,打算和加布丽埃勒一起搬回去。杰克在萨米的建议下申请了《洛厄尔太阳报》的体育新闻记者的工作,被录用了。凯鲁亚克一家重新团聚了。

杰克的报社工作要求他守时和打领带,薪水是一周十五美元。杰克很快就发现,他可以在中午前就完成任务,接下来的半天偷偷地写他开始写的小说。他给小说起名为《杜洛兹的虚荣》,跟1967年他为最后一部要出版的主要小说起的题目一模一样。用他自己的话来讲,他在出租屋里写的丛林故事模仿了海明威、萨拉杨和沃尔夫。现在他在读陀思妥耶夫斯基的《地下笔记》,《尤利西斯》也已经开始读了。在他1941年秋天尝试写的小说里,杰克想如乔伊斯写都柏林那般描绘洛厄尔,还有它的居民。他的主题是日常生活,不再是一个虚构侦探的冒险故事;他虚构的人格杜洛兹已经有了工作,虽然在书里他叫鲍勃,不是杰克。每天晚上九点图书馆闭馆时,杰克就与萨米·桑帕斯见面聊天。杰克在从事创作,这叫萨米很开心,他从来不曾放弃寄托在杰克身上的抱负。

12月的第一个星期天,杰克去看奥逊·威尔斯的新电影《公民凯恩》。他走出影院时,听见一个报童在叫卖号外,宣布日本人偷袭珍珠港的新闻。对美国而言,战争第二天便开始了。杰克已经申请了V-

第二章 城市

12项目,这是海军利用学校快速培养将官的项目。利奥却把海军项目当成杰克回哥大的契机。杰克和萨米发誓说不管去哪儿,都要一起服兵役,一起上战场。

没过几个星期,杰克就对《洛厄尔太阳报》的体育新闻记者的工作不满意了。一天早晨,他的任务是去采访纺织学院的篮球教练,可他没有走几个街区,没有从公寓走去学校,而是坐在家里苦思冥想离开报社的理由。利奥气得跳脚,说杰克是烂泥扶不上墙,等加布丽埃勒老了不会有能力赡养她。加布丽埃勒却支持杰克,责怪利奥脾气太暴躁。杰克跑去了华盛顿,G.J.在五角大楼的建筑工地干活,曾写信让杰克去找他。

凯鲁亚克签了约当金属板工人,但他压根儿就做不来。他在五角大楼的工地待了几天,天天躲着工头,之后便辞去了工作,在首都西北部的一家餐馆里找了个活儿干。在那儿,他遇见了一位从佐治亚州来的长相姣好的黑发女子,并搬去与她同居,不过这段浪漫韵事没有维持多久,不出一个月,杰克便搭上了回洛厄尔的汽车。此刻他觉得,上战场打仗正是他该做的事。杰克把他和萨米的誓言抛到了脑后,跟他的童年好友吉姆·奥戴搭便车去了波士顿,仅仅用了一个下午的时间报名参军,且同时被海军和海岸警卫队录用了。

能加入海军,吉姆·奥戴感到很知足,便回洛厄尔去等基础培训的通知,杰克却急躁得多。当晚他住在波士顿,在斯考雷广场附近喝酒时,碰见了一帮商船上的水手。这些人严格来讲是平民,但他们有海员证,不用服兵役,虽然他们往摩尔曼斯克和利物浦运送补给物资,就是在跟德国海军对着干。杰克结识的新朋友们跟他解释雇工大厅的复杂内情,第二天早晨,他便跑去主动要求在"S.S.多尔切斯特号"上洗碗碟。

萨米得知杰克的行为后非常震惊。凯鲁亚克建议他去拿自己的船证,然后跟同一艘船签约,但是萨米可不像杰克之前那么幸运。杰克为了安抚萨米的情绪,开玩笑说他在同船的船员眼里看到了死亡之花。说不定他真是看到了。在过后的一次运输中,德国人击沉了"多尔切斯特号",当时凯鲁亚克不在船上,这一事件深深地留在了公众的想象里,也印在了一枚战时纪念邮票上,据说有四位牧师把自己的救生衣让给了年轻的水手,他们与船一同沉了下去。

在"多尔切斯特号"上,杰克继续笔耕不辍。"死神在我的笔杆上方盘旋。我是什么感觉呢?我唯有默然地听之任之。"他的工资里包含一份危险任务津贴,因为货物里有弹药,为此他甚感自豪。

一天清晨,正当杰克在为船员们准备早餐,煎两千条培根时,只听见"多尔切斯特号"上传来轰隆隆的响声,护卫舰在朝德国潜水艇投深水炸弹。他在《杜洛兹的虚荣》一书中描述这件事时,说他正在为U-型潜水艇的所有船员煎培根,眼前浮现出白肤金发的德国船员溺水身亡的情景。这是凯鲁亚克在"二战"期间跟战争最近距离的接触。在晚年的那个上午,凯鲁亚克忆及往事时,他让杜洛兹停下来,想出一则反战信条,它更多地得益于对生命的单纯尊重,而不是任何传统的宗教表述:"我既不理解,也不明白,也不想这样。我们两艘船为什么不能在一个小海湾里碰个头,聊聊家长里短,互相交换本就不该抓的战俘呢?"

杰克出海的那年夏天,船停靠在格陵兰岛时,他去爬山,然后在英国休了个短假,天天喝得醉醺醺的。他每天晚上把自己的感想写进日记里,包括他对一个黑人膳务员的痛恨,原来有天早晨,那个黑人膳务员拔出刀子对着他,就因为他睡过了头,没有去值勤。凯鲁亚克在新斯科舍擅离职守,被扣掉了两天的工资,他一直保留着那张命令状的

第二章 城市

副本。

1942年10月,杰克回到家中,接到卢·利特尔发来的电报,请他回哥大,于是第二天他便启程。几天后,萨米来纽约看望他,杰克把手头的任务抛在一边,跟他去散步聊天,一聊就聊了很久,对此他只感到些许内疚。接着,再一次失去稳定工作的利奥出现了,他就招生人员不履行帮他找工作的诺言一事,来跟利特尔当面对质。杰克站在教练的办公室外面,听着两人冲对方大呼小叫。那个星期的早些时候,陆军教练来看哥大的一场队内分组比赛,请利特尔过来看凯鲁亚克比赛。杰克对自己那个周六要参加与陆军的比赛这件事非常有把握。跟教练争论完后,利奥就不这么看了,他告诉儿子,要是利特尔再让他坐冷板凳,他就同意杰克像一年前那样离开哥大。结果是杰克没有上场比赛。现在他准备要永远离开哥大了。

杰克告诉队友们他要走了,接着便从校园里穿过大街,走去年轻富家女伊迪·帕克的家,帕克是底特律人,在哥大跟着乔治·格洛兹学艺术,住在这儿的亲戚家。杰克是通过亨利·克鲁认识帕克的,克鲁是他在霍瑞斯曼结识的朋友,也在海船上当船员。

几天后,杰克回到了洛厄尔,一边等待海军的传唤,一边开始第二次尝试创作一本严肃的小说。他在留声机上放上肖斯塔科维奇的第五交响乐,开始写他称为《大海是我的兄弟》的手稿。3月,他去新港的新兵训练营时带上了这本笔记本。

杰克在最后一刻还是没能如愿加入陆军的航空部队,一想到自己二十一岁了,比那些在他眼里不过是"战争炮灰"的新兵还要年长三岁,他就怨恨不已。不过,他最怨恨的还是新兵要遵守的常规纪律:值勤、不准吸烟。"这位胆敢让我把脚上的灰掸掉的先生是谁啊?我的祖先可是有头有脸的人,曾在亚瑟王的宫廷当差,当时也没人要求他那么干净啊……"一天早晨,在进行密集队形操练时,杰克放下手中的步枪,大摇大摆地拂袖而去。

他最后去了贝塞斯达的海军医院精神科,那儿的精神病医生专心研读《大海是我的兄弟》,想从中发现了解他精神状况的线索。他被关进一间兵营,与一个从西弗吉尼亚来的患躁狂症的男孩和一个自杀未遂的男人关在一起。利奥去那儿看望他,嘴里还不忘对整场战争骂骂咧咧。身穿军装的萨米出现了。凯鲁亚克目睹此情此景,从萨米的眼里读出了痛苦,接着他们回忆起当年杰克搭火车回纽约和霍瑞斯曼时,桑帕斯一面唱《我会再次去见你》,一面追着火车跑。在医院的这次是两人最后一次见面。翌年1月,萨米在安齐奥光荣牺牲。

两个月后最终面谈时,杰克告诉一位海军的精神病医生,说他承认自己懦弱,但感觉自己的病是无法服从纪律的性格缺陷导致的。他答应体面地离开——以"性格淡漠"为借口——然后回到了纽约,利奥和加布丽埃勒此时已搬去了纽约。利奥在坚尼街上的一家印刷厂里操作一台排版机,加布丽埃勒在布鲁克林一家生产军鞋的工厂里割皮革,他们的公寓在皇后区欧松公园的一家药店楼上。

杰克跟着伊迪·帕克去她家在新泽西的避暑地,他在那儿向她承诺,他再出海一次,回来后两人就住到一起。他跟"乔治·韦姆斯号"签了约,去船上当一个普通水手,跑利物浦运送炸弹。他重新写《大海是我的兄弟》,在床铺上读高尔斯华绥。杰克当普通水手没什么经验,很快,他为对权威的痛恨找到了一个靶子,就是大副。"跟比利·巴德和纠察长克拉格特的情况很接近。"他写道。

1943年10月回来后,他便开始在伊迪的公寓里过夜。他把她带回家见父母,四人一起喝酒,度过了一个愉快的夜晚。杰克和伊迪没有正式举行婚礼便住在了一起,对此加布丽埃勒感到不悦,不过她儿子自从离开洛厄尔去霍瑞斯曼上学以来,还是头一回这么开心。

伊迪和她朋友琼·沃尔默一同住在 118 号街和阿姆斯特丹大道上靠近哥伦比亚大学的一所公寓里,琼也喜欢杰克。伊迪和琼虽然没有定期举办沙龙,却不只是波希米亚的观光客。1943 年晚秋和初冬的那段日子里,正是在她们的房间和附近的地方,杰克结识了一群朋友,他的余生会与这些男女走得很近,他们会成为他许多成熟作品里的主要人物。

那一年,年仅十七岁的艾伦·金斯堡在哥大办理了入学。他的父亲叫路易·金斯堡,是一个学院派诗人,在新泽西帕特森教高中,也在罗格斯大学教夜课。艾伦的母亲内奥米患有妄想型精神分裂症,经历了住院治疗和电击疗法。她平静时是一位充满热情的理论左派。艾伦看似笨手笨脚,其实非常聪颖,他碰巧喜欢同性伴侣,因为自己强烈的性欲而痛苦不已。他选择哥大——他的学业成绩让他能自由选择——是因为他对在这儿读书的一个高中朋友心怀不求回报的爱恋。多年来,艾伦因为自己的性取向一直很苦恼,不过他一贯的策略是拒绝认同,或是拒绝一头扎进纽约的任何保守同性恋亚文化中。相反,他培养自己广泛交友的能力,跨越身份与境遇的所有障碍,这一偏好令他混迹于"瘾君子和天才"中,以后他会这么回忆。

艾伦·金斯堡:

40 年代的纽约。呃,我觉得主画面是大家相遇了——也就是说,巴勒斯、凯鲁亚克、我、赫伯特·洪克、尼尔·卡萨迪、琼·沃尔默、亚当斯·巴勒斯、埃德·怀特、哈尔·蔡斯、克莱伦·霍尔姆斯、《纽约客》杂志的埃德·斯特林厄姆、艾伦·哈林顿,从 1943 年圣诞节前后开始……

吕西安·卡尔搬进了120号街上的协和神学院的七楼,那儿在战时被用来做哥大的宿舍,里面住满了V-8海军的学生。我在哥大读第二学期时搬到了走廊对面,也是在七楼,吕西安住在那条长长的木制老走廊的尽头。我认识他是缘于他房间里飘出来的某段音乐。非常美的音乐——勃拉姆斯的1号三重奏,在那之前我从来没有听过。于是我就敲了敲门,他开了门,我们立刻就被彼此打动,开始聊天。

他带我去格林威治村,那是我头一回去那里,那年圣诞节,我认识了巴勒斯,他是吕西安的朋友,从圣路易斯来。接着差不多在同时,吕西安遇见了伊迪·帕克,她是凯鲁亚克的女朋友,当时凯鲁亚克还在海上。等凯鲁亚克从海上回来——我想他是去了格陵兰岛——伊迪在西区自助餐厅里介绍吕西安认识凯鲁亚克,要不然就是在他们118号街上靠近阿姆斯特丹大道的公寓里。然后吕西安带我去见伊迪,有可能是在西区餐厅,或者是带我去见了杰克,要不然就是给我地址,让我去找他。

他用非常浪漫的语句形容水手凯鲁亚克,说他是小说家或诗人,或作家,风格类似于杰克·伦敦。其实我不知道我们当时的参照点是什么。靠心灵的吸引。

于是有一天早晨,我去拜访杰克,当时他还在吃早饭,十一二点的时候,我们就开始了有趣的聊天,我现在想不起来当时聊了些什么。我只记得他让我很佩服很惊讶,因为我从来没见过一个大块头运动健将会对诗歌如此敏感,如此有洞见。并不是说我对诗歌颇有见地,因为在我的概念里,诗歌代表的就是A. E. 豪斯曼和莎士比亚之类的人,我还没有读过艾略特或庞德或任何现代诗歌,我一点儿也不知道自己在干吗,我很少写押韵的诗句。而他刚刚写完一本叫《大海是我的兄弟》的书，我想那是他在远洋邮轮上写的。我不记得我们还谈了些什么，除了散文和诗歌的区别之类的话题——

那段记忆与另一段记忆混杂在了一起，可能是差不多时候发生的。我当时正从神学院的房间里搬出来。我想我已经把我的东西搬走了，正要回去收拾碗碟，杰克陪我一起走在哥大的校园里，沿着120号街走，我想，是朝协和神学院的方向。我们在聊从一个地方搬去另一个地方、跟以前的公寓和房间道别有多诡异多恐怖。接着我们爬上那七段楼梯，我取了要拿的东西，离开时转过身鞠了个躬，向门敬了个礼，接着又朝走廊致意，我们一边爬下七段楼梯，一边说，"再见，美丽的台阶。再见，第二段台阶。再见，第三段台阶"，诸如此类。所以我们在生命无常的感受上达成了默契，因为他说："啊，我跟一个地方道别时也会那么做。"

……当他跟一个地方说再见，或者当他匆匆行走在世间时，他意识到这是一个终有一死的悲伤时刻，经常这样。道别就像是抵达之类的。我不知道。这是我们共有的一个诗性概念。经过那次谈话，我们发现我们对这个世界有着同样敏感的、私人的自我道别，契机就是从那间大学宿舍里搬出来，我已经爱上了那儿。所以我想，那次对话后，我们成了朋友……

我想，杰克是通过吕西安认识巴勒斯的。我们跟巴勒斯不熟，只见过他一次，我想那是在1943年圣诞节。大卫·卡默勒是巴勒斯的朋友，当时住在莫顿街44号。于是吕西安就带我去大卫住的公寓，那年圣诞节巴勒斯在那儿。我记得巴勒斯说起他在某个女同酒吧里看见有人打架，其中一个人把另一个人的耳朵给咬了。我想当时比尔说:"它对于我的剑是一个太贫乏的理由。"[1]这是我第一次听见有人这么机智地引用莎士比亚。"用那位不朽诗人的话来说,'它对于我的剑是一个太贫乏的理由'。"所以我就很想知道这位机智的贵族是谁。他一点儿也没有变。我是说,他现在的举止就跟当时没什么两样。

杰克肯定是某个时候见到他和吕西安在一起,或者同时见到他们,不过我们俩跟他都不熟。直到半年后,等吕西安离开了城市,我和杰克才决定要一起去找巴勒斯,正式拜访一下他,看看他的为人如何,弄清楚他是谁,是什么样的人,因为他很有意思,很聪明,也很有世俗的智慧,在我们眼里,他似乎像是某个很著名的国际心灵大师。但是我们猜不出来他的奥秘是什么,所以我们决定去他在河滨大道的公寓探个究竟。

于是我和杰克就去正式拜访比尔,我记得他有叶芝的《幻象》,吕西安一直把这本书带在身边。莎士比亚;卡夫卡的《城堡》还是《审判》,我想是《审判》;科日布斯基的《科学与理智》;斯宾格勒的《西方的没落》;布莱克;哈特·克兰的一本书,他把这本书给了我,我到现在还留着;还有兰波;科克托的《鸦片集》。所以他就在读那些书,我却是一本也没有读过。他把书借给我们……

我们跟巴勒斯聊了很久,聊的多半是斯宾格勒和科日布斯基。他指出来,语言并不是其所表征的物,两者不能等同……当然,巴勒斯的兴趣是在普通语义学方面,因为他在芝加哥师从科日布斯基。从他的角度看,也涉及精神分析学,他的兴趣是……"原初的心智……前概念的原始心智"。

---

[1] 这是莎士比亚戏剧《特洛伊罗斯与克瑞西达》第一幕第一场中的台词。

第二章 城市

直到凯鲁亚克去世,吕西安和他一直是最亲密的朋友。不过他们友谊的许多细节并没有出现在凯鲁亚克的小说中,或者说只有在重重伪装后才出现,那是由于卡尔因谋杀大卫·卡默勒而坐牢,获准假释的条件相当严格。早在小时候在圣路易斯时,吕西安就认识巴勒斯了,之后吕西安在芝加哥大学读书时,两人也在一块儿,当时巴勒斯在芝加哥当职业灭虫员。卡默勒也来自圣路易斯的一个小康家庭,他比卡尔年长十四岁。大卫在乔治·华盛顿大学当体育课教员时组织了一系列的野外远足活动,认识了报名参加活动的卡尔,卡尔当时才十来岁。

吕西安·卡尔:

比尔·巴勒斯告诉我,如果你不幸拥有文学的天赋——那是人类最不幸的天赋了——你就应该读读斯宾格勒、科日布斯基,还有帕累托。

我依然记得在东圣路易斯见到比尔的时候。我应该是十四岁上下。我借了比尔的车。我说:"比尔,我得借你的车用用,因为我想去看看那些妓女在东圣路易斯都干些什么。"那儿的路泥泞不堪,坑坑洼洼,你想让车慢慢蹚过那些坑时,妓女就爬满了车。

这就是我会永远爱巴勒斯的其中一个原因——永远。

那是辆1936年款的老式福特车,当时正值该死的寒冬。我开着车去了东圣路易斯,等我们回到车边时,车很冷,我说:"好吧,我去热下车。"我要让里面暖和起来——然后车子该死的前部就爆炸了!引擎盖炸飞了,车的前部就露在那里,对吧?我是说这车搞砸了,算是毁了。我们就把车留在了原地。

于是我们离开了，找了个该死的地方待着，等到了早上再过河，然后我就开始想。等我想了有一个星期后，我想："老天啊，我得告诉那个人，告诉他我把他的车搞坏了，车还在河对岸……"

于是我就打电话给他，我说："嘿比尔，你知道你的车——"

他说："怎么了——"

我说："呃，这么说吧。我把它留在了河对岸，我想我把车头给炸掉了，总之整个引擎盖都飞起来了，然后……它在那里，我觉得不值那个钱把它拖回来。"

他说："就那样吧。"

我就说："呃，我想我最好还是跟你说一声。"他说："没事儿。"咔嗒，电话挂了。这事就这么结了。

不过，后来我从别处得知，巴勒斯真的很欣赏我没有费心去跟他道歉。我真的不觉得抱歉。我想我得告诉他，他的车在那里——明白吧？自那以后，我和巴勒斯就一直是铁哥们儿。

艾伦·金斯堡：

我和凯鲁亚克都认为，巴勒斯是个热切的精神追求者，喜欢在不同的城市探索。我想凯鲁亚克说过，他是"最后一个浮士德那样的人"。他是从斯宾格勒那儿学来的术语，从斯宾格勒那儿，凯鲁亚克学来了"费拉"[1]的概念——"费拉"这个词。

我们大家都形成了完整的概念，关于西方世界的某种精神危机和

---

[1] 费拉指古埃及文明被基督教文明和阿拉伯文明取代以后，仍在尼罗河冲击平原和中东其他地方耕耘的埃及佃农。

衰落的可能性,而不是无穷无尽的美国世纪进步——末世论历史变革的概念。当然这跟我原来自由派的、《纽约邮报》的背景截然不同。

比尔搬到了市中心——我想是——60号街和第九大道上的一间公寓,位于名叫赖尔登家的酒吧楼上。他穿着一件背心,闲坐在房里喝茶或喝咖啡,一边抽烟一边与人聊天,过去三十年都是如此……

杰克会从长岛过来看他,我会从哥大过来看他,我想大约在那时候,他认识了洪克和比尔·加弗。所以我们——因为住在第八大道附近,我们大家开始探索第八大道,从59号街向南到42号街和时代广场附近,在42号街上阿波罗剧院遮篷下面的比克福德家聚会,当时那家店还在那儿——整夜皮条客和瘾君子不断,就是无所事事地在一起消磨时间……在街上游荡的人——深夜里聪明的、麦尔维尔式的街道游逛者。

吕西安·卡尔:

在1944年的夏天,我和杰克打算驾船出海去。拿到船证相当不容易,除非你有工会的会员证。除非你有一艘船,不然你是拿不到工会会员证的。我们最后拿到了海员评级,我们就一直坐在工会大厅里干等——去巴黎,去法国,对吧?就冲着我俩是二等水手,我们永远也不会如愿以偿。

于是,杰克最后决定,他必须当上"一水"[1],那就意味着你能够驾驶船只了——他走进去跟菲尔·施塔克聊,就把事情搞定了,后者是工会的一个大头头。他就走进去,然后说:"没错,我想当'一水',我不

---

[1] 一等水手(ablebodied seaman),原文是首字母缩略语"A. B.",所以译为"一水"。

想再当一个二等水手了。"于是那个人就说："好啊，没问题。"

　　于是他就跟布鲁克林的一艘船签了约——在雷德胡克。我们便带着所有的家当上了船，当我们走在码头上时，所有的船员都在准备离开，就跟蚂蚁似的——他们说："千万别上那艘船，别上那船，那个大副真不是个东西。"

　　我们勇敢地登上了那艘被遗弃的船，船上一个人影也没有。于是我们就挑了自己的床铺，在水手舱里，接着开始四处转悠，找到一个食品柜，喝了点牛奶，吃了点生肉。我们感觉相当好。

　　接着有人从舷梯那儿大喊："谁在我的船上！谁在上面？"我们一边咯咯地笑一边出来，眼前正是那不是个东西的东西，他肯定有七英尺高——一头红发，长得奇丑。真是奇丑无比。然后他说："你们在这里干什么？"

　　我们说："我们签了合同。"

　　他说："你们签了合同当船员？"

　　我们就说："是啊，先生。二等水手。一等水手——不过要等你把船开去奥尔巴尼然后再开回来，我们才签约，因为我们听说了一些关于你的坏话。"

　　他就说："如果我们把船开去奥尔巴尼前你们不签约，那么就给我滚下船！"

　　他非常魁梧，非常刻薄。所以我们就拿起行李离开了那艘船。

艾伦·金斯堡：

　　然后我们有一个从丹佛来的朋友，名叫哈尔·蔡斯，他给我们讲尼尔·卡萨迪的事。机灵的尼尔是年轻的桌球房屌男，他在十三岁那

第二章 城市

年失去了双亲,经常泡在丹佛的公共图书馆里,把康德的所有著作读了个遍,还有很多其他哲学书。放暑假期间,蔡斯告诉尼尔,说纽约有一群诗人,说诗歌比哲学要高级。这些话立刻在尼尔的心里生了根,突然使他摆脱束缚,进行理性思考,使他领悟创造性幽默、浪漫故事。那次谈话显然——据尼尔多年后说——至关重要。于是,他就给尼尔讲他在哥大附近遇见的诗人,他告诉我们,偷车贼"丹佛的阿多尼斯"满脑子装的全是哲学。我想叶芝有一句诗,说的就是某个人在地里耕作时读完了伊曼努尔·康德——某个爱尔兰的农民还是总理什么的。

这些事发生在1944年和1946年之间,这些会面和联盟。接着在1945年前后,凯鲁亚克的女友伊迪·帕克的室友琼——她有个宝宝刚出生不久[1]——在115号街上有一套公寓,在晨边快速路与阿姆斯特丹大道之间。她破产了,急需有人与她分担公寓的房费。于是我和哈尔·蔡斯就搬了进去。杰克会过来串门,还有埃德·怀特和其他许多人也会时不时来玩。

然后我和杰克就决定,琼这么聪明,应该见见巴勒斯,我们打算撮合他俩。他俩稍比我们年长,我们觉得他们算是知识分子,在冷嘲热讽方面不相上下,因为他们都有简洁的幽默感,完全不受美国的清规戒律的欺压。他们丝毫没有内化那些成规,当然不像我这样。他俩在我们看来更老成更干练,于是我们就想,我们应该为这两个精于世故的人牵根线。

我们就去找比尔,他不得不搬出他……在河滨大道上的公寓。琼的家里还有一个空房间,我们都住在那儿,所以我们就邀请他过来。显然,他和琼一下就看对眼了,两人凑在一起真是妙趣横生,他们也喜

---

[1] 她跟第一任丈夫所生。——原注

欢彼此做伴……不久之后,比尔就搬去那儿住了。

那套公寓很不错,很宽敞,是有着大大的房间的老式公寓——有六个大房间。客厅朝南,所以我们白天的光照不错。我住在进门的第一个房间,与哈尔·蔡斯同住,有时候哈尔·蔡斯会住在另一个房间里……巴勒斯与琼住在一起。他有自己的房间,不过还是跟琼住在一块儿,与她聊天,有时也同她睡觉,不过其实两人既是朋友也是爱人。洪克会来玩,凯鲁亚克也会来。

我还在哥大修课,学校正好在马路对面,所以我下了课就去跟巴勒斯和凯鲁亚克聊天,然后再回去上课。挺有意思的,因为公寓里的谈话要比教室里的谈话优雅得多,也更稀奇古怪,更刨根问底,在情感上也更易打动人。

杰克与哥大没什么关系了,他不过是住在那儿,因为他女朋友住在118号街上,他就去了那里。他不住在家里,他与他的爱人一起住。他家在欧松公园,他会来过周末,或是住上两三天,或是就搭地铁来,跟我们聚聚,然后写作。或者他有时候会去用哥大的图书馆。他在哥大有朋友:我、哈尔·蔡斯、埃德·怀特……接着巴勒斯搬来了,于是,118号街上的公寓就成了我们在哥大和时代广场之间的社交中心。

他之前一直在海上,所以他已经休息过了,休息了好几年。他的生活已经发生了改变,从在哥大当学生,到独自一人漂在海上。

他已经写了《大海是我的兄弟》。我们把书稿带去给雷蒙德·韦弗看,韦弗是哥大的一位教授,他与马克·范·多伦共用一间办公室。韦弗在日本住过,对禅宗有过一些体验,他大概是诺斯替教的信徒……他是一个很有气魄的男人,教一门名叫《沟通13》的奇怪的课程——领先于时代。他会在课上展示俳句，或是怀亚特或疯珍妮的诗歌[1]，或是禅宗公案[2]，或是单掌拍手会发出什么声音。所有的橄榄球运动员和所有感受能力强的人出于这样那样的理由都选修他的课，因为他的课很容易通过。他从来不让人挂科。

不过与此同时，要获得高分非常不容易，因为这就好比是与一个禅宗大师在一起：聪明到无情，聪明到绝顶，对于单掌拍手是何声音，他不接受愚蠢的答案。

我觉得他很喜欢橄榄球运动员。这就是为什么他喜欢他们选他的课。于他们而言，他是个好老师，因为他非常直接地与他们沟通，站在他们的立场。所以他有许多特别的学生，像是约翰·塔利亚布埃，现在差不多是诗人了，还有教戏剧的特德·霍夫曼。有一大群真正理解他的学生。但是身为学者，他真正的荣誉在于写了麦尔维尔的第一部传记。在纽约城一间阁楼的大衣箱里，他亲自发现了《水手比利·巴德》和其他手稿。所以他真的是历史上一位举足轻重的学者。

《大海是我的兄弟》是许多有关大海是我的兄弟的幻想文字，一些关于格陵兰岛的大海的描述。不是这本书，就是另一本凯鲁亚克写的象征主义小说，题目我不记得了，是模仿纪德的《梵蒂冈地窖》，或是"兰波"吕西安·卡尔[3]的某个伪本……某一本象征小说，一本名不见经传的象征主义小说，很短的中篇故事，他把它带去给韦弗看了。

1　托马斯·怀亚特（Thomas Wyatt, 1503—1542），英国政治家、外交家和抒情诗人，开创了英国十四行诗体。自19世纪的苏格兰诗人威廉·尼科尔森（William Nicholson）以来，疯珍妮一直是作家们的缪斯，尤以英国诗人后期诗歌中的形象而闻名——一个疯疯癫癫、喜欢挑事的可怕女人。比如，叶芝的"疯珍妮"系列诗歌收录在《音乐之词》（Words for Music）中，包括《疯珍妮与主教》《审判日的疯珍妮》等。
2　禅宗公案与禅修生活密切相关，记录了禅师的言行和事迹。
3　吕西安·卡尔很崇拜法国诗人兰波，他在哥伦比亚大学有"校园兰波"的外号。

韦弗读完后深有感触,他给杰克开了一份小书单——建议他阅读哪些书:埃及的《死者之书》、早期的诺斯替派著作、普罗提诺,其他的我不记得了。也许还有一些中文或道家的书,不过那是一份诺斯替派的阅读书单,因为凯鲁亚克给他看的是一本诺斯替派小说,韦弗是哥伦比亚唯一的诺斯替教徒。我是说,他既熟读中国和日本的禅宗,又精通西方的诺斯替教传统,也了解麦尔维尔的诺斯替思想和美国的超验主义传统。所以杰克就带着一本大部头书去找韦弗,书里并不全是晦涩的象征意象,但显然都是这样或那样的美丽词句,措辞隐晦,不是那么具体或针对世间的某些东西。兴许他当时已经在写《镇与城》了,因为在40年代中期,他的父亲生病了。

利奥得了胃癌,那缓慢痛苦的死亡折磨着杰克,可他无能为力,只能在一旁看着。加布丽埃勒继续干割皮革的工作,而她的儿子在结识新的朋友,追求他的写作事业。他正经历着一个时期,等他后来创作成熟时期的小说时,最终会从中挑一些素材来写,但是此时他脑子里出现的创作念头是关于洛厄尔还有他家的,这个故事会把他们从梅里马克河畔的快乐大房子带到理想幻灭与消散的纽约。

1944年夏天,杰克短暂体验了下婚姻生活,他与伊迪结婚了。情况相当怪异。

大卫·卡默勒恋上了他的朋友吕西安。卡默勒通过打零工来支付他在莫顿街上的公寓的房租,他告诉邻居们他是作家,但卡尔才是他主要的追求对象。卡默勒有六英尺高,身材健壮。十九岁的吕西安长得瘦小,白白的皮肤,金色的头发,容貌英俊。

1944年8月16日,就在那个星期一的凌晨,卡尔和卡默勒在哥伦比亚大学附近的河滨公园里沿着哈德逊河散步,卡默勒突然做出新闻

第二章 城市

报道里说的"下流举动"。卡尔拿出一把童子军的刀自卫,在卡默勒的胸口戳了两刀。然后他把石头绑在卡默勒的身上,把他推进了哈德逊河里。

吕西安去找巴勒斯,跟他说了事情的经过,比尔建议他告诉他的家人,然后找个律师。

吕西安没有这么做,他反倒是去找凯鲁亚克,当着凯鲁亚克的面把凶器扔进了下水道,然后把卡默勒的眼镜埋在了公园里,那天余下的时间都跟凯鲁亚克在一起。他们去看了场电影(佐尔坦·科达的《四片羽毛》),随后又去了现代艺术博物馆。最后,在傍晚时分,吕西安去自首了。刚开始,警察并不相信他说的话,但是海岸警卫队把卡默勒的尸体捞上来后,卡尔被控谋杀罪。

警方去了伊迪的公寓,将杰克作为重要证人拘捕。凯鲁亚克的保释金是五千美元,但利奥拿不出这笔保释金来救儿子。

杰克在传讯时告诉法官:"我只是看着他埋了眼镜而已。"

"你差点儿成了事后从犯。"检察官说。

凯鲁亚克向法官请求,说他的保释金太高了,他和伊迪拿到了批文,本来计划那一天结婚的。

"在新城监狱里,他们会照顾好你的。"法官告诉他。杰克被批准从监狱请假一小时,去和伊迪结婚。护送他从布朗克斯监狱到市政大楼的警察目睹了婚礼的过程。

与此同时,巴勒斯离开了纽约,回他父母在圣路易斯的家。他作为重要证人的保释金为两千五百美元,他父母交了这笔钱。他及时赶回来参加了吕西安被控二级谋杀的传讯。

卡尔被拘留且不得保释,不过伊迪帮杰克交了保释金,两人回到了女方在格罗斯波因特的家,在那儿,杰克又一次开心地与有钱人为伴。为了履行为人夫的责任,杰克在一家滚珠轴承厂找了份工作,但是到10月,两人的婚姻走到了尽头,他回到了纽约。

纽约的日报把卡默勒之死当成"名誉杀人"。哥伦比亚大学的《观察者》发表社论称:"我们只知道该案件的背景非常复杂,有悖于警方和法律的调查。追寻此案的动机,就相当于深入知识分子世界更隐秘的地方探个究竟。"

9月中旬,吕西安做了一级过失杀人罪这一降低指控的认罪答辩。三个星期后,他被判在埃尔迈拉监狱服无期徒刑。在审讯和申诉过程中,吕西安一直随身带着一本威廉·巴特勒·叶芝的《幻象》。

艾伦与吕西安曾一本正经地聊到如何发起一场他们自己的文学运动,说要为它起名为"新幻象"。叶芝与妻子乔吉在蜜月旅行时,妻子开始用自动写作的方式创作文本,叶芝的《幻象》就是那时候获得启示的一份奇怪的礼物。这促成了一项将个人——以及所有历史时期——划分成二十八种相位[1]的计划。1944年的吕西安·卡尔想必会觉得自己适合被归为第十七相,也就是"恶魔",其特征是受到一股非个人之力的掌控。

叶芝本人在这部奇异的作品与全部人类历史之间看到了相通之处,他觉得这部作品并非全由他的个人力量所完成,而斯宾格勒曾在《西方的没落》一书中尝试着重新思考人类的全部历史。在斯宾格勒的学说中,世界的贫民——也就是费拉(阿拉伯语里的"农民")——被默认继承世界的遗产,1944年那会儿,列强正为抢夺这些遗产而开战。

凯鲁亚克与他的新朋友们坐在哥伦比亚大学街对面的房间里,当

---

[1] 叶芝在《幻象》中对"真""假""意志""面具""创造性心灵""命运的躯体"进行排列组合,创造出二十八种相位,以此来探讨人类生命和历史的奥秘。

第二章 城市

时的哥大依旧由尼古拉斯·默里·巴特勒的思想所主导。他们展望战争的结束，看到了古典文化的失败，而他们的老师并没能令他们沉醉于古典文化中。这些年轻人的态度跟欧洲的同龄人不一样，对欧洲年轻人而言，这场战争无法避免。而在这些美国人的眼里，这场大战是他们悲观思想的症状而非直接成因。他们在思考古代恒定的变化周期，地球上每个人都被卷入其中，这群古怪的年轻人读的和讨论的许多东西，均有助于发展这一普遍的论点。从普罗提诺到科日布斯基，存在着一条思想传承的脉络，在道家的作品中也可能找到类似的观点。韦弗教授让杰克读诺斯替派的著作时，曾推荐给他一套异教徒的福音书，描述的是如何从一个注定要毁灭的世界中获得解脱，这个世界由一个爱开玩笑的邪恶神灵创造，人们若拜祭这位神，便无法瞥见前头的光明世界。

利奥快要死了，他肿胀的胃每天要用导管排干。杰克短暂尝试的婚姻以失败告终。现在，凯鲁亚克开始正儿八经地创作一部可以出版的小说。《镇与城》从理想化的新英格兰童年场景发展到一个家庭在大城市里死去，或者说解散。书中充斥的终极失落感源于杰克至今为止的人生。韦弗和其他人让杰克能够表达自己的失落感。

吕西安·卡尔：

我从来没有真正对写作产生过兴趣。杰克对——杰克不仅对写作感兴趣，我的意思是，不管杰克在做其他什么事，他都必须写作。就像是你得呼吸，得拉屎，或是得吃东西。他总是在写。不管他花多少精力去工作，或是开车兜来兜去，或是旅行，或是做这样那样的事，他总是会找时间在小本子上写点什么。而且他不需要立刻就写，那是他的一个很棒的优点。他真的是你见过的记性最好的人，就像他以前常说的——"那就是他们喊我记忆宝贝的原因"，他们以前在洛厄尔常这么叫他。

他的记性好得惊人。

艾伦·金斯堡：

……我知道杰克是个诗歌天才，不过我没意识到他居然有那么大的耐心和坐冷板凳的本事，能创作出一本如此恢宏、如此巨大的长篇小说……我没有意识到他那么文思泉涌，那么脆弱……我读这本书时整个人都震惊了，因为它就像是对真实生活的复制。它就像是一部伟大的罗曼司，一部回顾过去又来到战后当下的家族传奇。像是一个老练作家的手笔，但又不止这样——书里有诗。所以我觉得某个伟大的成就出现了，它把美国的诗歌和小说完美地融合在了一起。

他会时不时地给我读上一小段，但是我不知道它的分量，它蕴含的力量。一想到这些，我就深受鼓舞……我被它强烈地触动了，我就写了我最早出版的那几首诗歌——收在一本书里——就是《愤怒之门》里最早的那几首诗歌，在"纽约城的孤寂"里。它激励我也去成为艺术家……真正把自己当作诗人……去获得某些成就。我想，我意识到了我们内心有冲动，想要写出不朽的篇章。

吕西安·卡尔：

我见过杰克写的许多东西——那是在我认识他的六七个月里。他在小纸片上写下了很多东西。一部是关于大海的小说，一部是《镇与城》。它们写在很小的手写笔记本上。不过当时我看见的都与我不认识的那些人有关。

艾伦·金斯堡：

从再创他整个童年和整个青春期的角度来看，那本书似乎将流芳百世。那时候我们的许多谈话都是关于童年的回忆，回忆童年所经历的顿悟时刻——在某种程度上，就是跟人坦白我们童年时的秘密。我们在什么地方开始意识到宇宙是无穷无尽的——哪一个时间点，或者说在人生的什么时候，在哪一个街角或在哪一个篱笆下，我们意识到宇宙是无穷无尽的。或者说我们持有什么样的观念。比如，宇宙有可能在另一端被一个很大的橡皮球之类的东西给堵住了。但是，再过去，肯定会有更大的空间、更多的橡皮球，所以……宇宙的四周没有围墙。我们在思考太空的无垠，我们在想自己何时会开始为之惊叹。

接着，当尼尔加入我们时，那是在1946年，我们回忆了很多童年时代的历险幻想。凯鲁亚克已经开始关注——关注萨克斯博士的神话，我当时正做着蒙面陌生人的梦，那是我的幻想。

……巴勒斯住在60号街上时，在赖尔登酒吧的楼上，杰克和巴勒斯合写了一本叫《然后河马在它们住的水池里被煮了》的小说。那是从广播电台获得的灵感，电台报道了圣路易斯一家动物园的火灾，结局就是"然后河马在它们住的水池里被煮了"。所以那就成了他们小说的题目，他们俩你一章我一章地写小说……

杰克说起话来基本上就像《墨西哥城布鲁斯》（里他的诗歌）那样。尤其当他微醉时，他就会用凯尔特掉尾——凯尔特掉尾句……d'ja Bambi, d'ja Bambi J amac, J amac——凯鲁亚克。他以前常常跟沉默、内向的那类人说话,想打破他们的腼腆,用侮辱他们的方式,或者以凯鲁亚克的小说漫画人物来形容他们,想让他们从自己的世界稍微走出来一些,然后他们就会看到自己置身于不朽中,于是开玩笑般地做出回应。

……杰克最让人惊讶的事,莫过于他真的超越了……他的父母、他自己的羞涩或胆怯,写作时真的像有一个全能的大脑,无所不包……济慈所说的消释力——能够把一些不同的、相互抵触的思想同时放在脑海里,却不至于崩溃,不至于爆发,不至于非得做出选择,他会用不同的戏剧化形式将它们通通表现出来。

威廉·巴勒斯:

我在哥大遇见了杰克。我当时正在研究出海的事,他告诉我怎么样拿到证件之类的。所以刚认识他时,我们确实会聊那些事,跟写作无关。我当时对写作一点儿兴趣也没有。

我和琼比他们年长,我们当时读的书要比他们多一些。我并没有认为那是多了不得的事。我向他们推荐了几本书。我记得是斯宾格勒——我不确定有没有科日布斯基——塞利纳,还有好些他们当时显然还没有接触过的作家。

我爸妈会给我很少的一些零用钱。我同时打好几份工,当酒吧招待,类似的零工。不过我当时对写作不感兴趣。我直到三十五岁才开始提笔写作,那是在六年以后,在墨西哥。杰克建议我写,但是很长一段时间里我并不太感兴趣。我觉得,在后来的写作中,他对我的帮助更大。《裸体午餐》就是他建议的题目,不过那是之后的事了。那是在我写了《瘾君子》之后。之后我自然对写作更感兴趣了,在写了一本书

第二章 城市

并出版以后。

当时杰克还很年轻,他已经写了很多东西。他说他写了一百万字。我不知道他是不是真的写了那么多。我读过他写的一些,坦白讲,我当时觉得没那么好。确实没那么好。我记得他当时写的一个短篇故事。我觉得它没法发表。事实上,它始终没能发表。

杰克很喜欢交朋友。他喜欢跟人出去喝酒聊天。相当爱社交。他喜欢跟人见面。他总是跟人在一起。

在金斯堡的"瘾君子和天才"圈子里,有一个既是瘾君子又是天才的人,他叫赫伯特·洪克。有时候,他的职业是海员,不过他非常世故精明,人格魅力也不差,所以也干男同掮客的勾当,如果需要,他还会偷窃。

赫伯特·洪克:

我先认识的是比尔·巴勒斯。遇见巴勒斯那会儿,我刚作为一艘旧邮轮上的海员出海归来。我请人照看我在纽约城亨利街上住的一套小型出租公寓。那位朋友在哥大附近的某家药店当冷饮售货员。工作时,比尔经常会在下午过来与这个人聊天。他的名字叫鲍勃。

一天下午,比尔问鲍勃,知不知道有什么地方也许能脱手一些吗啡注射器和一把散弹枪。有可能是一把机关枪。鲍勃自然是说:"哦,当然知道。我有一个朋友快回来了……"恰巧我们正乘旧邮轮出海回来。后来在《裸体午餐》里,菲尔会成为"水手",他很长一段时间内跟比尔走得非常近,教比尔如何在地铁上当扒手,那类小伎俩,比尔对那种事感兴趣。

我们回来的那个晚上,我连鲍勃也还没见到。当鲍勃终于出现时,他说:"听着,我有一个朋友过一会儿要来,我想介绍给你认识。"他还没有来得及说完,就听见有人敲门。我一开门,看见比尔·巴勒斯站在门口。真的让人很惊讶啊。我非常确信,要不了多久我们就会被联邦探员盯上。巴勒斯留给我的印象真的近乎令人不悦。他站在那儿,穿着一件及膝大衣,戴着一顶遮住一只眼睛的前檐下垂的帽子,一只手戴着手套,另一只手套握在手里,非常庄严地站在那儿。

他说:"晚上好。"

鲍勃从另一间房里冲出来,说:"哦,比尔,快进来。我介绍你认识我的一些朋友。"在场的有菲尔·怀特,或者叫水手,还有我,我想公寓原来的主人——叫博佐的那个人——也在场。菲尔·怀特枪杀过两三个人。他在一家店里杀死了一个老人——一家皮货店。他是条汉子。

反正比尔是进来了,我对他感到很不自在。我想我们陷入了麻烦。那个地方在很长一段时间里是一个类似贼窝的地方,房屋周围其实都藏了武器,更别提四处乱放的吸毒工具了。不过,鲍勃说:"别担心,他没问题的。要是我跟你说他没有问题,那他就没有问题。"于是我说:"那好吧,让他进来吧。"他就进来了。

我们围坐在厨房的餐桌边,他和菲尔开始聊天。至于怎么就说到了吗啡,我记不清了,但是确实说到了吗啡这个词,我朋友菲尔立刻就竖起了耳朵。他真的很喜欢注射毒品,他以为遇到知音了。结果证明,他确实遇到了。

我记不起来那晚发生了什么事,只记得比尔第一次注射了吗啡。菲尔拿出两三支西雷特注射器,然后我们煮了煮消消毒。比尔注射了一针,说感觉很棒。我注射了一针,也这么觉得。

在那基础上,他和比尔成了非常亲密的搭档。我不知道比尔当时住在什么地方,后来才发现他住在韦弗利广场,沿着华盛顿广场那儿的街区一直走。

我第二次见到巴勒斯,是在一个周日的下午,他跟杰克·凯鲁亚克一同走在街上,他介绍我们认识。看到他边上是这位典型的、白白净净的……我相当惊讶。呃,我既惊讶又不惊讶。因为我把他们当一类人。他们像是很合得来。凯鲁亚克看着就是一个典型的、白净的、年轻的美国大学生。显然,他非常稚嫩。他的眼睛亮闪闪的。他把一切看在眼里,却很少跟比尔说他的看法,大部分时候只会说说眼前的情景。你肯定会以为他只有十六七岁。我觉得他是典型的箭领广告里的那种人。他们以前经常找白白净净的年轻人穿着西服、打着领带拍箭领广告。

比尔邀请我们去他家。他家藏着好货色。我不记得是什么了。有可能是佩奥特碱。他想搞清楚它是否能产生快感。我要试试吗?于是我心里就想:"我会有什么损失呢?"于是我就试了试皮下注射,或者叫肌肉注射,稍微试了试。

一点感觉也没有。不管它是什么,从快感或感觉的角度来看,它都是假毒品。

接着,比尔立刻也想试试。比尔有他自己注射毒品的方式,他要保证袖管撸得越高越好,边上要放一瓶外用酒精,还有棉球。他会把棉球轻轻浸到酒精里,先在他的手臂上擦出一小块地方来,然后他会检查滴管另一头的尖端,确保尖端足够好、足够锋利。接着他会在手臂上四处摸摸,直至找到他觉得想注射的地方。然后他会把针插入,让毒品射进去。

就这样,他也同意我的看法。他说他觉得这药或许会让他有一些头疼，不过他也说没有什么明显的感觉。

他邀请杰克也试试，杰克显然很好奇，不过他还是决定不试了，既然我们都没有任何感觉，他也实在没有尝试的理由。他为何要多此一举呢？接着我们打算出门去喝杯咖啡。我们正下楼梯，比尔和杰克在说话，他们提到了琼，后来她就成了琼·巴勒斯。他们说到她是大学的寡妇。所有这些我都没有听进去，除了她的名字叫琼，她住在哥大附近的一套公寓里，杰克暗示说她喜欢比尔，比尔应该抓住这个好机会。

走上大街后我们就分开了。他们想去喝咖啡，我当时也有喝咖啡的习惯，只不过我知道我跟他们聊天只是浪费时间，因为我手头已经没钱了。比尔说他一个子儿也没有，杰克也买不起面包，所以我就去忙我自己的事了。

我回到42号街附近，那是我最熟悉的地方。我最有可能在经济方面搞些名堂的地方。

在那以前，我认识了金西。我在一家餐馆里坐着时，金西派了一个长相姣好的女大学生来到我的桌边，她解释说有个人很想见见我，如果我愿意见他，此人愿意付我一点钱，并且我不需要跟那个人有任何的私人接触。他只想问问我的性生活情况。

显然，他在观察我。他依此觉得，也许我的性生活很有趣。

不管怎么说，我并不排斥与他见面——刚开始是有一些犹豫，因为我不知道他会是什么样的人，我也不想跟某个我无法忍受的变态或类似的人扯上什么关系。

我很好奇：想了解我的性生活的那个人是谁呢？

所以我就说："呃，听着，告诉我一个我能联系到他的电话号码。"她告诉了我，我打电话过去，对方跟我保证，跟他见面绝对不会浪费我的时间。我们就碰面了。我成了像是他朋友一样的人，他解释给我听他在做什么,他想要做什么。我必须承认,确实值得去做,也值这个时间。他也主动提出,我每给他拉来一个,他就会付我好多钱。我开始帮金西拉皮条。

人人都生活在四壁之内。不管你去哪里,大家都不会把性生活拿出来讨论。今天的状况依然如此,从当年开始就是如此。

金西来42号街时就会找我,或者之后我会介绍某个人给他认识。我们经常去一个叫天使酒吧的地方。酒吧的设计是这样的:你可以从第八大道进去,然后左手边有一个很长的吧台,右手边有一些桌子。你往前走,就会碰见一个L形急转弯,你从那儿出去就来到了43号街。对任何想从酒吧里顺走几美元或做类似之事的人来说,那都是一个好去处。

回到我描述的那个时候——在40年代——真的有人就住在那儿,然后在那条街上谋生,仿佛那儿是职场一样。小孩会偷别人的钱。他会出去,然后回来,或许再偷另一个人的钱。视情况而定。男妓之间也是如此,也有妓女。有入室抢劫犯、小偷、行凶抢劫犯,那类人。只要你买得起一杯饮品,他们就让你在酒吧里逗留。你可以站在吧台那儿,不一会儿,就会有人走近你,或许你会找到当天傍晚或当夜的一位嫖客。

对那些出去玩然后有所收获的人来说,那儿是夜里碰头的好地方。他们会集合,然后一起玩乐。他们会聚在一起,去某个人的家里玩。他们会把自己的妞儿也带上。要是他们抽大麻,那通常家里会有大麻。当时,大麻逐渐流行起来了。很多人抽大麻,但是大家依然对它有所顾虑,甚至那些在街上接触过大麻、曾经吸过大麻的人也是如此。他们的印象还停留在大麻是一种危险毒品上。

当时,42号街在某些方面比现在更糟糕、更要命。

出于这样那样的原因,我们大家习惯于在天使酒吧碰头。杰克·

凯鲁亚克会来,我就是在那儿第一次见到艾伦·金斯堡的,艾伦当时真的是个充满幻想的孩子。你无法相信他脸上那副天使般的表情。他真的还只是个小孩。当然,比尔是焦点所在。他像是领头人那样的角色。他们所有人都跟着他。他说的话就是真理。杰克已经跟伊迪·帕克结婚了。

吕西安·卡尔:

杰克只是——啊,你知道的,他不喜欢被人牵着走,他非常固执,跟一头猪一样。他是这样那样的人,但他绝不是伊迪想象的那种人。

伊迪·帕克是杰克遇到过的最好的女人,所有女人中最好的。杰克并不是真的跟女人相处不来,其实是女人们跟杰克处不来。他跟伊迪在一起并没有什么不幸。杰克不想被逼到必须维系什么的境况,因为他压根儿就不想维系什么。那不是他感兴趣的事情。我是说,这种想法从来没有出现在他的脑海里。要是有人说,"我们结婚吧,搬到郊区去住",他会一溜烟地不见了。

伊迪的父亲是汽车交易商,卖别克车的,他在密歇根湖上有一艘很大的游艇,杰克可以在上面闲逛。金钱、财富之类的东西确实很吸引杰克。我确定,六个月的尝试,在那儿闲混的日子让他很开心……不过,任何想要困住杰克的东西,不管是女人、工作,还是坐牢——都不是他想要的。

赫伯特·洪克:

当时的伊迪是个很可爱的姑娘,她有着金色的秀发、绿色的眼睛,头发有点蓬松。她的身材不错,举手投足很是优雅。

她会跟那些人一起来,经常坐在旁边听我们胡侃。琼也经常会到场。当然,琼从头到脚都是一个完全不同类型的姑娘。我想琼·巴勒斯是我见过的最漂亮的女人。除了说她有一种很温暖、很友好,能让人一见倾心的内在美之外,我实在不知道该怎么形容她。我听过有人说她有一些神经质。我的感觉有点不一样,但是兴许在有一些事情上她没法像正常人那样。这么做对她而言更容易,不过她有着自己的信念,不管那是什么。她对比尔的仰慕无法用言语来表达。我是说,不知道该怎么描述她对比尔的崇拜。我猜,她愿意跟着他去任何地方,她也确实这么做了。

就像我说的,那儿成了我们经常碰头的地方,我们还没见过几次,金西就加入了。跟金西一起工作的一个叫沃德尔·波默罗伊的年轻人也会到场。

他们会回到印第安纳的大学,消化一下他们学到的知识——有关他们感兴趣的主题——然后再攒一些钱。我不知道谁给他们提供资金。接着,你会发现他们回到了纽约,我们所有人又聚在一起。我喜欢金西。他在很多方面都很优秀。他很幽默,非常讨喜,非常暖心和善解人意。所以他很多时候都会在场。

那段时间里,杰克有时候会出现。有一回,我手头紧张,急需找个落脚的地方,他就邀请我坐车去欧松公园,他和他母亲住在那儿。在去的路上,我俩一路聊天一路哈哈笑,真的很开心。到他家后,他母亲朝我瞥了一眼,杰克的态度几乎立刻就转变了。

她对他生活的控制到了令人咋舌的地步。她不赞成他和金斯堡来往,我认识的所有人她都不满意。我甚至没法告诉你她看起来像什么。她太难以捉摸,心思都在杰克身上,你几乎没有办法看清她本来的样子。除去她对他施加的影响之外,她相当于不存在。

所以我就长途跋涉回到了纽约。他待在了那儿。他感到很是愧疚。

吕西安·卡尔:

杰克带我去见他的父母——这肯定是我头一回见到他的母亲和父亲。于是他和小伙伴吕西安一前一后地回来了,天知道他怎么跟他父母说他的朋友吕西安的,对吧?

我们围坐在他父母的客厅里,大家都觉得挺不自在的……接着他父亲就说:"我们出去喝杯啤酒吧。"我们绕过公园,来到最近的酒吧,我拿出两角五分买啤酒。

"不用,"凯鲁亚克老爷子说,"请百万富翁的儿子喝杯啤酒我还是请得起的——"

他怎么知道我是百万富翁呢?是杰克告诉他的。以后我和杰克每次见面,这都是我俩最好笑的笑话了。

然而,我的父亲是怀俄明的牧羊人。天气很糟糕时,他就去丹佛当银行保安。

赫伯特·洪克:

圣诞节到了,我和伊迪两个人独自在公寓里。比尔去了圣路易斯见他的家人,琼去了塔克西多公园。我和伊迪吃了圣诞晚餐,我觉得气氛挺融洽的。最后我们一起躺到了床上,绝对没有发生任何事。这是真心话。凌晨大约三点钟,门开了,杰克走了进来。

第二章　城市

杰克完全没觉得有问题,他丝毫没有大惊小怪,没有说什么。我想他觉得不管说什么都是没有意义的吧。他想的没错,的确没什么好说的。杰克继续忙他自己的事。我去睡觉。我不知道过后他们之间发生了什么事,反正自那以后,我越来越不怎么在那儿见到大伙儿了。

唯一跟我保持相当紧密的联系的人是艾伦,当时他已从旅途中归来。他对于自己想做什么很犹豫——他是想当诗人呢,还是历史学家,还是老师,诸如此类。他有几个朋友把约克大道上的一套公寓借给他暂住,所以他住在那儿。我当时正经历一段难熬的时光,真的不知道他搬去了哪里,我碰见他纯粹是巧合。当时他已经在联合出版社工作有一阵子了。一天晚上,我撞见他斜穿过洛克菲勒中心,他告诉了我他的住址。一天夜里,我十分沮丧,什么事也没法做——我离死神差不多只有两步之遥——就去敲了敲他的门,他让我进去,我睡了两晚后,终于从身陷其中的困境里走了出来。

那段时间,我认识了吕西安·卡尔。我知道他不想跟我有什么瓜葛。他刚刚获假释出来,我相信假释官肯定给他讲了一番语重心长的道理,其中一件他被告知不能做的事,无疑就是跟其他重罪犯或有案底的人往来,所以我们之间根本就不存在什么意气相投。我不在乎那么多,但是他很担心。显然,他正经历不太正常的人生阶段。对于他们的生活,我真的不是很了解。他们所有人都走得很近。艾伦爱着他们每一个人,艾伦和杰克有时候睡在一起。

最后,我碰上了一个大麻烦,被关进了看守所——监狱里。我人生的第一项重罪。那会儿,艾伦也被逮捕了,整件事情让他很难过。他实在是吓坏了。要是有人点一支大麻,杰克就会很紧张。

比尔在亨利街租了一个小房间。我又没有地方可以落脚,于是就住到了他家。我是住在那儿的时候被逮捕的。我又吸毒了。也是在那栋楼里,菲尔借了把贝雷塔,出去疯狂地射击。他差点儿就说服我跟他一起出去了。他带着这把枪出去,没有捞到什么,除了开枪杀了一个人,因为此人身上没有带够钱,他很不满意。

菲尔吃了大量的吐诺尔,接着再注射一小支毒品,于是他完全精神错乱了,失去了控制。他最终来到我住的地方,把发生的事告诉了我。我说:"呃,你最好赶紧处理掉那把枪。"他想把枪还给它的主人,而我觉得把那个人置于那么大的险境中却不事先告知他,这太不厚道了。

我说:"你打算告诉他吗?"

他说:"我才不要告诉他这破事呢。"

我说:"那么,你最好换个方式处理这把枪。"

他照做了。我俩偷偷地把它拆解开,把零部件扔在布鲁克林的各处。我把其中的一块抛到围栏那边的空地上,另一小块——扳机——扔进了其他地方的下水道里,我们就这样把它处理了。

以前,杰克时不时会上亨利街的那个住处玩。他很喜欢那儿。后窗可以直接眺望布鲁克林大桥。你能看到从布鲁克林一路通过来的坡道。夜里,盯着车灯看很有意思。杰克会坐在那里望着窗外,显然是在构思他的故事。坦白讲,我从来没觉得他会成为作家。他从来不提,对于写作他向来不多说。

《镇与城》(在 1950 年)出版时(我记得非常清楚,因为第二天,我就由于第一桩重罪被带走了),杰克过来看艾伦,他是去看约翰·克莱伦·霍尔姆斯时顺道过来的,便邀请维基·鲁塞尔和杰克·梅洛迪还有我一同前去。

我们大家挤进车里开车去。梅洛迪有一辆车——偷来的车。我们开去了霍尔姆斯的家。维基也在场。霍尔姆斯家楼上正在举行派

第二章　城市

对。他和他妻子是很友好的人。他们住在59号街南面的莱克星顿大道上。

杰克·梅洛迪、维基还有我并没有待很长时间。傍晚时分,我们干了些所谓的不法勾当,后来发现损失惨重,因为那是一桩我完全被蒙在鼓里的复仇交易。

我们最终被抓住了。我们抢劫了一个警察(一个意大利西西里人)的家。显然,梅洛迪亚家[1](杰克的真实姓氏)和那位警察之间有仇。我不知道我们从他家抢来了多少黄片,甭提还有枪支、皮草、珠宝之类的东西,应有尽有。我非常小心地把所有赃物藏在了约克大道的家里。艾伦有一些犹豫,不过反正他准备要离开了。

艾伦并不知道我们打算把赃物藏起来,不过他知道正在发生什么事。其实,有一天夜里跟我们一起在外面时,他坐在车里,看着我们例行一些公事。我想那让他有点激动。

维基和杰克·梅洛迪应该是很暧昧的关系,他俩开始争吵。我们离开霍尔姆斯家,开始朝长岛开去。我坐在车上,听着两人互相咒骂。最终我说:"听着,让我下车。我要去办点事。等早上回公寓再见。"

我下了车,在两三家酒吧逗留了会儿,喝了两三杯酒,之后遇见了挺有意思的某个人,我们就去开房,就是那家老格罗弗·克利夫兰酒店。我醒来时大约十点钟,心里想,大家应该炸开锅了吧,我要回公寓看看。另外,我们还要把所有那些垃圾从家里清理出去,处理掉。之前,我们计划好要去见帮我们脱手赃物的人。

我到时,屋里没有人。门没有上锁,不过屋里没有被人动过。整个屋子看起来没有什么问题,但有一种很奇怪的感觉。如果我相信自

---

[1] 原文是"Melodias"。

己的直觉，我就该跑路。不过我没有。

我坐下来，煮了煮工具，注射了一支毒品。我想："呃，要不我来整理一下吧。我到处检查下，看看什么还在，什么不在了。"于是我就这么做了。我忙着干活，想要弄清楚我们现在究竟是什么处境，好些不错的赃物已经不见了。

没有人打电话来。我们本来就没有电话机。显然，有情况正在酝酿中，只是我不知道而已。所以我就把屋子整理得干净些。那是一个美丽的春日。

突然间：砰！砰！砰！门被人猛然推开，维基进来了，她异常惊恐，眼泪从脸颊上流下来，艾伦没有戴眼镜，差不多是摸着路前进，什么也看不见。

我说："发生了什么事？"

"我们得离开这儿，赶紧离开这儿。"

我说："那好吧。出了什么问题？至少告诉我啊。"

我错不该问问题。首先出现在我脑海里的想法是：我的活儿，我的东西。我知道我得带些，我想，呃，带上一些能立刻换成现金的东西，方便携带的东西。

原来，他们把那辆该死的车开去长岛时，路上转错了弯，或是类似的事——违反了交规——就在那时，一辆巡逻车正好从坡道上下来，开上主干道。警察瞧见了他们，便打开警笛。杰克·梅洛迪猛踩油门，就在路中央来了个一百八十度转弯。就这样，车子没有控制住，等他们回过神来时，砰！啪！车子撞上了柱子。

艾伦的眼镜飞到了一边……他之前决定等他们脱手赃物时坐他们的车一起去。据说他们想去找另一位帮他们处理赃物的人，看看能不能卖个比目前更好的价钱。这本来是要给我的一个惊喜。

第二章 城市

不管怎么样,艾伦提议说,让他们带他一道去,然后送他去学校。所以他随身带着一本很大的笔记本,上面写了很多关于我们做的事,还有公寓的地址,警察就是这么知道地址的。

事实上,我已经准备好要出门,我正喊他们快点儿,我们快离开这儿。就在那时,五个大个子壮汉沿着走道跑来,接下来发生的事你们也猜到了。

刚开始,他们并没有把我跟那件事联系到一块儿,直到后来,不过那是另外一回事了。他们在其他违法犯罪案例上找到了我的名字。于是,我被判了五年有期徒刑,且不得假释。当然,艾伦什么也没有做,大家都很乐意帮他做证。我们都说,可怜的艾伦在这件事上是连带的受害者。

就是那时,他在精神病院里认识了卡尔·所罗门,接着他又接受了一段时间的门诊治疗。

维基被判处两年半至五年有期徒刑,缓期执行。那件事就这么了了。

虽然杰克早在1942年就离开了哥大,但是哥大及其周边地区在40年代接下来的几年里为他结交朋友提供了一个平台。

通过艾伦的熟人哈尔东·蔡斯,杰克得以结识从丹佛来的一圈学生。蔡斯在哥大研习美国印第安文化,那是他童年时代培养起来的兴趣。除了他本人以外,圈子里还有埃德·怀特,怀特还没有决定要不要做建筑师。此外,还有在科罗拉多就认识蔡斯和怀特的其他从丹佛来的年轻人——无拘无束的阿尔·欣克尔和名叫尼尔·卡萨迪的一表人才的年轻偷车贼。

另一位与丹佛圈子有来往的东部人是艾伦·特姆科。40年代中期,特姆科在认识杰克时想当小说家,他特别崇拜欧内斯特·海明威,但觉得乔伊斯才是更适合模仿的对象。过后,他会在丹佛和旧金山遇到杰克,他在那里当建筑评论家和历史学家,已经有了一定的名声。

艾伦·特姆科:

杰克比我高一级,我来时他已经离开哥大了。我是在西区餐厅认识他的。当时我住宿舍,我邀请他来我宿舍玩,我们聊了好多。事实上,我们成了朋友。我记得,当时他已经被禁止进入校园。

我不记得是谁介绍我们认识的。有可能是一位很优秀的哥大学生,名叫杰克·菲茨杰拉德,他来自波基普西,是一位作家。

哈尔·蔡斯在战争期间从部队复员了,我见到他时他在休假,已经不再是军人。他之前在滑雪部队,现已归来。他变得特别像陀思妥耶夫斯基小说里的人,就像《群魔》里那样,完全被毁了。他们是我认识的第一批深深陷在毒品里不能自拔的人。

我不知道凯鲁亚克怎么样,但是巴勒斯当时毒瘾很重。一天晚上,凯鲁亚克在西区介绍巴勒斯给我认识。那应该是1944年。我在休假。

真的很搞笑,因为巴勒斯痛恨罗斯福,他想从新泽西的某个机场租一架飞机,在飞机里装满马粪,然后撒在白宫上。他想飞去华盛顿,我当时在海军服役。真的很好笑,巴勒斯当时穿的衣服很考究。不过当然,凯鲁亚克的穿衣风格不像常春藤联盟高校的男生,他在人群中很是扎眼。并不是说哥大像耶鲁和普林斯顿那么时髦。巴勒斯穿着那种及膝大衣,头戴圆顶礼帽,他还是网球俱乐部的成员。有一天晚上,他邀请金斯做客。巴勒斯家族靠发明加法机名扬天下[1],他们非常势利、非常聪颖且极其冷漠,而巴勒斯仍然算得上家族里臭名昭著的成员。

我当时就知道,杀人的事他干得出来。他们所有人都那么阴暗。相当暴力。凯鲁亚克喜欢那样,金斯堡也喜欢,但是我很害怕。很像陀思妥耶夫斯基的小说世界。

吕西安·卡尔和巴勒斯来自这个国家真正的统治阶层。我发现巴勒斯很有魅力。非常卑鄙,但又聪明绝顶。至于卡尔,我直到战后才认识他,我觉得他很讨厌。我跟这个娇生惯养、坏事干尽的男人没什么共同话语。

当然,因为我参加过战争,那些人全没有参加过,所以情况就不一样了。并不是说我是个狂热的杀人魔头,远远不是这样。也许在战争是荒唐的这一点上,他们说得没错,但是罗伯特·洛厄尔那样的反战主义者在这个问题上要深刻得多。

我感觉他们那些人很像生活在19世纪,类似于《底层》[2]里那样,很像圣彼得堡——只不过是在纽约的地下世界。他们是最早谈论塞利纳的人,部分原因是凯鲁亚克读得懂法语。我也能读法语。其实,凯鲁亚克讲的是一种加拿大法语,真的很像弗吉尼亚的乡巴佬英语,一种17世纪的英语。有时候,我和杰克走在远洛克威的沙滩上,眺望着对岸的法国时,我们会用法语对话。

我和杰克住得近。我的家人住在里士满希尔,那里位于皇后区。

---

[1] 1884年,威廉·苏华德·巴勒斯(William Seward Burroughs, 1855—1898)发明了加法机,注册了专利权,并吸引投资者投资。19世纪末20世纪初,该加法机在美国和欧洲市场上获得了不错的销路。

[2] 高尔基的戏剧。

我休假时或是战争结束后,他常常在傍晚来找我。我和父母在一起住了一段时间,之后便搬回了纽约。他会过来找我,我俩喝着我父亲的白兰地,然后我再步行送他回去。

跟他的大多数朋友相比,他母亲还算喜欢我。不过她喜欢我的理由并不正当。那会儿,她会收到金斯写给杰克的信。他们很搞笑。回信地址——因为如果信是"金斯堡"写来的,她一准会扔掉——会写成像是:"新泽西奥翁镇斯托夫街,欧文·波兹收。"地址完全是在搞怪。

跟凯鲁亚克一起沿着铁路线散步是件很有趣的事。他家附近有一个铁路调车场。我想现在全电气化了,但是当时还有机车,它们会排放蒸汽。那是他最迷人的时刻,因为当机车轧轧前进时,他可以放声大叫。他喜欢那种噪音。他喜欢一边听着机车轧轧地开、火车在调车场里转轨,一边写作。他的听力很好——很敏锐、很天然。

他对沃尔夫尤为赞赏,当年,斯科特·菲茨杰拉德和海明威作为优秀作家受到很多人的追捧,而相形之下,沃尔夫只是个纽约电话号码簿作家,什么都一股脑儿写进去。我们以前常常讨论那些事。我倒不觉得海明威当时有那么受欢迎。不过,跟杰克聊文学与和哈尔·蔡斯聊文学是不一样的,哈尔的感受力不一样。他更加早熟,聪明绝顶。我们很年轻时——十七岁——他就写了陀思妥耶夫斯基和尼采之间的一段假想的对话。凯鲁亚克写不出那样的东西。呃——他也不会有兴趣的。

尼尔·卡萨迪来到哥大,出现在我们身边。丹佛来的那群男生(特别是哈尔·蔡斯和埃德·怀特)经常和他在一起,而他的身边总是有一群傻白甜姑娘,其中一个来自丹佛。

凯鲁亚克觉得这些人就是美国,他们确实就是美国,除此之外,我永远无法理解他们对他而言到底有什么魅力。他总是觉得,尼尔是哈克贝利·费恩,鲍勃·伯福德是自作聪明的汤姆·索亚。但是,尼尔并不是哈克贝利·费恩。哈克贝利·费恩的情感冲动总是向善的、积极的。尼尔却是个极其奸诈、不可靠、有害的家伙。

我对像尼尔·卡萨迪那样的人有一种生来的憎恶,因为我感觉他就是条寄生虫,一无是处。我看不出他有什么魅力。他不吱一声,就坐在边上,根本就是个,呃,是个累赘。我从来都没想过要跟他有过多的牵扯。我想他长得还算不错吧。在我看来他就是个罪犯,罪大恶极的那种。就是说,我感觉他对任何人都下得去手。我觉得他什么人都会背叛。凯鲁亚克用他来做文学创作的素材,可我对那方面没兴趣。

吕西安·卡尔:

我觉得杰克跟尼尔在一起很放松。虽然他很崇拜尼尔,但是他跟尼尔在一起很舒服。他跟艾伦在一起从来都觉得不自在,他跟我在一起也从来都不自在。

如果杰克现在突然又在洛厄尔生活了,如果什么事也没有发生过,如果我们回到了1942年,如果杰克必须带个朋友回家的话,我想知道他会带谁。他当然不会带艾伦,因为艾伦是"犹太秘密团体的一员"。

他会选——我是说,不仅带到他的家人面前,也带到他所有在当地加油站工作的朋友面前——我想他会选择带尼尔去。在杰克结交的真正亲密的朋友中——反正就是那三个朋友——他最有可能带回家的是尼尔。因为尼尔会表现得很好。

艾伦·特姆科：

杰克说起人们行走在马萨诸塞州这些小镇时的样子叫我很是喜欢，他说他们把双手插在口袋里，没精打采地晃荡着。凯鲁亚克以前常常这样走路。他对他生长于其中的那个文化有着很深的情感，我一直觉得他没有写更多关于它的东西，这着实是个遗憾。

他写过一本几乎没什么人读的小说，我倒是很喜欢——《镇与城》。凯鲁亚克也是一个非常好的文友，他非常大方。

利奥死于1946年的春天。他的离世激发了杰克着手创作第一部严肃的长篇小说，全书在利奥的葬礼中走向结尾。利奥的遗体被运往纳舒厄，葬在吉拉德的旁边。杰克在整个童年时代与新罕布什尔的那些叔叔、阿姨和表亲一直没有什么来往，但在葬礼上，这些远房亲戚全聚到了一起，杰克得以最后一次目睹大团圆。在杰克的小说里，他们只是影子般的人物。他在出版的第一部小说里虚构的马丁一家，就是以利奥、加布丽埃勒和孩子们为原型的，孩子们的性格特征借鉴了杰克、宁和吉拉德的个性。

在《镇与城》临近结尾的葬礼上，马丁一家大部分人的命运已经有了着落。在干净利落的结局里，只有两个人物的命运没有被安排好：一个是母亲玛格丽特，作家对她丧夫后的生活几乎没有多做考虑；还有就是最像杰克的那个儿子彼得，人们看见他离开"盖洛威"，踏上了随心所欲的冒险之旅。

利奥去世时，宁还在妇女陆军团服役，她会在那里遇见并嫁给一位名叫保罗·布莱克的士兵，然后在北卡罗来纳过上一种不一样的生活。加布丽埃勒暂时会继续干割皮革的工作，这样一来，杰克就不用遵从父亲临终在病榻上给他的告诫，说母亲的幸福应该是他身为儿子首要的牵挂。

不幸之事并非只有这些。在利奥最后的日子里，他的肚子肿胀得非常怪异，整个人被病痛折磨得不成样子。当时，杰克一照顾他就是好几个小时或者好几天，而加布丽埃勒在布鲁克林的鞋厂上班。杰克被迫认识到，他想成为成功作家的志向不过是幼稚的幻想，他的朋友都是些罪犯，或者是连罪犯都不如的人，他把像金斯堡那样的犹太人带回家，等于是侮辱了他母亲家的门楣。利奥死得很痛苦，决心尽可能地折磨他儿子。也许正是由于最后那段日子，以利奥为原型的人物乔治·马丁才刻画得最为逼真。

《镇与城》是一部虚构作品，里面的人物和事件比凯鲁亚克的其他小说更虚幻，甚至连奇异的《萨克斯博士》也比不上。同时，它似乎比其他小说更能显示出杰克对家人和年轻时的自己的态度。

就从容的叙述口吻、对人类生活细微处的关注而言，凯鲁亚克的第一部小说与他最喜爱的作家托马斯·沃尔夫的作品很像，但是后者对它的影响既不显得别扭，也没有束手束脚。

巴勒斯曾让杰克读纪德和塞利纳，韦弗教授则把他领到了麦尔维尔和诺斯替教徒的面前。但沃尔夫始终是他主要的榜样，可能是因为沃尔夫提出了一套让小说家像人一样行事的方法，并且厘清了形式自身的任务和可能性。刚到霍瑞斯曼的头几个月里，在整天翘课的某一天，杰克去看了场电影，看见德国演员哈里·鲍尔演的亨德尔在坐下来作曲之前先跪下来祈祷。杰克在写作前也这样祈祷，那是他余生一直遵循的仪式。这类事是天才会做的。如果他是小说家，倒不如把自己的整个青春期排列在一份长度和广度都惊人的手稿上，然后等着自我调控的宇宙来当编辑，将其变为一部可以出版的小说。

《镇与城》的手稿长达近一千两百页,跟《天使望故乡》一样,它的许多情节发生在一套多居室的房子里。尤金·甘特的母亲运营的家庭旅馆住满了托马斯·沃尔夫童年时代的真实人物,城市则是尤金渴望的一个遥远的目的地。在凯鲁亚克的首部小说里,马丁一家在窄小的城市公寓里走向灭亡。小说的前几章发生在镇上的一套大房子里,房子宽敞得足够住下九个孩子,其中八个活了下来,成为主要情节里的人物。五个孩子(儿子)的身上有凯鲁亚克本人的影子。

沃尔夫曾说,所有严肃的小说都具有自传的性质。《镇与城》也有自传成分,不过,凯鲁亚克并没有时间去抵达沃尔夫自称他写小说时所处的"中间位置"。凯鲁亚克在二十四岁那一年跪下祈祷,然后起身写那本会向加布丽埃勒证明他是严肃作家的小说。

只有母亲玛格丽特·马丁是法裔加拿大人。小说前面的部分有一幕讲到,她为儿子们准备一顿饭,然后看着他们吃,用"明事理且永远耐心的眼神"逐个儿打量他们。

弗朗西斯是朱利安的双胞胎兄弟,在故事开始前朱利安就已夭折,年仅十一岁。正如吉拉德出现在加布丽埃勒的梦境中宽慰她一样,朱利安也出现在玛格丽特的梦里。弗朗西斯性格腼腆,做事认真,说起话来结结巴巴的,所以没能牵到小镇另一头的爱尔兰姑娘玛丽·吉尔胡利的手。她嘲笑他太一本正经,拒绝了他,选择了一个有辆敞篷车的肌肉发达的运动员。玛格丽特眼睁睁地看着弗朗西斯"慢慢消沉于阴郁的情绪中"。

乔是精力充沛的大哥,"周围即使有许多女人和不少男人,他依然觉得孤独"。他会在第二次世界大战中与保罗·哈瑟威并肩作战。哈瑟威做事鲁莽,主张多配偶论,他的出现标志着杰克第一次把尼尔当素材用在小说里。战争结束后,乔会回到新英格兰,跟镇里的一个姑娘在一个农场上定居下来。

小米奇·马丁把时间都用来写在梅里马克河上漂流探险的小说，在报刊上发表他虚构的赛马和棒球赛。老幺查理用弹弓把一位老人的窗玻璃打破了，被一个粗暴的警官抓了去。受父亲生意失败影响最大的就是查理。

二儿子彼得·马丁是成功的高中运动员，拿着奖学金进了宾夕法尼亚大学。他在一气之下放弃了明星运动员的人生，跑去一条商船上当船员。他包养情妇，整天跟瘾君子和知识分子厮混，让垂死的父亲和焦虑的母亲非常生气。在开篇的厨房场景里，他"在那位一言不发的母亲眼里，是那么愧疚、粗鲁，同时又高贵、性感"，他母亲能理解"他心中沉重的抱负"。

他们的姐妹——实事求是的罗思，以及年纪小些的露丝和伊丽莎白，是对不同年纪的宁的刻画，虽然丽兹[1]也像杰克高中时交的一个女朋友，那个女生曾经渴望成为成功的大乐团歌手。

通过对五个兄弟的刻画，杰克把他的整个童年压缩在相对短暂的几年时间里，马丁家的几个儿子之间少不了闹矛盾，他们都是杰克个性的不同方面。

譬如，弗朗西斯是哈佛的走读生，他成了一个冷漠的、善于分析的虚无主义者，把纪德奉为先知，把《伪币制造者》当福音书。小说把彼得描绘得同样聪明，只不过没那么愤青，他嘲笑他兄弟说的话——见识过"噩梦所有清晰完整的轮廓"。

弗朗西斯没有通过后备军官学校的能力考试，于是对新兵训练营的纪律拒不服从。他长期的精神幽闭，更多是源于陀思妥耶夫斯基，而

---

[1] 伊丽莎白的昵称。

非沃尔夫。弗朗西斯有一回瞧见一位海军精神病医生胳膊下夹着一本《新共和》杂志,这才愿意接受治疗。在心理咨询过程中,弗朗西斯成功地说服了医生,后来医生帮助他顺利退伍。弗朗西斯从来没有跟这位精神病医生谈论过反战主义。相反,他只是争辩说自己无法听从号令,他做出能清楚睿智地表达观点的样子,由此成功地躲过了战争。

彼得离开宾大,去商船上当船员。他与那位心思难以捉摸的教练之间并没有发生冲突,他只是宣布说:"我想过的是人的生活——生活本身——不是像这样过日子。"

彼得从海上回来后,小说开始着重讲述父亲乔治和彼得之间的冲突,背景放在纽约城。凯鲁亚克是在他描述的事情发生仅仅几个月后进行创作的,所以他不得不把纽约的一圈朋友用作小说角色,在呈现他与利奥的不和时,既要顾及父亲的颜面,又不能显露出他自己的愧意。

凯鲁亚克让乔治·马丁在纽约愉快地度过几个月后才患上癌症。乔治花大把的时间在城里闲逛,回忆他在新罕布什尔的快乐青春。写完一大段描写乔治在城里行走的狂想曲似的内容后,凯鲁亚克把关注点转向彼得,后者在观察时代广场复杂的社会结构。突然间,年轻的犹太诗人利昂·莱温斯基(艾伦·金斯堡)出现了,开始讲述肯尼·伍德(吕西安·卡尔)、跛子同性恋沃尔多·迈斯特(大卫·卡默勒)和威尔·德尼森(比尔·巴勒斯)的近况。朱迪·史密斯(伊迪·帕克)在大学的场景中出现过,而莱温斯基——小说里介绍他是彼得从宾大来的朋友——和其他人完全就是突然冒出来的。但是,据描述,他们更有可能是半吊子弗朗西斯的熟人,而不是严肃且实际的彼得的朋友。

彼得跟他们在一起的第一幕场景设置在时代广场的一家餐厅里。在那儿,彼得和毒基(洪克)听莱温斯基滔滔不绝地讲他的理论"分子大崩溃",那是后原子弹时代的一种心灵疾病,会让丝毫没有准备的民众的性格里隐藏着的"畸零人"显露出来。莱温斯基的"崩溃和彻底恐惧的巨型画面"直接源自金斯堡写的一篇文章,凯鲁亚克在得到艾伦的同意后把这篇文章收入了小说中。

随着乔治逐渐了解彼得的朋友们,他开始鄙视他们。利奥在去世前的几个月里对杰克的冗长训话出现在《镇与城》里时,是对着弗朗西斯与彼得说的。弗朗西斯也在纽约,当时他被卷入了自由主义的阴谋,那似乎是美国分娩阵痛的一部分。他太过骄傲,在街上遇见朋友们时,都不愿意将父亲介绍给他们认识。乔治对这些朋友心存疑虑,在心里把他们与他从图书馆借来的一本小说联系在一起,那是一个从小镇来的娘娘腔成长为同性恋政客的故事。"这一代人知道是与非,"他说,"但他们不信仰是与非。"

彼得安排父母与他的情人朱迪见面——后者未得到他父母的认可——危机一下子爆发了。一开始,彼得的家人与他的情人交流得不错,但是警察突然打断了他们,说沃尔多·迈斯特从肯尼·伍德的公寓窗户跳下去自杀了。彼得能去帮忙指认遗体吗?彼得的父母吓呆了。"穷人就是这副模样,总是怕这怕那的,"朱迪说,"要是你惹祸上身,需要钱从监狱里出来,我是那个会保你出来的人,他们才不会!"

在小说的结尾,丽兹嫁给了一位爵士音乐家,变成了皮肤白皙、金发碧眼的酒吧女招待。冲绳岛的一台推土机挖出了没有人留意到的年轻查理的尸体。弗朗西斯跟朋友的妻子搞了一段毫无意义的婚外恋。乔治死了。家族是彻彻底底地没落了。

杰克花了三年时间写作《镇与城》,与此同时,他在构思《在路上》的开头,他坐下来写《在路上》之前,这个书名就已经牢牢地印在了他的脑海里。尼尔·卡萨迪的信和他俩在一起叩问心灵的谈话让他印象深刻，因此他决心在下一本书里诚实一点。改变的只有名字而已。但是在1951年，他还不会以这种方式写作。他把尼尔、艾伦和其他朋友写给他的信整理归类，并——备注他收到这些信时的心理感受。在职业生涯的开端他就超级有条理，他是自己的记忆最有序的管理员。他决定好好利用这些回忆。

在金斯堡一封来信的信封背面，他潦草地写道："我的兄弟，吉拉德；我的影子伴侣，萨克斯；我的最爱，玛丽。"这是对他最好的三本书的简洁预言：《吉拉德的幻象》《萨克斯博士》《玛吉·卡西迪》。就在他写完《镇与城》那厚厚一叠书稿时，那部篇幅更长的众书之书在他的脑海中逐渐成形了。

到1948年末，吕西安已经从监狱里出来了，开始在通讯社当编辑，为了履行假释的条款，他离以前的朋友们远远的。金斯堡被赶出了哥大，一个学期后才能回去上学，大致的理由据说是一个女仆发现了他写在积满灰尘的窗户上的宣言："巴特勒这个没种的。"比尔和琼·巴勒斯夫妇去了得克萨斯州，去开展农耕实验。

杰克在这一阶段最亲密的文学盟友是二十岁出头的约翰·克莱伦·霍尔姆斯。他是在杰克离开哥大后才去那儿上的学。霍尔姆斯的第一部小说想模仿格雷厄姆·格林，主人公是一位雇佣杀手，他发现别人雇佣他杀的就是他自己。

凯鲁亚克和霍尔姆斯都希望他们的书按传统的方式出版，然后被读者接受。他们见面没多久，就发现有共同语言——小说家的专门语言。

霍尔姆斯的家庭在大萧条期间破裂了。他也是战争的局外人，并且跟杰克一样，为了能坚持写作，愿意舍弃许多东西——甚至包括婚姻。

第二章 城市

约翰·克莱伦·霍尔姆斯：

在哥大时我并不认识杰克。杰克一开始对去哥大读书寄予了厚望。对他而言这是成功的象征，他有机会成名，做出成绩来。那是在战前，在40年代初。接着他变得认真起来。他开始阅读，他真的很想写作。他把腿摔断的那次，运动被抛到了九霄云外，之后他对成为作家这件事就变得非常认真。

我是在战争结束后去上哥大的，主要是由于《退伍军人权利法案》。我当时住在纽约，我很尊敬那所大学，觉得自己极度无知。我想学知识，他们那儿有很棒的专家，可以帮助我。

哥大的特点是位于城市的中央，所以市中心的生活持续地冲击着学习环境。

我确定，杰克去上哥大，是因为想到法裔加拿大小孩走出工业小镇来到纽约这一点让他很兴奋。在那儿，他遇见了跟他自己一样复杂和有趣的人，而在其他地方是找不到的。他发现了真正感兴趣的东西，不是哥大，而是其他所有的东西。

那时候，我从来没有在类似的大城市里住过。非常激动人心。各色各样的生活就在眼前。那个地方并不丑陋。我想，让我兴奋的事——我觉得它也让杰克很兴奋——是在这个小岛上，你不花什么钱就能去任何地方，你可以去接触不一样的世界。它非常开放，跟现在这样的军营完全不一样，我猜。真的让人很兴奋，非常非常兴奋。

去任何地方车程都不超过十五分钟。

我在哥大完成《退伍军人权利法案》的课程，又读完新学院，之后还有另一个项目可以参加，条件是你必须是个体经营户。你每个月可以拿到五十美元。我是个自由作家,做一些代笔的工作,想要发表诗歌。我感兴趣的主要是:未来会怎么样?我渴望体验生活。

我认识杰克、艾伦和其他人时,他们看起来确实是开战四年以来我遇见过的最有意思的人了。我周围没有人上过战场。杰克搭船出海时会碰见鱼雷之类的,不过没有,没有人打过仗。

我自己并没有与战争正面交锋,因为我从来没有离开过美国,从来没有执行过海上任务。但是,我确实有很长一段时间跟战争的残骸打交道,长到我不愿意记起,这段经历对我产生了影响。

在欧洲,战争依然在继续,不过太平洋的战争还在准备阶段,所以我们的战士穿着作战服从太平洋回到了长岛的圣奥尔本斯,我当时在那儿的一家大医院工作。这跟上战场打仗不是一回事,而是在见证战争的结果,从某种角度看,还不如上战场打仗,在战场上你切实感到恐惧。我看见的全是碎料。

这些老兵——像梅勒他们真正打过仗的——他们回来后看事情的态度变得更冷酷。有一种方法可以感受战争,有一种方法能理解那类体验。要我说是比较困难的,但我想这是事实,有一种方法能让新手作家经受战争。海明威和其他人已经给了我们答案。

但是,发生在杰克身上的情况和发生在我身上的情况,还有发生在艾伦身上的情况是,某种程度上我们一开始就不想卷入其中。我猜没有人愿意,真的,不过我们还是卷了进去,陷了进去。但是,因为不用时时刻刻担忧自己的性命,我们可以留意到这段经历会对人们、对我们,尤其是对我们这个年纪的人产生多么巨大的影响。

1948年7月4日在西班牙哈莱姆区[1],艾伦举办了一场派对。天

---

[1] 指纽约曼哈顿的东哈莱姆区。

气热得要命,我当时的妻子不在城里。我跟艾伦·哈林顿一起去参加派对。一两周前,哈林顿在另一个人的派对上认识了他们——或者说认识了杰克。

于是我们就去了,他们都在。我立刻对他们产生了好感,我和他们超级迅速地成了朋友,尤其是跟杰克。杰克有一种特质。我是说,我很喜欢艾伦,喜欢当时的他,或是说他吸引了我,不过杰克身上有一种气质我立刻感觉到了。他肯定也有同样的感觉,因为我们非常非常快地成了朋友。

在《走》之前我写过一本小说。我当时就在写那本书,遇见杰克后的八个月内,我就写完了。它从来没有出版,是本写得很糟糕的小说。

由于我比杰克小四岁,他读过的书比我多。他受过正规的教育,而我没有。我当时二十二岁,他二十六岁。仔细想一想吧。巴勒斯当时三十岁。那似乎是相当老气横秋的模样了。

我和杰克有一些共同爱好。我们一起探索一些事。我们一起读麦尔维尔,在艾伦的影响下我们一起读布莱克。我领着杰克读劳伦斯。我一直很喜欢读劳伦斯。我想他之前也读过劳伦斯,读过一些,只是没有很认真地读。

他领着我读塞利纳,之前我没有读过。我读过沃尔夫,我不想再回去读他,虽然杰克仍然对沃尔夫一腔热情。陀思妥耶夫斯基是我们另一个共同爱好。我以前读过陀思妥耶夫斯基,已经受过他很大的影响。杰克对陀思妥耶夫斯基的看法非常自由和随意。他把他的小说当现实来对待。所以我们会把他的小说人物当成真人来谈论。我们会整个晚上都在说,"基里洛夫不会那么说,他会这样说",我们会编造整场对话和场景。在小说方面,我觉得陀思妥耶夫斯基是我俩真正的共同爱好。我们常常把陀思妥耶夫斯基当笑料。

杰克当时跟他母亲住在欧松公园。大部分时间他待在那里,然后会风风火火地冲进纽约城参加派对、约炮、喝酒,诸如此类。在纽约,他大多数时候会住在我那里,因为他得有个落脚的地儿,他会住上两三天,也许是三四天,接着他就又不见了。

我去过欧松公园。那次是个非常非常正式的场合。杰克的母亲是发挥到极致的另一面的他。她非常严格,非常挑剔,最不喜欢乱糟糟的,但是她本人又非常不理性。

每回杰克在纽约待上三四天后跌跌撞撞地回家,她都会让他吃点苦头。她很担心他,毕竟是她的孩子。我以前有时候会在下午去他家。家里整理得很干净,整整齐齐的。

杰克有自己的小房间,他喜欢那样。在他那个阶段交的朋友里,我想她觉得我没有问题,因为我是白人,盎格鲁-撒克逊的新教徒后裔,我待人礼貌。不管怎么说,我是异性恋。我是说,她并不要求人戴领带之类的,不过我总是对长辈毕恭毕敬。

我去看望杰克时,我俩不喝酒。我不会经常把他拉去外面的酒吧,也不会拉他去城里,所以她猜想我不会形成负面的影响。我对他母亲的态度就如同杰克对待我母亲的态度。

杰克对年长的女人,对父母是异乎寻常地得体、诚实和恭敬。直到今天,我母亲一想起杰克,眼泪还是会夺眶而出,因为杰克对她真的极其友善。他不是在糊弄她,不像我们一般对待母亲那样。

大家都很喜欢杰克。在那些日子里,你不可能不喜欢他。

我的第一任太太玛丽安也喜欢杰克。她也看出来了,杰克对我们家的平静是个潜在的危险,因为他会突然出现,接着家里就会一片喧闹,谁也不知道何时结束。杰克从来不像尼尔,他不会喧宾夺主,不会跟你对着干,就是说——喔啦啦,就是说电话铃会响,大家会过来,啤酒会拿出来。她就只管随它去,但是她看得出来,杰克对我的影响对她而言是危险的。但是,那主要是她和我的矛盾,不关杰克什么事。

我的感觉是,你得尽量体验不一样的生活。只不过我还没有想好小说要写成什么样子——任何一本小说会是什么样子。我被这段体验所吸引,因为只有亲身经历它,才有可能理解它。当然,它吸引我的原因是它是开放的、自由的,凡事皆有可能,有很多极好的人,有趣的人,在我看来,他们聊的事很重要。这是我的看法。我从来没有想过要写一本相关的小说,直到我完全沉陷进去才反应过来。

我已经想好第一本小说要写什么,所有这些事发生前我就在动笔写了。那本小说里唯一与现实相关的是最后的部分——最终我开始跟这一切实际发生的事扯上联系,我差不多调转了方向,也许这就是它失败的原因。

那本小说没有成功,它差点儿就成了,麦克米伦差点儿就要它了。当时我经历了作家们都会经历的那种事,我说:"哪儿出错了?"我发现,我一直在写我不了解的事。于是我毫不掩饰地回过头去,酝酿了一部小说,就是后来的《走》,它几乎就源于实际发生的事。当然,我真正在做的是学着怎么写作。

到那时,杰克已经在努力写《在路上》了。我见过他创作《镇与城》过程中和前后写的所有日记。他跟我说起过《大海是我的兄弟》,说过抒发自己情感的诗歌,诸如此类。但是他当时绝口不提《在路上》,他没有给我看。

我一开始认识杰克时,没有看过他写的任何东西。我们成为朋友绝不是因为写作。当时他还没有把《镇与城》全打印出来,我读过整本书,当然它让我非常震惊。突然间我发现,我非常喜欢的这个人原来还有另一面——他是非常有才华的独一无二的人。在《镇与城》出版的整个过程中,在接下来的两三年里,书稿被打印出来,从这个人手中递到另一个人手中时,他在思考下一本书,在聊下一本书,当时他已经给它起名为《在路上》了。

并且在那段日子里,他试着把书写出来。一开始,他想按照写《镇与城》的方式来写。他设计了一大堆家族和人物。我记得非常清楚,因为那个想法很棒。《在路上》以纽约的一个富裕家庭、一个穷人家庭和各种乱七八糟的事开场。第一个场景发生在一间阁楼里,那位母亲是以我母亲为原型写的,当时杰克跟我母亲已经很熟了。接着还有一大群年轻人。还有那个要做主人公的人物——他当时称之为雷·史密斯。此时,主人公正决定放弃这一切去路上历险。这个场景本身——它不会超过五千字——非常有意思,非常真实,非常好,但是风格跟《镇与城》一样。他便放弃了。他感觉不对。

他另外给那本书写了七个,也许得有十个开头,在他看来它们都不合适。这种情况至少持续了一年半。

那是1949年前后。接着因为无法继续写那该死的东西,他越来越烦恼。他找不到切入该小说的路径。于是他就写了《科迪的幻象》里的那些内容,尼尔的青春期,他是靠着吸大麻写出来的。一个月内,他每天夜里坐在欧松公园的家里,抽了大麻后很亢奋,就写了那东西。接着他就带来给我看,或者也许是给艾伦看。他会等到他母亲上床睡觉,他有一间很小的房间,里面有一张桌子——房间类似于L形,有个老虎窗。他会关上门。杰克的书桌跟往常一样,干净到你无法想象,所有的东西都整洁地归纳在一起。他会吸点大麻,变得很兴奋,然后写上通宵。那些句子如此长,像叶片那样展开,那么不可思议,在我看来是吸大麻的缘故。他很喜欢抽大麻,不过他还是知道的,那不是正路。1951年时他下定决心(当时他已经再婚,住在切尔西):"操他妈的！我就要坐下来写出真相。"这是他的原话，一字不差。于是他便那么做了。

我觉得杰克必须让《镇与城》出版，必须经历修改小说那糟糕的过程——那本书被砍了三分之一——他变得极度厌烦，厌烦书里的场景，不过也反思了下他真正想做的事。我想要是书没有出版的话，他会变得脾气暴躁，会很纠结。书出版后他就从中解脱了，他会看着它，然后说，正如他以前常常说的，"它有生命"。

杰克对任何事都非常豪爽，他尤其希望大家都读一读《镇与城》。他没有任何人脉，不认识任何编辑，在那个行当里没有熟人。

埃德·斯特林厄姆读完整本书，被深深地打动了，其他人也是如此。斯特林厄姆把书给了大卫·戴蒙德。戴蒙德又给了阿尔弗雷德·卡津，卡津再给罗伯特·吉鲁。

斯特林厄姆在《纽约客》工作，他是我们所有人的朋友。作曲家大卫·戴蒙德跟斯特林厄姆和卡津都是老朋友了。我想斯特林厄姆把书稿给戴蒙德，是因为他知道戴蒙德认识卡津。那时候事情就是这么运作的。

可是，《镇与城》被麦克米伦拒绝了。至于是不是卡津把书稿送去麦克米伦的，我不清楚，但是拒绝这本书的编辑成了杰克的好朋友。如今他已经去世了，我忘了他叫什么名字。他喜欢那本书，但不知为何，他们觉得书不会大卖。

接着书稿到了哈考特出版社，我想是因为卡津是吉鲁在哥大的老校友。他们在1949年春天接受了书稿。

吉鲁很喜欢那部小说，但是想删减掉一些。杰克如同年轻人第一部小说要出版时那样很激动，别人要像他仿佛做了什么了不得的大事一样待他。所以杰克同意了。他们一起修改了几个月，吉鲁从中砍掉了相当一部分。其中一些内容不是那么重要,不过在某种意义上,那本书的丰富性因为缩减而降低了。

我最初在笔记本上读那本书时,他还没有在打字机上打出来,小说的结尾是全家人大团圆。到底是艺术直觉(他有很多艺术直觉),还是出于怨恨——我不知道他是出于什么原因才在结尾加了那么一段,几乎像是多斯·帕索斯的风格,比如说彼得离家上路那一段。也许还有第三种可能,那就是当时他意识到,他要做的下一件事就是去路上体验。

那个年代的杰克真的是三心二意。我刚认识他时,他想在新罕布什尔有一个农场。他不想住在城里。他不想上路。他想找一个姑娘结婚,然后在新罕布什尔的某处买个农场,在那儿组建家庭。感恩节,圣诞节,过那样的生活。

同时呢,当然他又被另一条路吸引着。后来事实证明它的吸引力更大。不过当时,这两件事在他身上完全是相互抵触的。

当时,他父亲让他照顾好母亲、做个孝顺的孩子,这个告诫在他身上作用很大。不过他趋于混乱、想上路、想去西部的那一极的作用确实也相当大。事实证明后者作用更大。《镇与城》结尾处加的那部分内容对理解他特别重要,因为几乎是在最后一刻——最后的六个月里,书稿被人接受后——他才加上的。

即使在创作一个新结局时,他也还是把那本书当成一件完全独立的东西,一部虚构作品。他以前常常管它叫虚构作品。他从未称后来写的书为虚构作品,它们是家族传奇的一部分。他也有冲动,想创作一部长篇小说。他当时唯一知道的小说,或者说我们中任何人了解的小说,就是构思精妙的那种。我觉得他在重写和删减《镇与城》时,并不是在为未来做准备。我想他感觉到——我知道,他感觉到素材涌来时的冲动,也就是去旅途中体验。他在写《镇与城》的整个过程中一直有旅途体验。

在编辑过程结束后的那几个月里,杰克一直都为此书的编辑工作与读过它的兄弟们辩解。我说:"哦,我的老天,你没把那部分删掉吧!"他说:"没有,吉鲁有数的。"杰克从来都是犹豫不决的人。他一方面想让书出版;另一方面,吉鲁觉得他是个年轻优秀的新手作家,这让他受宠若惊、很开心也很放心。所以即便直觉让他拒绝——我选择相信他的直觉——他依然接受了对那本书做的各种各样的删减,但我想他内心觉得不该这样做。看到整段整段的文字被删掉,他感到很遗憾,不过他依然非常非常乐观。

他等着第一本书出版,就像你等着自己第一本书出版时那样。老天,你感到你跨过了那个坎,突然去了某一个地方。他觉得他对下一本书充满了热情。他想做个负责任的人,大家都会这样想。他跟吉鲁走得非常近。他像是很崇拜吉鲁,就像以前菲茨杰拉德、海明威和珀金斯[1]那样的关系。他说实际上,"我现在找到了我的再生之父","那个会带领我度过这段疯狂岁月的人"。

吉鲁是哥大另一个才华横溢的团体的一员,同伴中有托马斯·默顿和另外三四个人。他的背景跟杰克很相似。不管怎么说,他是个离经叛道的天主教徒。我想他的老家在新泽西。

他俩处得非常好,吉鲁觉得他在杰克身上发现了某种特质——从专业角度看。但是又不仅仅如此。我想他很喜欢杰克——也许说喜欢还不够。杰克是一个充满热情的人,也就是说,杰克对什么事都深

---

[1] 麦克斯韦尔·珀金斯(Maxwell Perkins,1884—1947),美国出版史上的传奇,曾是海明威、菲茨杰拉德、沃尔夫等作家的编辑。

信不疑——好与坏他都不会说出来——管它好还是坏呢,明天说不定就不一样了。所以那个夏天,杰克搬去丹佛后,吉鲁也出门了,他俩一起搭便车旅行。这真是最好笑的事之一。吉鲁行事像男子汉大丈夫,而杰克总是在寻求跟每个人都建立心心相印的关系。吉鲁被杰克吸引,部分原因是杰克看上去对一切都很乐于接受。

吉鲁比杰克足足高了八英寸,他长得很阳刚,现在肯定还是。那是书稿被接受到出版前的几个月。当时杰克心里想:"老天啊,我终于成功了。我只需要写就可以了。"反正那就是他想要做的事。

杰克参加了纽约文学界的活动季。他跟卡尔·桑德堡一起度过了一个个夜晚,他还去听歌剧。他真的出去租了套小礼服,穿在他的驼毛外套里头。就这样,杰克在那个环境里匆匆地过了一段时日。

当时那本小说甚至都还没有出版。这些人中的大多数从来没有读过他写的一个字,不过有人告诉他们:"这位是年轻的新星。"

这对于我们大家来说太讽刺了。我们喜欢杰克,喜欢他的书。关于删减的部分,我跟他争论过。对于他像巴尔扎克似的进入上流社会,我没有意见,我想这对他是好事,不过他很快就因此而幻想破灭。

那是他第一次体会到图像与现实之间的差异。人们待他如托马斯·沃尔夫,但是他从来没觉得自己像沃尔夫。他一直都是穿着有汗臭味的弹力护身的杰克·凯鲁亚克。

接着,当然就是书出版了。这并没有击倒他,因为书的读者评价不错。对于第一本小说而言,它的销量相当不赖。我是说,它跌跌撞撞地前行,可干得还算不错。不过到那时,他已经在埋头处理写《在路上》时碰见的问题了。

他的想法跟任何人在他的处境中时会想的一样。他觉得自己实现了突破。"现在我要做的就是继续写书。"接着,等他终于把《在路上》的那个版本写出来时,书被吉鲁拒绝了——吉鲁说他不要——杰克再没有把书给过任何人。

他把书稿给了我,我把它给了我当时的代理商 MCA,他们也没法向任何地方兜售。不过,这让杰克放平了心态,他得回归自我,这对他而言再好不过了。他已经在着手写《科迪的幻象》了,还有他的荒凉人生里接下来的其他小说。

约翰·克莱伦·霍尔姆斯递给文学经纪人的那一版《在路上》完全是崭新的,一本读起来更像是凯鲁亚克的笔记书页和日记的小说,用的不是《镇与城》里那精雕细琢的散文体。

小说回到 1946 年和 1947 年,回到他跟尼尔·卡萨迪初次相识的时候,回到他们最初那几趟一起穿越"美国之夜"的长途旅行。

第三章 路

"你的道路是什么,老兄?——乖孩子的路,疯子的路,五彩的路,浪荡子的路,任何路。那是一条在任何地方、给任何人走的任何道路。"[1]

——《在路上》中的迪安·莫里亚蒂

---

[1] 此处《在路上》的引文采用的是王永年译本(上海译文出版社2006年版)。

1946年12月,杰克已经花了八个月的时间写作《镇与城》,尼尔·卡萨迪突然出现在纽约,身后跟着他的少妻露安娜。

艾伦从丹佛来的室友哈尔·蔡斯向艾伦和其他人描述过尼尔,说他是美国下层阶级里具有自我意识的代表,从少管所出来的朋克青年,对诗歌有着独到的鉴赏力。尼尔读了哈尔的来信,在哈尔放暑假时跟他聊过后便打定主意,曼哈顿正是适合自己去的地方,那儿是诗人之城。杰克以几乎同样的热情,渴望去他想象中依然存在的西部边疆。这是杰克和尼尔之间建立友谊的基本等式,让凯鲁亚克转向创作他的最佳小说。

两个年轻人一见如故,在50年代早期拍的照片里,两人是如此相像,以至于很难区分哪个是杰克,哪个是尼尔。

尼尔比杰克年轻四岁,他出生于一个辗转流浪的家庭。大萧条期间,他的家人流散于各地。他鲜少有关于家庭的温馨回忆。他母亲第一次结婚生下的与尼尔同母异父的兄弟们要比尼尔年长好多,他们经常残忍地殴打酒醉归来的尼尔父亲。在尼尔的记忆里,他的兄弟吉米是个恶棍,而对于妹妹他几乎没有什么记忆了。尼尔六岁那年,他的父母分开了,他同母异父的姐姐们被送去了孤儿院。每个夏天,尼尔都被送去给他父亲照管。

老尼尔·卡萨迪是住在拉里米尔街上的居民们的"理发匠",那条街是丹佛的贫民区。不过,除了繁忙的周六在朋友的店里担任第三理发师之外,他既不在美发行业好好干,也不去搞其他行当。他选择了喝酒。

尼尔的母亲离异后继续住在丹佛,他十岁那年母亲去世前,他时不时地回去看望她,不过他的心是向着父亲的,是父亲带他去逛酒吧,住廉价旅馆,吃用赞美诗换来的布道餐。尼尔逐渐变得既精明滑溜,又老于世故,他用超凡的头脑盘算着迫在眉睫的任务,也就是怎么养活他自己和父亲。

无论是姑娘还是车,只要是尼尔想要的,他都会不择手段,绝对不会因为动机或方法上的顾虑而却步。他吹嘘说自己九岁时就上了第一个姑娘,十四岁时偷来了第一辆车。正是车让他惹上了麻烦。在一次典型的事件中,尼尔"借了"他老板的车,车出毛病后,他喊来警察帮忙,却被发现那是报案失窃的车,尼尔的老板坚持要起诉他。

在尼尔的谈话和杰克的小说中,尼尔在青年时代和刚成年那会儿坐了五年牢,但这是夸大之词。五年牢狱是从1940年尼尔十四岁时算起,其间反复被定罪和在少管所改造,还成功逃脱过一次,所以总共服刑不超过一年。

尼尔十六岁那一年,遇见了会帮他间接联系上杰克·凯鲁亚克及其朋友们的那个人。贾斯丁·布赖尔利当时在丹佛视察他的其中一间出租屋,在走道里碰上了尼尔。

尼尔以为他是擅自闯进来的。"你是怎么进来的?"他问。"这是我的房子。"

第三章 路

"很抱歉,"布赖尔利举起钥匙,"这是我的房子。"

布赖尔利当时三十四五岁,是位仪表堂堂的律师,不仅坐镇地方教育董事会,在丹佛的艺术音乐圈里也相当活跃。他参与了帮助逃学男孩的正规工作,还为母校哥伦比亚大学筛选本地的申请人。最后提到的这项任务将他与金斯堡的朋友哈尔·蔡斯联系在一起。

两人出其不意地相遇时,尼尔正裸着身子,布赖尔利不禁被尼尔敏锐的蓝眸、清秀的容貌和结实健硕的身体吸引了。聊了几分钟后,尼尔的活力和才智也给他留下了深刻的印象。

1944年,尼尔被判在布埃纳维斯塔的科罗拉多州立教养院服刑十个月,当时他是靠着布赖尔利,才得到各种各样的特殊照顾。他写信给这位律师,请他帮忙支付他兄弟杰克在参军前工作的那家酒吧的一张未结的账单,他还责备布赖尔利,怪他没能帮自己从监狱长那儿骗得去丹佛看医疗专家的许可令,他如若能这样走一遭,倒是相当于放假了。

在监狱信纸顶部密密麻麻印着的各项规定和问题中,尼尔用"朋友"这个词解释他和贾斯丁的关系。

尼尔结交朋友和性伴侣,有着类似于交易的性质:尼尔需要获得一些东西,来跟其他人需要的东西做交换,虽然要具体说清楚并不容易。对凯鲁亚克和金斯堡而言(对巴勒斯来说并非如此,他一直不为所动),尼尔是随心而动的楷模。作为交换,尼尔想从他们那儿学会如何表达自己的情感。在这件事上,于尼尔而言,这场交易并没有完全实现。除了自传中的几个片段和洋洋洒洒的信件之外,他并没有成为他说想成为的那种作家。

然而,杰克在尼尔身上找到了《镇与城》最后场景里指向的那本小说的主人公,也就是路之书的主人公,尼尔还教会了杰克讲述那个故事的方法。凯鲁亚克曾经说过:"在读完尼尔·卡萨迪那妙不可言的自由叙事的信件后,我找到了自己的风格——随心而写。卡萨迪是一位伟大的作家,他碰巧也是《在路上》里的迪安·莫里亚蒂。"

与尼尔在 1946 年末、1947 年初成为朋友时,杰克正在创作他的童年时光的理想版本,那些文字布满了《镇与城》开头的几页,他一边在打字机上打,尼尔一边在他身后看。在杰克的指导下开始尝试写作时,尼尔在信里写下了自己的童年时光,想要取悦杰克。在那些靠着大麻写出来的文字里,尼尔抛弃了从丹佛东部高中学来的"友好信函"的书写礼仪,他把感想堆叠起来,所有的感想均是从生活本身的喧杂中流淌出来的。

就在尼尔抵达纽约几天后的一个晚上,与凯鲁亚克和其他同伴一起在纽约闲逛后,他勾引了颤颤巍巍的艾伦·金斯堡,两人发誓永远相爱。不管那段爱情是多么真挚(从尼尔写给艾伦的信中看得出来,他们是真心相爱的),尼尔的泛性恋与艾伦坚定的(虽然是不安的)同性恋不一样,这一不同点在以后的几年里会给艾伦带来许多痛苦。

金斯堡一度恳求尼尔,请他与自己一同试着过过同性恋爱的二人世界,但尼尔耐心地解释说,他对艾伦的情感超越了肉体的性爱,理想的局面是他们找一个两人都可以爱的女人,三人同住。

金斯堡、巴勒斯、洪克和圈子里的其他人都是同性恋,于是有一个猜想流传开来:杰克和尼尔也是同性恋,他们非常克制,不敢公开表达对对方的爱。两人时不时都会和其他男人睡,这一点证实了这个猜想,只不过没有像纪录片那样的证据。但是,很难想象有两个人比杰克·凯鲁亚克和尼尔·卡萨迪更关心对方的头脑里在想些什么,而不去考虑性爱与性取向。

在整个 40 年代后期,《镇与城》越写越厚,它的体量和回忆的精准

第三章 路

度让艾伦与其他人大为惊讶。尼尔让杰克得以听从自己内心的冲动，从打字机边站起身来，跟"妈妈"吻别后上了路。

两千英里开外的拉里米尔街，一条凄凉的红砖死巷，以西部残留的魔法和通往那个方向的路，吸引着杰克前去。1947年夏，认识尼尔半年后，杰克第一次踏上了西去丹佛的路。尼尔在那个夏天陷入了一场双性的四角恋爱中，没有工夫陪杰克，不过那趟旅程倒是让杰克有机会一睹尼尔童年和青年时代的生活场景。那年冬天，他试着用尼尔的散文风格写作，看看是否合适，他写了一段发生在桌球房的闲散人群的故事，也就是《在路上》没有用上的一个开头。

《在路上》最终为杰克赢得了名声和一定程度的物质财富。那个书名在他的脑海里徘徊了四年，最后才写出来，出版则是在杰克想到这个书名十年后。据约翰·克莱伦·霍尔姆斯描述，直到1951年，杰克才坐下来把这本书写出来，如同尼尔写他那些长长的书信。书的核心和活力就是尼尔本人：尼尔开车，尼尔偷车，尼尔靠一张嘴走出困境，尼尔和他的女人们。（倒是没有写尼尔和他的男人们。）

因此，这本书是对尼尔·卡萨迪这位主人公的持久审思，书尽管那么厚，还是无法囊括杰克想写的关于那位了不起的人物的所有内容。譬如，杰克在20世纪40年代尝试为《在路上》写开头时，其中一些有关尼尔的素材后来用到了《科迪的幻象》（当时还叫《尼尔的幻象》）的开头中。这后一本书的结尾部分是关于一份文献资料的狂想曲式的变奏，讲的是1952年他俩和尼尔最后一任妻子卡罗琳在一起的生活，当时卡萨迪夫妇差不多在旧金山湾区定居下来。自那以后，杰克就独自上路，有时强迫症似的游逛，有时又回到家中——"妈妈"的家、宁的家、卡萨迪夫妇的家——在那儿写下传奇之作的主体部分。

《在路上》刻画了一个急于弥补所有白白逝去的光阴的男人，是尼尔的一幅肖像画。它留给人的印象是一趟来来回回穿越美国的旅行。实际上，它由几趟旅行构成，该书的编辑们从一开始就留意到旅行缺乏充分的动因，故强烈要求作家对此进行提炼。应他们的要求，杰克强化了旅行的动机。他精准的记忆为书增添了虚构色彩，使它比寻常的小说更虚幻。

《在路上》一开场是1946年尼尔第一次去纽约，1947年他跟着杰克去丹佛，然后单独去加利福尼亚探险，不过，小说最精彩的地方是尼尔出场、两人一同在旅途中时。

他们首次踏上旅途是在1949年初，从东海岸借道巴勒斯在新奥尔良的家去旧金山。那年晚些时候，他们从旧金山去纽约。《在路上》的最后一章讲的是1950年从纽约去墨西哥的旅行。《在路上》的编辑们苦苦寻找的旅行动因其实就是书的主要人物迪安·莫里亚蒂——尼尔复杂的性生活。当然，它隐含在整部小说的字里行间，但是杰克对那段时光的记录，几乎没怎么直接传达出其中蕴含的激情，多半是因为当时故事里的主要人物们还无法参透这些。

杰克专注于精准地刻画尼尔的世界。杰克1948年独自在丹佛度过夏天，这令他有机会走遍拉里米尔街，重建尼尔在其中长大成人的廉价旅馆和桌球房的世界。

在杰克自创的神话传奇中，尼尔的桌球房玩友被赋予了古代史诗里英雄同伴那样的气质。其中一个同伴是《在路上》里的汤米·斯纳克，《科迪的幻象》中的汤姆·沃森，一个耷拉着肩膀、说话柔声细气的青年，他的眼睛大大的，流露出受伤的神情，他在桌球房诱人输钱的本事几乎无人能及。他余生一直住在丹佛，不断磨炼挥杆击球、玩纸牌和赌马的技能。他的真实姓名是吉姆·霍尔姆斯。

第三章 路

吉姆·霍尔姆斯：

我跟尼尔非常非常熟，在其他相关人员认识他之前我俩就很熟了。我感觉，我和杰克刚认识那会儿，对于尼尔跟我们两个人在一起的时间孰长孰短，我们之间有过一点，哦，也许是嫉妒或类似敌意。并不是说我很在乎，不过不知怎的我觉得他很在乎，所以我俩并不经常特地聚在一起玩。

我的个头不算大，所以我得玩技巧性的比赛。我在玩桌球前玩的是乒乓球。我一旦玩什么玩得很熟练，就会开始玩其他的新项目，所以玩乒乓球玩到后来，我就开始玩桌球，我玩桌球很在行。我觉得我是丹佛最好的桌球手，不过我想每个人的看法都不一样。

尼尔以前常常会来看我打桌球。最后他走到我边上说："呃，来吧，我们一起去吃点东西。"我就跟着去，我猜他没什么钱，后来我发现一般都是这种情况，所以我就请他吃。他这个人精力非常旺盛，风度翩翩，他会——我觉得不是故意的——他实际上会奉承你，夸你，这样一来你几乎立刻就喜欢上他了。比如我请他吃饭时，会觉得这真是世上发生的最好的事了。当然，那让你感觉很棒，所以我们几乎立刻就成了朋友。

不管你做了什么，也不管你是谁，这么多年来尼尔都是以相同的方式接近大家的。譬如说，如果你是一个年轻姑娘，他对你感兴趣，你快要去上大学了：天哪，那几乎是最开心的事了。你会听到他说："你真的要去上大学了啊？"所有类似的话。我觉得这些话不是骗人的，不过是一种技巧。但那不是骗局，他是真的尊重对方。

就是这样的鸡毛蒜皮的事。要是你家有一台电唱机，好吧："你可不可以带我上你家去听听唱片呢？我没有电唱机，我好多年都没有过了。我知道我非常想听听那谁谁。"他真的想听听那谁谁的歌。

不过与此同时,跟他说话的那些人,他也真的是在愚弄他们。这只是他做事的方式。我觉得这是种天赋。

他这个人的精力非常充沛,长得也一表人才(他的身体很健壮,只是后来被他自己折腾废了),他可以接连几天不睡觉不休息什么的。他就想这样。他不需要嗑药什么的就能做到。他想做的就是保持活力,不停地四处走动。除去一些罕见的时刻外,据我所知,他享受生活乐趣的唯一时刻,就是当下。

明天什么也不是。我是说明天,星期三或星期四这样的明天,会有一些意义,但是从现在起的两周后,这样的明天对他而言没有任何意义。他从来不以目标规划自己的人生,比如五年目标之类的,甚至是两周的目标。他会设定下周日的目标,但从来不像大多数人那样规划未来的日子。他生活在当下,就在此时此刻。他也从来不活在过去,除非他在讲述一件发生在他身上、对眼下发生的事有影响的过去的事。这就是一种天赋。

这个人棒呆了!你几乎禁不住会喜欢他,我不是在打比方。杰克很崇拜尼尔。其实大家几乎都崇拜他。当然,除了我的奶奶。

尼尔来我家住过,他因为偷别人的汽车什么的去兜风而坐过牢,他剪了个平头。好吧,在我奶奶那一代人看来,留短发是不好的,虽然在我们这代人眼里,长发才是不好的。于是她就说:"我们不能让这个留短发的小伙子住进来。邻居们会怎么想呢?"我就说:"呃,我们就让邻居们操心好自己的事吧。"于是尼尔搬了进来,不知怎的,他们处得不太好。不是因为发生了什么不愉快的事,但矛盾总是存在——他可能会把我带坏之类的。

尼尔说起话来可以滔滔不绝。并不是说他不擅长倾听。他能用字词来画画。在我看来，凯鲁亚克既是作家，也是记者。他会按照事情发生的样子，原原本本地报道，如果有可能的话甚至是用原话，然后他假定，过了一段时间后，事情的动因就会自然而然地显露出来，就像在你报道时显露出来一样。凯鲁亚克相当精准。事情有可能不是按一模一样的顺序发生的，但差不多就是那么回事儿。当然会有一点点夸大和修饰，但差不多就是那个样子。

尼尔当然有自己的问题，他相当低落。那也许就是他这么健谈、这么关注当下的原因，因为他有非常强烈的死亡意愿。他不是真的想自杀，但是他觉得他会这么做的，他有点希望能在汽车里自杀。

比如说，有一回我们在加利福尼亚，我想我们是在开车去他家的路上。他的车总是会出问题，我想这像是一个凶兆。车灯熄灭了，他说："呃，我们就跟着这辆车开吧。"我们前头的那辆车。我说："呃，好吧。"于是我们就跟着那辆车，开始在车灯不亮的情况下开——当时大概是凌晨一点钟——他开始以六十英里的时速前进，心里隐隐地希望能撞上另一辆车。我知道他脑子里在想些什么，我当然不希望那样。于是我就要他停车，让我下车。要是他想自杀，我可不想一起死。

他不会那样做的，于是我心想："我大不了跳车。"我知道那样很危险，不过我猜最糟糕也不过是摔断一条手臂之类的。于是我就打开车门想跳车，就在我蹲下准备跳时，他说："等等，等一下……"于是我就关上车门，我们开到路边停下，聊了几分钟。我说："我想走去城里。"他说："我真的会等下一辆车来跟着它走。"

我记得还有一次，他想既然他决定了结自己的生命，有人能从中赚一笔就好了。我心里想："呃，这也太可笑了吧。"不过我想看看他会怎么做。他说："我们去找一家保险公司，然后买一份保单——双倍赔偿的保单——然后我可以去向鲍勃·斯皮克借他的车，等我开着他的车撞上另一辆车,你们都可以赚些钱。"于是我就跟他一道去,我们去了那儿,跟卖保险的谈了谈,不过我不记得我们付过任何定金。但是等他去找另一个人——鲍勃·斯皮克谈时,鲍勃不肯把车借给他,所以这个主意就泡汤了。

后来显示,他的死亡很有可能是蓄意的。我说不清楚。

实际上,可能有三四年的时间,我跟尼尔不是住在同一间屋子里,就是住在同一栋楼里。我们非常非常亲密。

他会描述跟他父亲之间发生的事,或是发生的一件小事之类的,不过他从来不说最基本的,比如爱,诸如此类的东西。我确定他以某种方式爱着他的父亲,不过他永远没法跟他一起生活。他想每年都去看看他,就看看他过得怎么样。

尼尔确实在写作。我读过,我不知道是不是他开始写的一本书的两三章。事实上,他写得很幽默。在大约三章的篇幅里,他三句话不离他住过的房子,有关这栋房子的描写里,每一个词都带有类似于性爱的意味。房子嘎吱嘎吱地响时,他想起一个女人。他用三大章来描写这栋幽默的房子,这栋房子的所有东西对他而言真的就是个女人,除此之外,什么事也没有发生。在他的想象中,这栋房子做任何事都像一个女人。

他的一生都围绕着性爱转。虽然并非一直都是生理意义上的性爱,但确实相当多。许多性爱都是为了显摆。我们都是年轻人,对年轻男人来说,性爱是玩物。当然,那是在你变得认真以前。他会做这样的事——同时跟两个女人幽会,同一个夜里让她们住在不同的酒店房间里,类似这样的事。他会试试看自己能否让两个女人满意,在两个地方来来回回,不让任何一个知道他还有另一个女人。性爱是他的游戏,胜过其他一切,我猜,它也是他身为男人的证据。所以有相当多

第三章 路

的性爱。

我想,他必须如此活跃,做不同的事(不停地说话,总是跟人在一起,总是要做爱),其中一个理由是,他不能让大脑闲下来,因为他有死亡意愿。他不想思考人之将死,不过那一直在他的大脑深处。但是,我想很多人不知道他的这个特点。

尼尔从来不在哪儿安家。现在他看着是安家了。他在丹佛这儿做不同的工作和事情,不过那只说明他手头有事在做而已。即使你没有安家——假设你像销售员一样永远在路上——但只要你的心安定了,只要你的心在家里,你在想着你妻子和孩子,诸如此类,那么和身在家中、在工作、心却一直在其他地方的人相比,你就要安定得多。在那种意义上,尼尔从来不安定。他的心总是在其他地方。现在,他的心一直就在这儿,不过我是说他不经常在家,不在家的时候,他并不想家,他在想此时此刻做的事。

杰克想要尼尔那样的生活,在某种意义上,他确实过着那样的生活。他模仿尼尔。很难解释尼尔·卡萨迪这个人,因为你遇不到像他那样的人。你从来不会见到那样的人,愿意接连好几个小时一心一意地关注你的人。你认识的人里有几个会这么做?不图回报?

我会编造一些谎言和借口让你跟我玩一局桌球,但它不是一场骗局,根本不是那么回事儿。尼尔不在乎他是赢了比赛还是输了比赛。重要的是他会相信我的话,跟我打桌球。

尼尔是那种能把比如说二到五十美元派最大用场的人。他能用这一小笔钱撑更长的时间,玩更久,但如果他有超过五十美元,比如说他有五百美元,那么他会很快地输掉四百五十美元,快到令人难以置信——直到他手里只剩五十美元。然后那五十美元能撑的时间也要比你想的更久。

他有一个理论,说是每天赛马场上获胜的都是第三大热门的马。确实,第三大热门的马几乎每天都获胜了。所以他会去赛马场,每天都押第三大热门的马,它赢了,然后他会继续押,直到它再次赢。当然,那一年接下来会有三天的时间,那匹马根本不会获胜,他会输掉所有赢来的钱——甚至更多。

要是你有能力,你很有耐心,你请比如说四个最优秀的驯马师和四个最优秀的赛马骑师,你就可以这么干。如果你有最好的驯马师、最好的骑师来运作第三大热门的马,然后押它赢,那么到年末你会挣到一笔微薄的收入。但是尼尔才不管那么多,他就只是押第三大热门的马赢。

要是手里的钱不足五十美元,那么他永远不会输光,但要是超过五十美元,即便是一丁点儿他也得输掉。我们去赛马场,他坐在那儿。他说:"你想象得到吗?这肯定是我身上发生的最美妙的事了。我们在这儿,想想我和你坐在这儿,我们在体验这个。"我心想:"老天,我们现在正在体验?"他说:"几乎两天半过去了,第三大热门的马还没有赢。是不是太奇妙了?"我心里想:"是啊,是有一点儿不寻常,不过我不会把钱押在优等级上。"

但对他而言,他在经历一件大事。即使那是件细微的事,他也在体验。它已经发生了。赌金并不重要。他已经连输三天的事实也不会产生影响。

所以我想表达的观点是,虽然看上去他在制造这场骗局,但那不是他的动机。他对欺骗别人没有兴趣。他所感兴趣的是正在发生的事。他是天生的佛教徒(如果那让他看起来像个佛教徒的话),因为那就是他本来的样子——完美。

第三章 路

尼尔在高中结交的那帮朋友里,既有丹佛的富家子弟,也有寒门出身的孩子。20世纪40年代初,另外一个安排尼尔住进自己家的男生是比尔·汤姆森,他一直住在丹佛,经营着非常成功的木材零售生意。

比尔·汤姆森:

我是通过东部高中的一些朋友认识尼尔的,后来,他在我父母家跟我一起住了大约三个月。我们的关系相当铁。我是那群人中年纪最小的,尼尔比我大四岁。

我记得在杰克的一本小说里读到吉米·霍尔姆斯帮之类的。我觉得那要么是他的误解,要么是文学说法,因为不存在什么帮派,假如说帮派即一群人朝着某个共同的目标努力,那么在这个层面上,不管是字面意义的,还是其他意义的帮派都不存在。我们当时只是好朋友,关系相当松散,仅此而已。朋友中包括吉米、阿尔·欣克尔、尼尔和我,我们另外都有其他的朋友,在其他的圈子里,都是通过桌球游戏、电影和车认识的朋友。并且,我们当时都在读哲学家的书——尼采、叔本华等。

我觉得尼尔大概是从贾斯丁·布赖尔利那里学来的——对知识感兴趣。我想,尼尔在每一个他遇见的人身上,都在寻找一种父亲般的关爱和安全感,而贾斯丁是一个相当学究、古怪但聪明的老师,他对尼尔极其关心。尼尔去布埃纳维斯塔少管所之前在东部高中上学,那个时候认识了贾斯丁。他出狱后,贾斯丁相当关心他。他想帮尼尔建立类似于知识结构的东西。

我以前觉得,在某种程度上,尼尔用同性恋关系来赢得对方的喜爱，继续一段在其他方面对他有益的关系。我想那对于尼尔来说并不像一些人以为的那样随意。我认为他看待这类事的态度完全不一样，他从中得到的东西也跟他与姑娘在一起得到的不一样。

我想杰克一开始多半只是完全惊讶于尼尔的活力。尼尔是个超级亢奋的家伙——非常非常亢奋，精力非常旺盛。他对于自己在短期内想做的事超级坚持，非常坚持。他来纽约时，也许觉得要认识哈尔·蔡斯所有的朋友有一点儿不自在。我觉得他是用旺盛的精力去抵抗任何不安全感，去展示他可以与哥大的那些人正面打交道。

尼尔受杰克的影响非常大。我记得尼尔刚到纽约时写信给我，他称我为"弟弟"，称杰克是哥哥。所以尼尔很崇拜杰克的韧性、知识水平，他发现杰克跟他一样，精力也很旺盛。

我想我们所有人在看待社会方面都相当反叛。并不是疏离。在那个年纪的我看来，我们很贪求知识，吞下了大堆大堆别人的观点，然后试着把它们与一个关于现实的相当稚嫩的想法做对比。于是，砰！突然间，你的行为就不一样了，做事跟街上其他人比也不一样——想法也不一样。我觉得人们并不是在思考怎么发起一场运动。我觉得那是紧张生活的一部分，那种同理心和智识化是"历史遗留物"，是那个时代的能量。我觉得我们并没有许多对于未来的展望。

1946年末，尼尔去纽约时，带着他十五岁的妻子露安娜一同前去，所以，他与杰克和艾伦的亲密友情——和艾伦的性关系——直到她两个月后回丹佛才发展起来。

露安娜生得金发碧眼，留着浓密的鬈发，容貌如电影小明星般姣好，在杰克那帮朋友如约翰·克莱伦·霍尔姆斯看来，就是"童妻"的模样。靠近《在路上》开头的部分,她是"玛丽露",杰克这样描述她:"一个可爱的小姑娘……十分愚笨,会做出很恐怖的事。"

后来在那本小说里,玛丽露和迪安吵架,以凯鲁亚克为原型的萨尔·帕拉迪塞记得,他的"姨母"("妈妈")曾经告诉过他:"这个世界是永远不会和平的,除非男人们跪在女人们的脚边,乞求她们原谅。"

迪安·莫里亚蒂回答说他知道。帕拉迪塞告诉他:"事情的真相是我们不了解自己的女人;我们责怪她们,错全在我们。"

在杰克和尼尔做朋友的整个过程中,有好几个女人是他俩共有的爱人,包括尼尔的两任妻子。程序通常差不多。尼尔会在那个女人面前先构建杰克的形象,向杰克示意他同意,把两人撮合到一起,然后他离席退去。露安娜是让这种事发生的第一个女人。

等到 1949 年末,杰克写下对露安娜的"十分愚笨"的描述时,他已经跟她发展过一段短暂而强烈的情爱。虽然杰克能准确地描述露安娜为少不更事(毕竟她只是个十几岁的少女),但他也有足够多的证据证实她并不蠢笨。

露安娜即便是个头脑不清的少女,也还是一个复杂的个体。她崇拜尼尔,迫切地想跟他一同生活,但是她跟卡罗琳一样,慢慢认识到维持这段关系有多难,于是决心充分享受在一起的生活。露安娜和尼尔在同样恶劣的环境中长大,两人都是小小年纪就独自漂泊;也许正是他俩早年的相似经历,才使得她比其他人更懂尼尔。

露安娜·亨德森:

在我认识尼尔以前,哈尔·蔡斯、贾斯丁·布赖尔利和尼尔就非常熟了。我当时十四岁,他十九岁。我十五岁那一年我俩结了婚。

我认识尼尔时,他跟一个叫珍妮的女孩住在一块儿。他住在她家,跟她、她母亲还有她外婆住一起。这样的组合真的很奇怪。那个外婆是个酒鬼,那个母亲也是,外婆当时肯定得有七十多岁了。那位母亲大约五十多岁,珍妮比我小一点儿,因为在学校她的年级比我低。不知什么原因,我也不知道怎么回事,她和尼尔变得很熟络,不过他口袋里没钱,没地方可住,珍妮就把他带回了家。他立刻就把她们三个哄得服服帖帖,轮流哄外婆和母亲。

我当时坐在沃尔格林药店里,尼尔和珍妮走了进来。他走到我面前,回过身对着珍妮,然后说:"这位就是我要娶的姑娘。"我们之前从未见过,不过他不知道珍妮认识我。旁边正好是一家桌球房,所有男生都常常去那儿消磨时间。

当时丹佛真的是个很小的城市。它的面积挺大,不过你认识城里的所有人,天黑后,在外面溜达的都是年轻人。于是尼尔就让珍妮过来套近乎,她最后告诉他,她认识我,所以他就让她过来问我肯不肯一起去参加派对。然后我就把我的电话号码告诉了珍妮,她打电话来,我跟尼尔说话,他说他想帮我介绍约会对象。他把迪奇·里德介绍给我,这人几年前我就认识。我把里德当哥哥,不过我还是顺着尼尔的意接受了,因为我对尼尔感兴趣。就是从那晚开始的。

我们去保龄球馆时,他递给我一张纸条,上面写着:"早上我打电话给你。"我激动死了。哦,老天爷,我的心脏扑通扑通地跳。人在十五岁时对小纸条这样的东西特别容易动情。我们就是从那儿开始的。我每天都见他。

我知道尼尔当时住在珍妮家,因为我常常跟他一起去那儿,但我没有意识到她这么喜欢他,尤其是那会儿,因为我对被别人骂是第三者非常敏感。珍妮当着我的面哭起来时,我真的变得很烦躁。不过尼尔之前没有告诉我,这使我意识到,珍妮真的非常在乎他。

情况变得极其严峻。我们结婚那晚,我站在药店街对面的拐角处,尼尔和珍妮在沃尔格林药店门口谈话。比尔·汤姆森在向我献殷勤。真是一个非常滑稽的场面。

我母亲知道我俩要结婚,因为在事发前,我由于跟尼尔谈恋爱,同我的继父产生了矛盾。我继父给我母亲下了最后通牒:"要么选她,要么选我。"他对我产生了兴趣,这就给他和我都造成了问题。我应该去跟我的兄弟一起住,一个哥哥。不过那无关紧要,因为我直接去结婚了。

我和尼尔是在1945年8月1日结婚的。在这之前我俩谈恋爱有一阵子了,他当时住在珍妮家。珍妮有个亲戚在山里有一座小木屋。一天夜里,尼尔还在上班(那时我和他已经很亲密了,正在谈婚论嫁),我得等他下班,等到十一点钟左右。还有两对情侣跟我一起等。我孤零零一个人。我们决定开车去那座小木屋,让我这两个女性朋友的男朋友看看,因为他们从来没有去过。有一条进去的秘密通道,在木板下面,在窗户下面。那座小木屋棒极了。里面有老式的手卷钢琴,有整箱整箱的19世纪的旧衣服。我们就换上那些衣服,玩过家家。

于是,那天晚上我们就在那儿玩了大概一个小时,警察闯了进来。好像是说有个长相凶狠的金发女子坐着一辆1938年款的福特轿车沿路过来——说的是我。我们去小木屋时得从一座房子前经过。他们说房子里藏着毒品。我是指极容易上瘾的——海洛因那种。当时我根本什么都不懂,只知道大麻和药丸,不知道海洛因。反正我是人群里唯一的金发女子。我们所有人都被抓了进去。因为我们完全不知道警察是怎么办事的,他们就把其他人恐吓住了。有三天的时间,我拒绝告诉他们我是谁,就坐在那儿渐渐憔悴,装出一副很了不起的样子。我看过太多亨弗莱·鲍嘉演的电影。我不准备说。直到他们威胁我说要坐十四年牢。

跟我们一起在里面的,有一个杀了自己宝宝的女孩。她十八岁。她轻快地走过来说:"你们是为什么进来的?"我们真的谁也不知道。于是我的女性朋友就问她:"那你是为什么进来的?"她说:"因为杀人。"她也看过太多的电影了,不过她把杀人描述得绘声绘色,把大家都吓坏了。

我的朋友们都被释放了,因为他们说出了父母的名字。尼尔没跟我们一起关进来。我们本来应该十一点去接他的。但是我得在里面待三天,尼尔为了找我都急得发疯了。最后我告诉他们我母亲的名字,他们就把我放了,我母亲来接我时正好遇见了尼尔。他说:"不能再这么下去了,我们结婚吧。"我得上法院,最后他们只是以故意毁坏他人财产罪起诉我们大家。

所有这些事情都发生在夏天,因为我们是在8月的第一天结婚的。那天早上我得先去法院,为非法闯入私宅交了三十五美元的罚款,晚上我们就去结婚了,吉米·霍尔姆斯是婚礼随员。

但是,不管怎么样,珍妮非常非常嫉妒,她对尼尔的占有欲非常强。因为她一直在帮助他,她觉得自己为他付出了那么多。他想去见她,又不想让我知道,当然我是知道的。他趁着我在工作时,跟珍妮还有随便哪个碰巧路过的女孩一起厮混,我们就闹得非常不愉快。最终,我给他下了最后通牒,我告诉他:"我们忘掉所有的不愉快吧,要不然就别过了。你选一条路。"他就说:"行,不过我们得去把我的衣服拿回来。"尼尔的书对他而言很重要,书是他最想要的。于是我们就一起去珍妮家,问她要回他的衣服和书,她说门儿也没有。他必须回来住,否则一切免谈。

第三章 路

当时我们和她在阿尔·欣克尔的女友家中,于是我们就走了,她继续待在那儿。我们去了她家,尼尔爬到屋顶上,进屋把他的东西拿到手,然后扔下来,我在巷子里接着,之后我们俩就逃出了城。

我们搭便车去内布拉斯加,尼尔找了份洗碗的工作,我替人做帮佣。我帮一个盲人律师工作,雇主给了我俩一间房住,不过不提供饮食,月薪十二美元,一周休息一天。每天早上,我得五点起床,趁他们家起来前把楼下打扫干净。直到吃完晚饭,我的活才算完,大概要到晚上七点钟。当然,在尼尔找到洗碗的工作前,我常常会偷拿一些吃的给他。我们身无分文。

我有一个阿姨住在内布拉斯加的悉尼城,我们刚去的头几天就住在她家,但是这个律师和他老婆不知怎的关系不太好。她真是个坏女人,使唤起我来就跟使唤一匹马一样。我才十五岁,并不太懂怎么做繁重的家务活,我不得不把一些活重做三四遍,擦百叶窗,刷马桶。夜里,尼尔会读莎士比亚和普鲁斯特。

我想,那会儿尼尔就想着消化所有的东西。他读普鲁斯特有一阵子了,不过他只是从这儿跳到那儿。他努力把能读的都读了。他如饥似渴地读书,同时还试着教我。我们晚上会读好几个小时,如果我有什么不理解,他就非常耐心地教我。他人很好。他会花时间解释给我听,讲得稍微深刻一点,讲背后的思想。

尼尔是个挺有个性的人。迄今为止,我再也没遇见过像他那样的人。我觉得以后也不会。尼尔非常非常独特。当然,他欺骗自己,不过我感觉他不仅被生活,也被他周围的人骗得很惨。我觉得大家养成了从尼尔身上索取的坏习惯。我并不是指大家不喜欢他之类的,但我跟尼尔刚认识那会儿,他有很大的志向,那就是我们去纽约的原因。

我们离开内布拉斯加的那天,尼尔回到家,发现我在大暴雨中还在打扫门口的走廊。她让我跪着用手擦走廊,我郁闷极了。尼尔回到家,看了一眼后说:"别干了。"他一把把我拉起来,说:"我们收拾一下,走人。"那晚后来,我到楼上偷了三百美元,我知道他们把钱藏在一个盒子里。他出门把我姨夫的车子偷来,我知道要不是情况所迫,尼尔决不会冒这个险的。他之前在甘农城(劳教所)蹲过,他真心怕坐牢。我是说,他当时真的很神经质,看到警察都会情绪失控。

那天晚上,我们离开了内布拉斯加的悉尼城。他得坐在副驾驶位上开车,把一块手帕系在头上,我留心窗外的警察,因为所有的车窗全都结冰了,什么也看不清楚。他最后改变了主意,坐到副驾驶位上,因为坐那儿别人更看不到。他用一只手驾驶,一只脚踩油门。我也不知道我们是怎么一路开下去的,因为那个晚上,那些路就跟冰面一样。我们确实打滑了两三次。

所以我们还是开了一路,等我们开到北普拉特时,车子出了毛病,好在已经不太远了。一开始,尼尔盘算着去他的朋友埃德·乌尔的牧场上借些钱来。但是夜里我们在开车时,他说:"去他妈的,我们去纽约吧。"埃德·怀特、哈尔·蔡斯,当时他们都在那儿。我觉得他跟他们并没有多少信件往来,但是他们去纽约之前跟他走得挺近。

我跟埃德·怀特几乎不认识。直到我们去了纽约,我才见到他。埃德对我非常非常友好。我比他们中的大多数人要小。对我来说,他们全都要比我年纪大,更有经验,更成熟,也更世故。我总是那么觉得。

大家总是希望或认定,尼尔最终会去纽约,因为这是他的远大梦想,去纽约,想去上哥伦比亚大学。我觉得当时尼尔并不在意杰克,因为在第一趟旅行中,艾伦跟尼尔最亲。我们跟杰克打交道,经常见到他,但是我们和他几乎不像艾伦和尼尔那样亲近。

第三章 路

我们一到纽约,就立刻去哥大,联系上了哈尔,他把我们介绍给艾伦和艾伦的表兄认识,那位表兄是个学生,留着一头红发,他住在西班牙哈莱姆区,非常友好地让我们住在他那里。那是一套很大的公寓,没有通热水。于是我和尼尔就住在他家。

我在一家面包房找了份工作,工作的第一天就被逮到偷窃。看到眼前整个场景我晕了过去。我从来没有卷进过那种事,我不肯承认是我偷的钱,我偷的方式实在太愚蠢,难怪会被人逮住。我真是活该。不过我晕了过去,店经理很和善,她没有采取行动。她送我坐上公交车。尼尔在哥大等我,我身上一分钱也没有——当时连工作也丢了。第一天真是一团糟。大约一整个月我都活在煎熬中。我真的抑郁了。

我和尼尔在113号街上找了套公寓,离哥大不远。尼尔想去哥大。他想写作。我们还在丹佛时,他就已经在尝试写作,我去上班时,他不是四处溜达,就是坐在打字机前。但是他有明确的梦想和动力,尤其是他知道自己想要什么,并且去做了。接着等我们去了纽约,特别是尼尔和杰克走得近了以后,他就更多地关心杰克的写作,或者说对他俩的志向更有兴趣了。他们在写有关他的故事,这一点当然鼓舞了他,当时他们觉得他这人很有意思。

但是面包房发生的那件事真的让我情绪崩溃。我们搬去了新泽西,在那儿过了圣诞节。我们去贝永,租了一个房间。尼尔在纽约客酒店隔壁的停车场工作。最终,生活按我一直期待的那样步上了完美的正轨,尼尔每晚下班后回家。真的很,很完美。

我们住在一个小房间里,有厨房可以用。我现在依然记得尼尔的笑声。我去商店——我们没有钱——买了些纸帘和一朵假的玫瑰花。我真的把房子好好装饰了下。我把这些傻乎乎的帘子缝上。我还为尼尔做了我为他做的第一顿饭。我煮了意大利面。我见过我母亲煮意大利面，谁不会煮意大利面啊？没有人告诉过我，你要先把水煮开，然后再放意大利面，对吧？我倒了进去，盛起来时凝成了一大块。我不得不切成一条条，再放在盘子里给尼尔吃，不过他还是吃了，吃得干干净净。他吃了，我俩都吃了。当然，在那时候，我想甭管什么我们都会吃的。

我们相处得很融洽，一切都进展得很顺利。我没有事先计划，也没有想过，有一天晚上，尼尔下班回家，突然话就从我嘴里冒了出来。这件事我一直想在脑子里理清楚——背后的原因——我想过一千次，还是想不到任何满意的答案。有一千个借口。但当时我告诉他，那天警察来过，我知道尼尔害怕警察。我就这样彻底地、无尽地折磨我自己。

他彻底慌了，我不得不开始把东西装进箱子里，我们当时只有很少的一些家当，拖着它们到这儿那儿，一个大箱子，两个手提箱。尼尔先走，留下我搬所有的东西，然后在泽西城跟他会合。我奋力把这些东西拖到公交车站，搬上车，两个手提箱和这个大箱子，我们在纽约城和新泽西附近的路上转悠。我们在停放的汽车里住了大概三个星期。

最后我坐上了回丹佛的车。尼尔留在纽约。我在一个公交车站睡了两晚，最后打电话给我母亲。

到1947年初，等露安娜把尼尔留在纽约只身离开时，杰克已经花了一年多时间写作《镇与城》，有时在他母亲位于皇后区的公寓里写上一阵子，有时又去城里溜达，与洪克和他的朋友们去42号街上勘察民情。

杰克很警惕巴勒斯的吗啡，对寻常体验大麻也很谨慎（不像对吗啡那么谨慎），但是把沃尔夫式的手稿写到一千页以上时，他发现安非他命很管用。他给卡萨迪的最初几条作家建议中，有一条就是"以安非他命上瘾者的热情来写吧"。

1946年末，凯鲁亚克突然患上了血栓静脉炎，一种凝血障碍，他主要发生在腿部。发病时，他的双腿变得极其肿胀和虚弱。海军退伍军人的身份刚刚够他享受老兵的福利，尼尔和露安娜抵达纽约时，他正在皇后区的退役军人医院接受治疗。病痛持续折磨着他，血块要是到了他的脑部或心脏的话，还会带来致命的危险。死亡给了他警告，并给他手头在写的小说蒙上了一层阴影，让他更渴望去看看新英格兰和纽约以外的大千世界。

卡萨迪在躲避露安娜的幽灵警察的那九个星期里，有时会在杰克和他母亲的欧松公园家里避难，正是在那几次拜访中，他和凯鲁亚克的友情得到了巩固。他们之间的谈话渐渐发展成书信往来，为杰克的《在路上》播下了种子。2月末，尼尔回到了丹佛，去找露安娜。

艾伦答应尼尔，春季学期结束后他会去那儿找他。巴勒斯和琼·沃尔默现在已结为夫妇，他们和琼第一次婚姻生下的女儿一起搬去了得克萨斯。于是，艾伦开始为夏天在比尔的农场上大团聚制订计划。

露安娜·亨德森：

尼尔在1947年3月我生日那天出现在丹佛，我们一起搬去一家旅馆住。我之前搬去过旅馆，住了大概三天，我的继父想把我弄回家。我不肯回去，他就把我带到一个少年法庭的法官面前，因为我还没有成年。她只跟我聊了大约一个小时，就告诉我母亲和父亲："她是已婚妇女，据我所知，她是个完全有行为能力的年轻女性。要是我发现你们任何一个人再去骚扰她……"知道这一点真帮了我的忙，因为我原本以为我会碰到各种各样的麻烦。我之前不知道,即使只有十六岁,结了婚情况就不一样了。我并没有跟他们要求什么。不过经历了那件事,我搬回了家,因为我对去少管所之类的地方怕得要命,就在那个时候,尼尔出现了。于是我们立刻搬去了旅馆,之后我们在私宅里找了一间寄宿房。

那时候,尼尔出去工作。我现在记不得他到底做的是什么工作。他穿着连身工作服,去城外工作。算是某种工作吧。尼尔很为他的工作自豪,即使后来辞职了也是如此。

1947年整个春天,尼尔靠写信跟杰克维持联系,包括一封很长的、像故事一样的信,他在这封信里描述那年2月,他如何在回丹佛的大巴车上引诱了一个女孩。

那个夏天,艾伦像承诺的那样抵达丹佛,在一家百货公司找到一份货物管理员的工作,而尼尔在工作和露安娜之间来回穿梭,艾伦配合着他来安排自己的生活。艾伦与尼尔依然有性关系,他们也进行了一系列谈话,以此不断地分析他们的想法和行为,试图完全理解对方。金斯堡在日记中辛勤地记录下两人关系的进展,还在写作一系列他称为《忧郁丹佛》的诗歌。

那年初夏,杰克坐在母亲家位于皇后区的公寓里,查阅地图,追踪6号公路的红线,一路往西,当时并不知道这条老公路已经废弃不用了。他搭便车往北部去,来到沿着6号公路能向西的地方,站在雨里等了好几个小时,才买到一张去芝加哥的大巴票。他最终踏上了路途,丹佛是他的第一个目的地,再过去是旧金山,他在那儿的霍瑞斯曼老友亨利·克鲁主动承诺给他一份在商船上当水手的工作。

不过等杰克到达科罗拉多时,尼尔已经认识了卡罗琳·鲁宾逊,

第三章　路

并与她开始了一段恋爱关系,卡罗琳当时是丹佛大学美术系的一名研究生。跟露安娜一样,卡罗琳金发碧眼,长相十分动人,但她比尼尔要大两岁,决心按她自己的心意过人生。她在本宁顿拿到了本科学位,打算在好莱坞谋一份服装与场景设计师的工作。尼尔身陷于忙碌的四角恋爱,妻子露安娜、爱人艾伦、女友卡罗琳,等杰克到达时,他压根儿没时间搭理杰克。(杰克所有的哥大朋友也都不欢迎尼尔。)杰克接受了哥大建筑系学生埃德·怀特的殷勤好客,艾伦·特姆科也是住在怀特公寓里的客人,他在那儿写作短篇故事,每逢尼尔带着人马来访,造成一片混乱,他总想努力保持平静。

在《在路上》里,卡罗琳是黑头发的卡米尔,小说对她的描述跟杰克笔下的许多其他女人一样模糊。比尔·汤姆森曾跟她谈过几个月的恋爱,之后把她介绍给了尼尔,然后就被尼尔横刀夺爱。在小说的描述中,那次会面发生在一个晚上,汤姆森——也就是罗伊·约翰逊——接了卡罗琳,带她去一个旅馆的房间,同行的还有打桌球的一帮人,其中就有尼尔。尼尔竖起四根手指示意她,他会在凌晨四点钟回来找她。真相不是这样的。

比尔·汤姆森:

我还未成年时便去服兵役,然后去丹佛大学读大一,遇见了卡罗琳,她当时是艺术系的研究生。我们约过几次会,聊聊天之类的,我把她介绍给了尼尔,他们——在相当短的一段时间内——变得非常亲密。大约有两三周的时间,我觉得我不该介绍他俩认识的:"真该死,这个金发碧眼的美女把我给甩了。"

尼尔是在科尔伯恩酒店遇见她的,她当时住在那儿。

卡罗琳·卡萨迪：

杰克在《在路上》里那么写我跟尼尔相识的经过，是错误的、卑鄙的。他说了些关于"罗伊·约翰逊"如何在酒吧接我，然后把我带到旅馆去的事，因为这个我很生气。我已经住在那家旅馆了，我在学校里认识比尔有一段时间了。他会讲给我听他和另一个叫尼尔·卡萨迪的人一起干的各种各样疯狂的事和闯的祸，只是他把大部分风头都揽在自己身上。不过我还是开始想，这个叫卡萨迪的人挺有意思啊。

一个周六的下午，我在这家闷热的公寓旅馆里，待在自己的房间。比尔在楼下喊我，问我他能不能上来坐一会儿。我当时正披头散发，我打开门，看见门口站着他，还有另一个人，他噔噔噔地冲进来，介绍说这是尼尔。

我以为尼尔在哥大上学，跟杰克和艾伦一样，因为比尔跟我说过他们。所以他现在在丹佛，我想在我们聊天的过程中，他说过他是回来休假，类似这样的话。不管怎样，比尔告诉尼尔，他认识个女孩，有莱斯特·杨很棒的唱片集，尼尔当时的最爱。当然，我从来没听说过莱斯特·杨，更别提有唱片了。我想这是让他上楼的说辞，只是为了确保他来这儿。比尔告诉过我很多关于他的事，我猜是想引荐他。

他待了一会儿，我们聊聊天，然后尼尔让我们跟他一起去拿他的东西。当然，所有的事都让我很纳闷，因为所有那些故事；他们说的全都不是真的。所以我就很困惑，当然，我从来没有遇见过像尼尔那样的人。但我们还是跟他去了两个护士住的房子，他去纽约前就住在那儿或待在那儿。他把他的东西带回来放在那儿。于是我们就去，他把所有东西打包好，我们跟他一起去城里，来到一家廉价的旅店，上楼到他的房间。我只是跟着走而已。整个房间一团糟,显然,住在里面的是某个女人。那是一间单人房,周围只有女人的东西。于是他把手提箱放在那儿,我们回到楼下,走上了某一条主街。

有一家小的汉堡店,里面只有一个收银台和两三张小桌子,于是他说:"等一等。"我和比尔在外面的人行道上等,他走了进去。收银台后面有个很年轻的姑娘,他们讨论什么讨论得很激烈。我不停地问比尔:"那是谁?那是谁?"他跟往常一样闪烁其词,最后他说:"那是他老婆。"我说:"老婆?"我已经开始有点兴趣了,尼尔之前一直在向我暗送秋波,所以我挺震惊的。我想:"哦,好吧。原来是这样。"

接着我们去了一家唱片店。他想去听一些音乐,在那个年代,你可以把一大沓唱片带到一个小隔间里放。他没有拿莱斯特·杨或查理·帕克或那些他喜欢的唱片。他拿了一大堆斯坦·肯顿和艾灵顿公爵。我们听的音乐是班尼·古德曼的《唱,唱,唱》。他放了一首又一首,在唱片店的小隔间里手舞足蹈地跳来跳去。

接下来他说我们何不一起去吃饭。他说自己必须回趟旅店之类的,我记不清他的借口了。反正我和比尔就去了我们大家要会合的地方,坐在那儿等了又等,没有人出现。所以我们就先吃了,接着阿尔·欣克尔和他的女朋友洛伊丝——我想那是我第一次见到阿尔——进来了,说露安娜和尼尔不来了,他们已经吃了,但是大伙儿都会来我家开派对,欢迎尼尔回来。

我心里想:"为什么去我家?所有人都住在丹佛,他们没有家吗?为什么大家都得来我家呢?"况且我跟旅馆开电梯的那个菲律宾男孩在吵架,所以我真的很紧张,不过比尔说他会处理的,没有问题的。阿尔解释说,因为尼尔和露安娜久别重逢,你该知道他们不来吃饭都在干什么了吧。所以,行啊。他们都来了。

他们到我家时,我见到了露安娜。我猜她想让自己显得成熟一点,所以把头发都扎在了后面。我和她坐在地板上,阿尔、比尔和尼尔在回顾往日时光与陈年旧事,我还是搞不清楚状况。我以为尼尔从哥大回来,他在那儿读书,回家是来休假。尼尔没有否认。他只是巧妙地回避了。露安娜坐在地板上,讲给我听他们的婚姻是多么幸福,她一直不停地讲他们有多相爱,他是个多么好的人。她给我看她的单石钻戒。我现在依然不知道那是从哪里来的。我不知道他是从哪里弄来的,不过当时我对他一点儿也不了解。

　　接着她就说到有一件事他绝对不会容忍,那就是把他的裤子弄皱,他对于裤子的折缝非常得意。他当时穿着一套细条纹的西装。于是她就说:"瞧,我让你看。"她跳起来,走过去一屁股坐在了他的大腿上,他当时坐在一张安乐椅上,他就把她扔到地板上。她一跳而起,说:"看到了吗?"所以她一直在滔滔不绝地讲,而他只是一直明显地沉着一张脸。我不停地看看这个愁眉苦脸的家伙,听着这个姑娘口若悬河,想要搞清楚到底是怎么回事。

　　阿尔想把聚会办成欢迎尼尔回家的派对。非常奇怪。尼尔站起身,四处踱来踱去,看看窗外,露出烦躁和焦虑的表情。临近午夜,我暗示比尔是时候让大家散了,因为这个酒店实在很闷热。于是他们就散了。不过尼尔出门时,转过身——他们都在沿着走廊往前走——竖起两根手指。那是凌晨两点的意思。我不知道他是那个意思,不过当时我也没有多想,所以我并不知道他说的是什么。

　　比尔又待了一会儿,我费了好大的劲才把他请走,因为当时我猜他开始起嫉妒心了。我们绝对没有搞暧昧的意思。或者说我没有。不过我猜他想跟我搞暧昧,所以我就请他回去了。

　　他离开时大约一点钟。我有一张床,折叠在壁橱门里,床摊开来

第三章 路

就会占据整个客厅。在两点钟时,我听到有人敲门。我当时正准备睡觉,身上穿着睡衣。

我一开门,看见尼尔拎着他的手提箱。我当然得让他进来,然后我就坐着跟他争论,他使我说的所有话听上去都很荒谬。为什么会有问题?他说他和露安娜一直都有矛盾,他们已经分居好几个月了,他回来就是为了补救,但是不会管用的。又是那老一套。这跟她整晚滔滔不绝地讲他们婚姻的行为不相符,所以我就更加困惑了。

我想摆脱他。呃,首先,如我之前所说,我跟这个菲律宾电梯工有矛盾,他明显是旅馆所有道德行为的监督人。旅馆里大部分房客都是退休人员,这些人非常严肃。我是唯一的单身女孩,唯一五十岁以下的房客。

我之前已经有过一个男朋友,他经常坐电梯上来找我,直到这个电梯工举报我。旅馆的管理人员找我谈了话。他们说真的不希望有外人在这里过夜,所以情况变得很棘手。

反正问题就是我在犹豫不决。我跟尼尔说:"我的老天!你是怎么上来这里的?"他说他进来的时候,值夜班的接待员在打瞌睡,电梯关闭了,他就爬楼梯上来,没有人看见他。我说:"好吧,不错,不过现在你不能出去了。"我也不能冒险让他离开。所以这正好方便了他。

然后我无法说服他睡在沙发上。他说:"呃,瞧瞧这张大床,一半要浪费了。实在说不过去啊。"他使我不管说什么都显得很愚蠢。于是我就说:"那好吧,你睡那里吧。"我整夜没合眼,不过他立刻就昏睡过去了,所以事情进展还算顺利。

接着,早上他不能立刻就离开。得等一个合理的时间他再出去。我们坐在那儿,把小小的玻璃珠子串在一根线上。我现在依然能想起他坐在那儿做这个复杂的手工活时的模样。我当时在为一个模型剧院布置场景，很迷你的场景，所以他就在帮我，非常非常热情。

早上某个时候，电话铃响了，是比尔打来的。出于某些原因，他让我到楼下去。呃，我也不想让他见到尼尔，所以我就下楼去了。他在那儿扯东扯西地拖延时间，他这么做的原因是露安娜已经上楼了，我一进电梯，她就冲进了我家。

不一会儿，比尔说："我们上楼去吧。"她就在那儿，跟尼尔说话。我跟她谈，她一直哭，情绪很激动，说他们的婚姻一点儿也不幸福，尼尔多么刻薄。接着她说了些关于他们都在纽约时发生的事，我就更加困惑了。不过她跟他一样撒了很多谎，所以真的很难搞清楚状况。

显然，他们不打算维持那一段婚姻了。她让我相信，她再也不想见到他。所以我真的以为他们结束了，当然，后来我发现事情相当古怪，尤其在《在路上》里，杰克知道尼尔在我和她之间脚踏两只船。因为从那天开始，我完全相信尼尔。直到两三年后，我才发现事情的真相。所以她大哭了一场，跟着比尔离开了。

然后便是从那开始的每一天，一场场浩大的、繁重的迁移之旅，而我居然相信他说的每一个字。我问他是否要回哥大，他说他负担不起了，还是待在丹佛找一份工作吧。

我从那家旅馆搬了出来，我想就在我搬家时，杰克到了丹佛。艾伦在1947年7月抵达时，我也在场，因为艾伦在那个旅馆房间里住了一阵子。我在学校时，他在那间屋子里写了《忧郁丹佛》中的一些诗歌。

艾伦来看尼尔时，尼尔就把他带来我家。我现在才明白，艾伦感兴趣的不仅是尼尔的学识，因为艾伦让我画一张尼尔的裸体像。他们都把这件事说得很客观，不带个人感情，是跟艺术相关的事。他们总是会这么做，这么一来，我提出的任何寻常的反对意见听起来都像白痴。整个过程我都觉得很尴尬,尼尔裸着身子站在那儿,像某尊希腊雕塑那样摆出姿势,艾伦坐在窗户边,观察着整个过程。

我不知道他们当时有没有爱得很热烈。尼尔有些排斥他。杰克不是一直都参与这些,不过我排演戏剧时他常常来学校。我决定在那儿做些表演,因为在本宁顿时我觉得难为情而不愿意。在所有的戏剧中,有一场叫《蓝鸟》,我演了"光"。整部剧就是一个幻想,你懂的,所以谁在乎呢?杰克来之后,会坐在那儿等排练结束,接着跟我一起搭街车回去。我不知道他为什么一个人来。我只是把他当成尼尔的一个朋友。那是我对他唯一的兴趣。有一回,我和尼尔、杰克去酒馆喝酒。我和杰克一起跳舞,他说:"尼尔先认识你,这太遗憾了。"

我和尼尔搬到了寄宿屋的房间里,艾伦有时候会过来。他为人真的很好。他帮我做学校的作业。有一次我要做一个口头汇报,我最讨厌那个了。艾伦就讲给我听很棒的一些东西,还帮我修改稿子,诸如此类。所以我做汇报时,在场的听众鸦雀无声,我心想:"哦,老天,我都干了些什么啊?"大家都惊呆了,看系主任的行为就好像我的发言是这世上最精彩的事,所以老艾伦真的是个好人,很乐于助人。

尼尔很有学识,讲话很清楚,听起来好像他知道很多东西,当然,杰克和艾伦在那方面似乎并不比他更优秀。他同时把我们大家玩得团团转,他能把局面控制住。他找了一份开小巴的工作,我们一起住在这个寄宿屋里,共用一个厨房。

然后我和尼尔搭公车去中央城[1]。那本来会是一个很棒的周末。之前我从来没有去那儿听过歌剧,不过我在大学里认识的很多人去

---

[1] 一个矿业城镇,为了举办夏天的演出把歌剧院整修一番。布赖尔利是那个演出季的策划者之一。——原注

过。于是就在我们下车后，尼尔说他要去街那头办一些事，马上回来，然后就消失了。他不见了人影。在搭车回去的路上，他一句话也不说，闷闷不乐的，接着他就编了某个悲伤的故事，说他因为某些无法解释的事而伤心。这么个说辞把我骗了过去，所以我就拍拍他，告诉他没有关系的，我也很抱歉之类的话。那是他第一次让我失望。不过仅仅是个开始而已。

当然，他跟往常一样，因为露安娜的事伤心不已。我现在觉得，他是意识到他跟我陷得太深了。他骗人的把戏玩得很好，我无条件地相信了他，所以他感到有一点儿惊慌，害怕真的被困住。要让我泄气变得越来越难，因此他也许是想让我看到，他并没有那么好，不过我已经深信不疑了，不肯看清事情的真相，我会原谅他的一切。可怜的人啊。

接着，艾伦要去巴勒斯的牧场了，尼尔告诉了我他跟艾伦的关系，他觉得自己有义务试着去做艾伦的同性爱人。我虽然不喜欢那样，但是可以接受，于是我就说："要是事情只能这样，你不要我的话，我也不要你。就这么简单。要是你想要艾伦或其他的人，那你就去吧。"

于是我拿了我所有的行李，搬去另一个老师家，度过我在丹佛的最后一夜，因为我打算第二天跟一些朋友一起开车去洛杉矶。早上，我顺路过来再跟尼尔道个别，我一走进房间，看见尼尔躺在中间，露安娜和艾伦分别躺在他的边上，是在我们的床上啊……他们三个人。当然，我原以为露安娜早就离开了。

我当时二十四岁，她十七岁。我真的为她感到遗憾，但是我对他们之间没有关系这一点深信不疑。所以，看到他们三个人真的让我大吃了一惊。我一直被保护得很好。在大学里，图书馆连《查泰莱夫人的情人》也一直没有，不过也就是如此。我倒抽一口凉气，再次走了出去，心想我和尼尔之间这下绝对结束了。

第三章 路

露安娜·亨德森：

1947年的那个夏天，艾伦从纽约来，他真的伤透了我的心，因为他让尼尔跟他一起去得克萨斯巴勒斯的家。

我和尼尔在国会大厦的草坪上上演了非常戏剧化的一幕。尼尔跟我道别，我一边哭，一边告诉他我不能没有他。只不过是一个年轻女孩的肺腑之言。我真的以为我会死。当时，要是尼尔走了，我对人生真的不抱什么希望了。

他要走，我抓住他的大腿，他想站起身来。我说："请不要离开我，尼尔。别离开我。"他差不多是轻轻地推了我一下，我就摔倒在地，我倒在那儿，伤心地大哭。我以为他走了。

突然间，我感觉到他用手臂抱住我的肩膀。他说："我不想再看见你像刚刚那样为了一个男人又求又哭的。"他说："起来吧，我们走。"

于是我们就走到寄宿屋，晚上我们三个人在一起，大部分时候尼尔一直在劝我，我能够接受了。他解释他跟艾伦的事，还有他要去哪里，并说这不意味着我们分开了之类的。不管怎样，我最终能够接受了，那时艾伦回来了，我们三个人就一起玩乐。

艾伦回家时大约凌晨四点钟，所以很有可能仅仅过了两三个小时，卡罗琳轻快地走了进来。我知道卡罗琳。当然，我之前见过她。她在跟比尔·汤姆森谈恋爱。但是当时尼尔认识卡罗琳没多久，我真的不知道卡罗琳和尼尔还有那一层关系。不过她走了进来，撞见我和尼尔在床上，她就发疯了。

我不能理解她怎么会是受伤的那一方，因为我才是他的妻子。我只是不清楚事情已经进展到了那个地步。

就像初夏那会儿,尼尔一个晚上没有回来。比尔·汤姆森非常体贴地来到我们的旅馆房间,告诉我他在哪里——在科尔伯恩酒店卡罗琳的房间里。比尔疯狂地爱着卡罗琳,尼尔在她的酒店房间里,这让比尔感觉像是在经历地狱的折磨。

"你得上去把他找出来。"比尔感觉到,不知怎的他不是尼尔的对手,要是尼尔继续待在那儿,比尔知道他会失去卡罗琳。所以他就利用我去把尼尔从卡罗琳的房间里拉出来。反正我也希望他不要在那里。不管我有没有学会接受他闯的这些祸,都不意味着我很乐意看到事情发展到这一步。尼尔从那以后变得非常非常谨慎。

所以那天早上,当卡罗琳在艾伦和尼尔离开前来到公寓,当她因看到尼尔和我躺在床上而脸色变得铁青时,我感到有一点儿震惊。是她把事情搞得一团糟。

当然,尼尔上蹿下跳的,想要跟她解释。他同时跟我们三个人好。艾伦、我和卡罗琳,我们三个人都在房间里,他想要同时安抚我们三个人。

艾伦希望他去得克萨斯。我当然希望他留在这儿。卡罗琳当时正要去旧金山。他的情感被同时拉往几个不同的方向,想要让我们所有人都满意。然后第二天,他最终跟着艾伦离开了,那是一个时代的结束。我也从中成长了。

杰克很快便找了个借口,离开丹佛复杂的局面,转移到了旧金山。他的老朋友亨利·克鲁和女友住在金门大桥对面马林城内临时搭建的村里。该城建于战时,当时,索萨利托附近的渔村是一家造船厂的所在地。到1947年,小城已经是前往日本参与重建的建筑工人集结待命的中心了。

第三章 路

那儿没有水手的工作，不过，克鲁帮杰克在建筑工人的营房找了份夜班警卫的活干。他穿着制服——感觉极不自在——拎着一把枪。要他摆出当权的架势，他感觉很不自在，就跟当初当海军新兵时向领导敬礼一样不自在。他没能控制好每个工人代表团在启航前一晚举办的疯狂派对，差点儿就因为这事被开除了。

如同杰克发现尼尔深陷于跟卡罗琳、艾伦和露安娜的情事一样，亨利·克鲁也不断地与他的女友争吵。克鲁时而守财如命，时而又奢侈地狂饮作乐，他热情地鼓动杰克把一部电影剧本卖给他女友的好莱坞表亲。克鲁和女友带着杰克帮忙写的剧本飞去了洛杉矶，但是两人除了在好莱坞参加了一轮派对以外，关于那个计划是一事未成。

尼尔和艾伦在得克萨斯巴勒斯的农场上共度几个星期后分开了。那个夏天，洪克也在那儿，场面很是难得，琼跟比尔的儿子出生在那儿。艾伦首次作为海员踏上了沿海贸易的旅途，他从休斯敦搭船去非洲，根据这段经历写下了《忧郁喀尔》。

随着10月临近，杰克感觉人到秋季归乡情切。他出发前往纽约，借道洛杉矶。虽然杰克后来以搭车族的守护神闻名，但他在旅途中经常会乘大巴和火车，他在《在路上》中坦率地讲过。他首次去洛杉矶的那趟旅行最后一程乘坐的是巴士，在巴士上，他遇见了一位名叫贝亚·佛朗哥的墨西哥裔美国女子，她的家人在加利福尼亚的中央谷地当外来农工。

杰克跟着她去了那儿，跟随着作物收割的路线，与她在一个帐篷里同住了两个星期。在加利福尼亚的塞尔玛，因为需要钱，他亲自摘棉花。凯鲁亚克与"那个墨西哥女孩"（他在《在路上》中这么描述她）说好等贝亚到纽约后要住在一起，可她永远没有去。

几天后，身无分文的杰克回到了欧松公园。他跟尼尔擦肩而过，尼尔之前跟巴勒斯回到了纽约，成功地说服了杰克的母亲，让他在杰克的房间里住了两三天。自从那晚卡罗琳发现尼尔和艾伦还有露安娜睡在一起后，尼尔便使用邮件对卡罗琳展开攻势。卡罗琳搬去了旧金山。

卡罗琳·卡萨迪：

他写信来，说他想过来跟我结婚。我想他在一封信中说，我一个星期给他写了十八封信。其实没有那么多啦。不过有一次他给我写了一封他那类著名的信……充满了歉意，柔情脉脉，同时又为他自己先前的行为感到惊吓……我也相信了那些话。我又一次相信了他。

他写信告诉我，他是多么地伤心，诸如此类。我搬去旧金山后，就有了固定地址，他一直写信来，几乎是天天都写。我真希望自己保存了那些信。它们是 20 世纪最著名的情书——任何世纪。

于是他爬上了灰狗大巴，他有一套非常壮观的唱片集，是纽约某个歌手给他的——两三个大纸箱里满满全是唱片。他穿着那套西装搭上了大巴，每次坐下都非常小心，他告诉我说他会把上衣往下拉，坐在身下，这样它就不会皱了。一路上穿过整个国家，他都没有把裤子或上衣弄皱。

尼尔下了大巴，我在工作的商店外面跟他碰头，然后我们就打车去我的公寓。

尼尔和卡罗琳没什么钱，由于鲁宾逊夫人反对他俩在一起，卡罗琳也无法向她母亲寻求帮助。尼尔申请了水手证，同时在干一些不甚满意的零活，比如挨家挨户兜售大百科全书和帮客户加油。他的丹佛

第三章 路

朋友阿尔·欣克尔搬去了湾区,一如他所承诺的,他很快便会帮尼尔在南太平洋铁路公司找一份培训生的工作。在铁路上工作,尼尔要一路远行至南加州的贝克斯菲尔德市,而断断续续发的微薄薪水几乎不够这对年轻夫妻度过婚后的头几个月。他们的第一个孩子快要降生了。

就在1947年的秋天,尼尔跟着卡罗琳到旧金山后不久,露安娜也跟着尼尔来了。刚开始,关于她的到来,卡罗琳一直被蒙在鼓里。自从他俩刚见面和做爱起,露安娜就知道,尼尔希望她能为他生个孩子,他怪她一直没能怀孕。现在,卡罗琳有孕在身,尼尔就说服露安娜跟他合作,解除他俩的婚姻。他们一起去丹佛,拿到了必要的证明文件。卡罗琳成了尼尔·卡萨迪夫人。

尼尔继续给杰克写长长的信,谈他的阅读和思考。不过在第二年也就是1948年春天写给艾伦的一封信中,他坦承自己对实现写作抱负的悲观想法:

> 我一连写了一个月——结果是什么呢?糟糕、可怕、愚蠢、蠢得不能再蠢的垃圾——一天天越来越糟了。别告诉我写作需要积年累月。要是我一个月持续努力都写不出来一个好句子——那么显然,我写不了,或者说我表达不了。

尼尔对自己的天赋所下的阴郁定论,出现在给艾伦的回信中,而艾伦在来信中描述了他看到《镇与城》完整的手稿后喜悦和惊讶的心情。杰克已经在构思《在路上》的开头了,并把它们拿给约翰·克莱伦·霍尔姆斯看,他写好了自己的第一部小说,现在只剩下怎么卖的问题了。然后他就又可以上路。杰克和尼尔通过信件,交换着去西部某个地方一起买一个牧场的想法。

在杰克的心中，应该把《镇与城》给哪个出版社出版是毫无疑问的。他把手稿送到斯克里布纳出版社，那儿的麦克斯韦尔·珀金斯极富耐心又才华横溢，他曾经帮托马斯·沃尔夫把巨型篇幅的手稿修改成可以出版的小说。斯克里布纳立刻拒绝了杰克的书。凯鲁亚克并没有灰心，但是，等手稿到达一圈朋友的手中，再经由他们送到哈考特，最终被罗伯特·吉鲁接受，还需要再过一年。

1948年8月，尼尔开始为卡罗琳马上要生的宝宝起名字——"艾伦·杰克·卡萨迪……但是，对我而言，他总是雅克、约茨科……生气的时候就叫他'约翰'"。如果是女孩的话，"就叫凯瑟琳·乔安妮·卡萨迪……凯茜·乔"。凯茜出生于9月7日。

到了10月，天气转冷，杰克就把对《在路上》的初次尝试搁在一边，以他跟艾伦和尼尔真诚交流的童年记忆为素材，开始构思一部"关于孩童和邪恶的小说"，并用他从尼尔的写作实验中学来的全新的印象主义风格来写。这就是《萨克斯博士》的萌芽。杰克之前尝试抓住旅途的精髓时，在风格上不那么自由，并且是用《镇与城》里那种正式的第三人称全能视角写的。《在路上》成功的那一版会以"我"这个字开头，由凯鲁亚克的化身萨尔·帕拉迪塞在台上担任记录人和事件解说人，尼尔和其他人是他在创作中——与读者——的关注焦点。杰克想把这本书写出来，但是在有更多可写的旅行之前，他写不了。1948年末，尼尔的到来为杰克再次踏上旅途带来了动力。

凯茜出生后，卡罗琳等着去好莱坞当服装设计师，尼尔则在等全员铁路法的投票，保证他在南太平洋铁路公司有一份稳定的工作。尼尔甚至还说服艾伦（艾伦在考虑要不要找为儿童节目写电视剧本的工作），他们三个人光靠卡罗琳的收入，就能很舒服地在一起生活，一年前提出的计划,也就是舒适的三角家庭,现在唾手可得了。不过两人的工作都没能到手,尼尔渴望坐到汽车的方向盘后面,再次上路。

那辆车是崭新的 1949 年款的哈德逊,是他以为工作和安稳的生活都近在咫尺时用他做铁路工作挣的钱买的。尼尔解释给卡罗琳听,他需要短暂放假,去东部待一周左右。卡罗琳气得跳脚,但是尼尔想去见见杰克和艾伦,他从不需要为旅行找一个好借口。

他想办法说服了阿尔·欣克尔和他的新婚妻子海伦陪他同去。海伦是个安静的姑娘,在严苛的宗教环境里长大。他们的第一站是丹佛,露安娜正在丹佛等一个男人,计划等他从海外回来后就与他结婚。

他们绘制了一个宏大的旅行往返计划。他们会在东部接上杰克,借道新奥尔良回加州。比尔和琼·巴勒斯夫妇在新奥尔良阿尔及尔的郊区安了家。到 1948 年 11 月,当尼尔、阿尔和海伦坐在栗银色的哈德逊汽车上驶离湾区时,杰克正在北卡罗来纳的落基山市,在他的姐姐宁和姐夫保罗家做客。加布丽埃勒也在那里。

一上路,海伦·欣克尔就发现自己没有准备好跟着尼尔全程无停歇地穿越整个国家。没有人听从她要停车吃饭、住汽车旅馆——甚至是在一家加油站用一下浴室——的请求。在亚利桑那州,她与车上其他人告别。她会独自前往新奥尔良,等她丈夫和其他人到巴勒斯家时再与他们会合。

露安娜·亨德森:

尼尔现在结婚了,有了孩子,我必须为自己找一种人生。我打算嫁的那个人去了海外。他要两个月或者三个月后才回来,所以我决定回丹佛等,直到他回来。在旧金山我真的没有熟人了。

我回到那儿大概三个星期,一天凌晨四点左右,我听到有人敲门,就问:"谁啊?"有个声音说:"你老公,快开门。"尼尔走了进来,他是去纽约的途中路过。他停下来接我一道去,他和阿尔·欣克尔。那是在1948年底,因为我们在北卡罗来纳与杰克一起过了圣诞节。

其实,我们到的那天正是圣诞节。我和尼尔都穿着加油站的白色工作服。那是杰克姐姐的家,当我们三个人走进去时,你甚至都无法想象人们有多震惊。我往那儿一站,丝一般的金色长发垂到腰间,仿佛是今天的嬉皮士剧团。在那个年代,你不会像那样四处走动。我并不想那样。我喜欢漂亮衣服,只是我没有。尼尔不准备把手提箱和衣服拖着到处走,当然,那就是海伦最后选择等阿尔·欣克尔的原因。她想夜里住在汽车旅馆里,能停下来吃点东西,诸如此类的荒谬事。尼尔说:"那太荒谬了。"在亚利桑那的某个地方,尼尔告诉阿尔:"我们得结束了。"

尼尔出现时就说:"我们在赶往纽约,快打包行李。"我说:"没问题。"我想再回纽约,因为我们会在旧金山结束旅程,到那时,我认识的那个男人应该从海外回来了。我清楚,尼尔会回到卡罗琳身边。他知道我要回来结婚,不过他不打算接受。他不肯相信。

我们刚到杰克姐姐在北卡罗来纳的家时,杰克真的安排得非常完美。他非常开心能见到尼尔,他丝毫没有表现出犹豫或是为难,或者想找个借口,因为我确定,他母亲肯定没给他好脸色看。我肯定她是那样干的。但是他一点儿都不在乎,至少当时是,因为欢迎阵仗全摆出来了。我们三个人都快要饿扁和冻僵了,很高兴能有个地方让我们取暖、填饱肚子,还有愿意见到我们的人。整趟旅途着实不易。

为了给尼尔挣些油钱,我们在路上搭载了一个老酒鬼,绕了两百英里的路。当他带着尼尔去外面什么地方取钱时,我和阿尔在他家里

第三章 路

四处找,想找些食物之类的,我找到一袋烂了一半的土豆。他家有一个电炉,还有一个黏糊糊、脏兮兮的旧煎锅。于是我就把煎锅和土豆拿出来,煎了一大堆土豆。家里也没有水可以洗,什么也没有。我先把锅子加热,尽量消消毒。不过尼尔回来时,我、尼尔和阿尔就吃上了。那是我记忆中最美味的一餐。对我们来说,那些该死的土豆吃起来就像是神灵们的琼浆玉液。

所以,我们一路上欠债无数,尼尔在每个加油站当然都会从车子上跳下来,加些油,然后把它拨回零。他知道怎么做,这真是帮了很大的忙。要靠我们永远也办不成。

有一次,我们开在一条冰冻的马路上时车子失控了,一头冲进了沟里,我不知道尼尔迫不得已走了多远。我和阿尔坐在车里抱着对方取暖。尼尔找到一家农舍,那个农民把马拉来,才把我们拖上去,接着我们继续赶路。

所以到杰克家时,我们真的需要一些关爱和关心,他给了我们这些。接着尼尔恢复了活力,我们前往长岛,然后杰克和尼尔开车回到北卡罗来纳拿家具。尼尔帮杰克的母亲搬家具时,我和阿尔就待在纽约。我不记得我们在杰克母亲的公寓里住了多久,不过她很和善。在那之前,我从尼尔那里听来了许多有关她的事,我害怕得要死,不敢去那儿住。

在我看来,杰克和尼尔比他们的实际年龄要小得多,像是两个孩子,可能十一二岁的样子,刚刚结识自己的哥们儿,勾肩搭背的那种。他们会聊天,会一起玩,跟性没有关系。他们非常亲密,非常温暖,一起发现事物,或者发现原来他们喜欢同样的东西,发现他们有着同样的想法。

杰克非常钦佩尼尔和尼尔俘获女人的本事,他与她们聊天时是如此随意,因为对于杰克来说这不容易。

杰克长得很清秀,是美男子,你会想,女人对他而言根本不成问题,确实不成问题——在吸引女人方面。不过杰克没有尼尔那种随意——接受眼下的情况,随遇而安。我想这是杰克佩服尼尔的地方,还有他无穷的精力。

我认为,杰克也有很多尼尔想拥有但没有的东西:橄榄球明星——他觉得杰克的运动才能很棒——还有耐力,坐下来写作的能力。尼尔没有自律能力。

我想在很多方面,他们都很嫉妒对方,不过不是那种会影响他俩关系的嫉妒。只是对方身上有一些东西他们也想拥有。一个没有的,另一个可以给。我们在纽约期间,他们真的几乎比亲兄弟还要亲。

在1948年12月以前,杰克的朋友约翰·克莱伦·霍尔姆斯只是听说过尼尔这个人,从来没有见过他。霍尔姆斯的第一任妻子习惯了(即使心有不悦)杰克频繁地来霍尔姆斯的西区公寓做客。对杰克而言,拜访他们使他有机会逃离母亲的身边,参加一轮轮派对。为了让霍尔姆斯有时间写作他的第一部小说,他妻子在做一份文书的工作,就如同杰克依靠他母亲从鞋厂挣的薪水(还有因静脉炎得来的伤残抚恤金)来完成《镇与城》。现在,已经以小说家的眼光认识且观察过艾伦、巴勒斯、洪克和其他人的霍尔姆斯,遇见了他们所有人中最令人难忘的人物——尼尔。

约翰·克莱伦·霍尔姆斯:

有一天,尼尔跟阿尔·欣克尔和露安娜突然来到城里。她是个很

第三章 路

可爱的姑娘。不管怎么说,他们来了,当时正好快到1948年圣诞节了。我听说过尼尔这个人。当时,对杰克来说,尼尔还没有变成后来那种神话般的人物。因为尼尔,杰克非常兴奋——因为他的活力,因为他的行动能力等。尼尔和那帮人在那个新年前后待了大约两周的时间。

尼尔和露安娜在我家住了两三晚。其余时候我就不知道他们住哪里了。我猜是在艾伦那儿吧。当然,我的老天,我觉得我对尼尔的反应肯定跟杰克一开始是一样的。尼尔很疯狂。尼尔想让时间静止——那就是为什么永远在放音乐。我们大部分人不知所措的情况,换作尼尔会轻松搞定,尼尔很有魅力。

虽然有点常识的人立刻就能辨别出来,尼尔是个骗子,但他不是一个心狠手辣的骗子。他不只是跟你借些钱,他需要一些钱才能继续下去,你要是愿意可以跟他一起。

我从来不觉得尼尔在骗我的钱。这么多年,我肯定给了他有二十五美元,虽然只是杯水车薪,但他给我的回报总是比那多——以善良的情感,以活力和新发现作为回报。

每回尼尔来城里,大家都会出动。人们的妻子和女朋友把尼尔当成敌人来对待,多半因为她们的男人总是被他深深吸引。我不是指同性恋爱的意思,而是说他们被他身上那股活力、那股劲儿和他的单纯所吸引。我是说:"我们去哈莱姆,看看发生了什么事!"

尼尔会让——我觉得他并不想这样——某些人感觉他不可靠。我总是担心自己没有得体地回应他。尼尔从来不会看不起你。尼尔从来不说:"哦,拜托,老兄,你是个老古板。"他从来不说那样的话,因为他总是在望向下一个时刻,如何行动,如何动起来。所以即使你做了很蠢的事,尼尔也从来不嘲笑你。他这人身上就没有嘲笑别人的气质,至少那时候没有。

但是,这一切对我而言显然都是前所未见的。我是说,我无数次看到这个偷过五百辆车——或者说不管偷过多少车——的人在短短两分钟内就把女人勾引到手。一走进去——砰!掉到了他的床上。在这方面他真是个奇人。

他会锁定目标,然后全力出击。我相信,尼尔是传统意义上和最严格意义上的精神病患者。也就是说,任何发生在他身上的事,他全会表现出来。他长得不丑,也不是一个暴力的人,不过当他看到一个姑娘,他就会不吝赞美之词,夸得人家心都融化了。我想肯定有女孩子不吃这一套。我并不是说每一个姑娘都会被尼尔追到,不过尼尔的情债多得惊人。我们许多人试过用那样的技巧,但是用技巧跟真正感受到是不一样的,他是真正感受到的。在那方面他是坚持不懈的。我说这话并不是指他会一直不停地求爱,而是说他肯定也会有一点儿内疚,所以他才不停地想要弥补什么。

当他把注意力放在你身上时,他会倾尽一切,甚至连你没有想到的事都想到了。

杰克自己学会了这一套,专注于一个人物,然后再延展到很多事情上。"垮掉的一代"也就是同样一码事。里面有多少个于连,《红与黑》里的那位?人们紧紧抓住某个似乎集中体现了一些特征的具体化身,而那些特征他们自己是无法表现出来的。迪安·莫里亚蒂为何会成为他成为的那种形象或是隐喻呢?理由是人们的感觉正是如此。杰克专注于此的原因就是他的独特之处,不过天才的独特之处就是本能地——靠的不是理性认知——决定下一步要怎么走。

我敢肯定,因为这事,尼尔总是觉得有点儿尴尬。

他每天的行程安排惊人地复杂:"我两点钟得去跟谁谁打炮,然后

第三章 路

我还得赶紧去做另一件事。"他精力很充沛,但是他从来不爽约。我记得借给他五美元,我说:"听着,星期四下午五点钟你得把钱还给我,因为没这钱我们吃不了饭。"老天,他真的把钱送还给了我。

杰克被尼尔吸引,我并不感到生气。我不觉得我和杰克在另一个方向上的友谊干涸了。我经常觉得杰克把尼尔想得太浪漫化了。我们有时候甚至会聊起这样的事。杰克无法清楚地表达——起码在聊天时不能——他为什么如此迷恋尼尔。

我觉得杰克和尼尔之间并没有性关系。我觉得杰克对尼尔的迷恋不是性爱层面的。我觉得尼尔也让杰克感觉不真实。那就是他的魅力。大多数人从来不会让杰克觉得不真实,大多数人从来不会让杰克觉得自己古板。尼尔没想让他觉得自己古板,但尼尔是活在真实世界里的。也就是说,当尼尔偷一辆车时,杰克吓坏了。尼尔设局骗人时,杰克吓坏了。杰克是来自新英格兰工业小镇的中产阶级男孩,非常中规中矩。他相信生活能够以某种方式开个口子。他想要开个口子,但是他自己没有胆量这么做。他自己没有能耐做。

尼尔极度着迷于那些一整天坐在昏暗的房间里、咬着指甲写作的人。

杰克的生活方式比我的更传统。我结婚了,住在城里,我了解各种各样不同的世界。杰克基本与他的母亲住在一套中下阶层的房子里,心里像普通人一样蠢蠢欲动。他一直想娶个老婆,一直想找个姑娘。他一直想要过另一种生活。

尼尔其实是跟大家表明——他的生活方式表明:"很简单。忘了吧,放下吧。"尼尔就像一位禅宗大师,用一根竹棒敲你的头,说:"那就叫开悟。"砰!

杰克一开始就没有主心骨。随着他的父亲离世,他家搬离洛厄尔，他的主心骨就开始解体了，他在找某种新的主心骨。

尼尔似乎为他带来了，不说是主心骨吧，可以说是逃离的路线。

我跟尼尔单独相处的时间没多久。只有两三个夜晚，他和露安娜住在我公寓的那几个夜晚。她上床睡觉了，我和尼尔还没睡，我们聊了很久。我当时——老天爷，我当时很年轻。他和我差不多年纪。我猜他还要比我小一些。

我简直是大开眼界。他很坦白，没有给任何人下套。他没有让我觉得我就是自己本来那副样子——那种患有偏头痛的知识分子。他跟我推心置腹，我也接受了，因为我挺乐意听的，很感兴趣。

露安娜·亨德森：

随着日子一天天过去，离回旧金山的日子越来越近了，尼尔心里不好受。他和我还有艾伦的关系又恶化了。一开始当然在山巅，现在正慢慢滑下来，因为我意识到，我们再次分离的时间越来越近了。艾伦也意识到尼尔回家的日子越来越近了。

艾伦在报社工作，我们跟他住在一起，我们轮流睡觉。艾伦家只有一张小的折叠床和一张沙发，阿尔·欣克尔睡在沙发上。我和尼尔夜里睡在床上，然后艾伦会在早上六七点钟回来，他通常会爬到床上跟我们俩睡在一起。那只是一张很小的床，只有普通床的四分之三那么大。

我计划先去旧金山再回纽约，搬去跟艾伦住，因为我俩都——尤其在过去的一个星期里——身心俱疲，因为某件事又要结束了。所以我们离开前不久，艾伦崩溃了。

我、尼尔、杰克和阿尔要去比尔·巴勒斯在新奥尔良的家。

开到弗吉尼亚时，我们被一个警察拦了下来，要是我们下车，就会被罚款。所有的大麻都藏在我的裤脚管里,我吓死了。他们立刻问我们是谁。我说,我叫露安娜·卡萨迪,他是尼尔·卡萨迪——尼尔极其紧张,说话吞吞吐吐的。"我正要回我妻子那里,这位是我的前妻……"警察的耳朵自然是竖了起来。"如果你是回去找你妻子的话,那你跟她在一起做什么?"尼尔想说:"这不重要。只是告诉你,我正在回……"不过对警察来说,这个很重要。"我想知道你们在一起做什么。"他觉得我不满十八岁。

开车的是阿尔,他违反了某条交通规则,为此尼尔准备杀了可怜的阿尔。尼尔只是因为我们被拦下而大为愤怒。当然,我的双脚在发抖,因为我听说过太多关于南方小镇的事。此刻我的裤管里还兜着那么多大麻,完全不知道要处置掉它们的话应该怎么做。不过好在事情没有发展到那一步。

对阿尔·欣克尔的新婚妻子海伦来说,自旧金山往东的这趟旅行是蜜月之旅,只不过中途因为有尼尔加入,她觉得不自在而中断了。她独自去了路易斯安那,在那儿等阿尔与杰克、尼尔和露安娜旅行折回西部时跟她团聚。

海伦在一个家教严格的——连电影和口红都是禁物——家庭中长大。她是个天真的姑娘,与比尔和琼·巴勒斯在一起时,她的天真就会消散,好在她足够机灵,即使如此也能保持平静。在巴勒斯夫妇位于阿尔及尔那栋租来的格局不规则的房子里,他们热情款待她。阿尔及尔距离新奥尔良只有几分钟车程,城里的街面崎岖不平,草木茂盛,看上去就像一座南方小镇,构成了巴勒斯家的一个怪异的底框。等到杰克、尼尔、露安娜和阿尔到达路易斯安那,海伦已经习惯了家里那种古怪的生活场景,不过看到丈夫如此拖拖拉拉,她又怒从中来。

这不是阿尔最后一次以这种方式独自离开,她也不是那个圈子里最后一位这样被抛弃的女人——虽然阿尔的离开只是暂时的。

海伦·欣克尔:

我当时住在——这让阿尔感到不安——巴勒斯的家中,在新奥尔良的阿尔及尔。那是我头一回看到杰克。

他从巴勒斯家的后门走进来,有点儿战战兢兢的,他走进来时说:"瞧瞧会有些什么事儿。"我之前多次打电话到杰克母亲的家里,想跟阿尔通电话。当然,尼尔是跟一个女人一起到的,他给我介绍说是他妻子。呃,可是我之前在旧金山见过他的妻子啊。事情就这么发生了,然后杰克走了进来,穿着一条黑色的全棉裤子和一件白衬衫。

我和阿尔立刻去卧室说理。阿尔没有跟我争论,主要是我跟他争论。杰克赶紧忙着填补空缺。真是奇怪的场景。巴勒斯勃然大怒,我认识巴勒斯有一整个月了。所以当这些人走进来时,大家都觉得有点儿尴尬。

然后杰克开始做最疯狂的事了。他说要做橘子黄油薄卷饼,他知道怎么做。没有人回应,所以他得说些什么。他说:"你们有面粉和鸡蛋吗?"我和阿尔就是那时候离开去争论的。

露安娜走了进来,坐在房间里其中一张枝条做成的长椅上,说:"你们不上床吗?我还想看看呢。"啊啊啊。

我直到二十一岁才第一次去看电影。我这么天真,完全不知道现在是什么情况。虽然她这行为很古怪,但是我没有怀疑的理由。琼整夜用耙子把蜥蜴从树上耙下来,这很古怪。给十三只猫洗澡,然后用绳子把它们拴起来也相当古怪。不过当时,我已经认识尼尔·卡萨迪了,那也相当古怪。

听说尼尔要来,巴勒斯气疯了,因为他知道尼尔是个骗子,会骗走他的某些东西。我期待着尼尔走进来时,他会把他赶出去,或者他们会互殴。可是当尼尔来时,巴勒斯对他非常友好和礼貌。但我觉得杰克期待有烟花迎接他。什么事也没有发生。

我觉得尼尔就是魔鬼的化身。我以前从来没见过任何人抽大麻。不过他是出席我们婚礼的三四个嘉宾中的一个。在去见卡罗琳的路上,我可以看出来他有一点儿问题,因为他手舞足蹈、上蹿下跳的,广播在发出很响的声音,我当时跟阿尔说:"他是不是在抽大——"

所以这么长时间我一直在跟巴勒斯讲,尼尔是多么可怕的一个人。他抽大麻。而巴勒斯说:"呃——呃,大麻……"他给我看关于大麻的《拉瓜迪亚报告》,他说:"你绝不想沾的是海洛因,那才是真正的罪恶。"其实,据尼尔或杰克所说,当时他显然在得克萨斯种植了二十英亩的大麻。

我们认识巴勒斯时,他三十五岁,看着却像九十五岁,并且他说起话来就像个老头儿。我之前在一家中餐馆见过他,那是新奥尔良的一处像地牢的地方,我跟他说我的困境,他挺好心地邀请我住到他家去,因为我在哪里都预订不到房间。当时是"砂糖碗"橄榄球赛周。在比赛开始前的几天,我不得不搬出当时所住的旅馆,幸好有人帮我在隔了几户远的妓院弄到了一个房间。

我所知道的,除了我家在旧金山的地址,就只剩巴勒斯的地址和电话号码了。我告诉了他我的困境,他则向我说了一大段关于组装房屋的事情。当时正在放映《白衣男子》[1],他说到了尼龙软管,比尔因为

---

[1] 亚历克·吉尼斯出演的一部有关合成纤维研究的喜剧电影。——原注

尼龙软管气得发抖。不过他很好心地邀请我过去,他说:"我们确实有空房间,请来住吧。"很疯狂的是,这些人想把鸡棚改建成公寓让我和阿尔住。我是说,出于某个疯狂的理由,他们喜欢我们去住。为了不给他们添麻烦,我是怎么度日子的呢?我会早上起来后出门,然后晚上再回来。

因为巴勒斯喜欢杰克,杰克要来他真的很高兴,很高兴能见到他。不存在什么嫉妒心。巴勒斯不觉得他得防着杰克。不过他对尼尔很愤怒,但他什么也没有说。"要是那个叫尼尔·卡萨迪的人来,我会立马告诉你……"通常他不会针对某个人的。通常他会就事论事,不会论人——就论事。不过,我想他以为尼尔要骗走他什么东西呢。

阿尔·欣克尔:

我记得我跟巴勒斯聊过韦斯特布鲁克·佩格勒。我们聊的不是佩格勒说了什么——因为巴勒斯觉得他说的全是废话——而是他说某句话的方式。他很钦佩他的优美措辞和运用英语的能力,他觉得他是美国最优秀的报纸记者。

海伦·欣克尔:

白天我就出门。到处看看,然后我每天通常会给琼捎一支安非他命吸入剂。有一次,有人给了我一打,我说:"呃,不用,一支就够了。"我问过琼了。"噢,"药剂师说,"我可以卖一打给你,因为我知道你是不会也不可能滥用的。"我说:"滥用?"我回到琼的家,我说:"我今天本来可以给你带十二支的。"她说:"老天!我真希望你买下来了!"我说:

"呃,没有。"我还说:"顺便提一句,那些管子上说它们能用六个月。我不清楚你在干吗。"然后她就演示给我看她在干吗。

她会把瓶盖取下来,拿出小棉球,一口把棉球吞下去。

孩子们用她的瑞维尔陶锅拉屎,而晚上我们就用这些锅子煮饭。她每天都拖地,擦洗孩子们的房间,仿佛那是医院的病房,因为她不得不这么做。但是这些孩子不洗澡。你帮那个小姑娘洗个澡,就会发现她很久很久没有洗了。那个小姑娘——她总是咬自己的手臂,手臂上有很大很可怕的疤。比尔管那个男孩叫"小野兽"。

琼走起路来一瘸一拐的。她话很少,看起来像是过度劳累的、阴郁的家庭主妇。她的直发束在后面,几缕没束进去的就挂在边上。她从来不穿胸罩。她像是不大喜欢装饰和束缚。我觉得她从来不曾穿鞋子或袜子。她看起来相当孩子气。

那时就好像去了另一个世界,阿尔及尔是另一个世界,我想,巴勒斯被他的邻居吓坏了,他们也被他吓坏了。

当然,琼从来不睡觉。因为夜里的一部分时间,孩子们要睡觉,比尔要睡觉,她得做些事。门廊外面有一棵光秃秃的树。房子是L形,周围都是门廊,还有那棵可怕的死树。树上面爬满了蜥蜴,她晚上常常用耙子把蜥蜴从树上耙下来。我想她并没有杀死它们。当然,它们还会再爬上去,那儿是它们的家。她等于是在凌晨四点钟的月光下找点事做做。

我们走后,巴勒斯做了一张能用上一千年的桌子,上面全都是蛀洞。

他们吃得非常讲究。我的意思是他们吃得很多,饮食搭配很均衡,很关心吃哪种肉和哪种蔬菜。我觉得巴勒斯用大麻当开胃菜,这样一来他就有吃的理由了。

他随身带着枪套，常常用一把气枪射击那些个安非他命的瓶盖。

阿尔·欣克尔：

他会拿走那些安非他命的塑料盖，把它们放好，然后用枪对着射击。

海伦·欣克尔：

你穿过他的房间时总是得先敲敲门，去厕所最近的路是直接从他的房间穿过去。不然的话，你就得走到外面的走廊上，然后穿过厨房。你经常会听到他在射击。他会把她的安非他命瓶盖排列好，然后坐在沙发上。砰！砰！砰！

他有一个肩带枪套和一把随身携带的小手枪。杰克到那儿的第一天，他和比尔去前院，他们每个人都捆绑好枪，玩拔枪快射。

阿尔·欣克尔：

杰克有一把小孩玩的玩具手枪。

露安娜·亨德森：

那时候，我真的没有什么机会跟巴勒斯互相了解。我觉得连尼尔和杰克都没有太多的机会。跟尼尔比，杰克与巴勒斯聊天的时间更多，他当时似是需要巴勒斯。巴勒斯欢迎我们到来，这对杰克而言真的很重要。我们聊天或做其他事时，巴勒斯会尽地主之谊，像个师长一样。他总是找得到机会把巴勒斯拉到一旁跟他聊。

出于某些原因,尼尔像是在回避巴勒斯。我觉得那会儿比尔对尼尔有一些不悦。我当时并不知道原因——整件事到底是什么原因——但是我有个确切的印象,那就是巴勒斯并不怎么乐意见到尼尔。这就类似于把我置于一个尴尬的处境里。

琼吸脱氧麻黄碱真的吸上了瘾——那种吸入剂的刺激体验。我们把阿尔及尔翻了个遍,然后不得不去新奥尔良找,去城里每一家药房找,因为我觉得那会儿——我没有确切证据——她每天大概要吸八支。

我从来没见过她睡觉。不管我几点起床、回家,或做别的事,琼总是不在睡觉,要么拿着扫帚或耙子,把蜥蜴从树上弄下来,要么在厨房洗墙,一直不停地擦啊擦。

有几个晚上,我们大家坐在巴勒斯的脚边,他坐在他的摇椅里。我觉得我们在那儿的那段时间,我从来没见过比尔从那张摇椅里站起来,除了跟杰克在外面的那几次。听比尔说话非常有趣。

他把大部分谈话都引向杰克而不是尼尔或我的身上,聊在纽约发生的事,还有杰克的写作。我想尼尔对此深有感受,他就开始用他的一些滑稽反常的行为刺激或激怒比尔,尼尔跟某个人在一起,感觉自己没受到足够多的关注时常会这么做。那会让他变得更偏激,然后他会做一些正常情况下不会做的事。

我们离开阿尔及尔前往加利福尼亚,要穿过牛轭湖。半夜里,我们开在一条阴森森的小路上,所有的柳树都垂荡下来,杰克开始讲大卫·卡默勒去世的故事,我们就如在听《幽灵》的某个版本一样。真的很怪异。他说得我不停地打寒战,而且他故意用那种声音讲。之前我们一直在听广播,所以那时候,我们把所有的鬼故事都搬出来了,像是

《幽灵》和其他一些旧时的广播节目。那就是杰克讲故事的方式。他用非常低沉和神秘的声音讲，描绘出河流的整个样貌，黝黑的街道。他真的讲到了很生动的细节，我感觉身临其境，打起了寒战。当然，杰克和尼尔在咯咯咯地笑，就好像在讲鬼故事似的。

然后，在穿越得克萨斯时，我们大家就把衣服脱下来。杰克在《在路上》中讲到了这个，说我用冷霜弄脏了衣服，诸如此类，这完全不是事实。我们确实把衣服脱了，因为天热得厉害。我是说，我们快要热死了。我们没有冷霜。我倒蛮希望有一些的，随便什么霜。

但是记忆最深刻的那些内容，杰克没怎么描述。我们停在某个废墟，大家下车后，一看方圆几英里内什么也没有。你能看见车子以一百英里的速度从路上开过去，我们都裸着身子，在废墟里跳跃撒欢，接着我们看见一辆车开了过来，大家一开始没在意，直到车子离我们只有几百英尺远。我和杰克赶忙冲过马路躲进了车里。尼尔在这些个混凝土的平台上摆出那种壮观的姿势。你能看见车子慢慢减速，那对年迈的夫妻从我们身边开了过去。你能看见那位坐在副驾驶位上的老妇人指着他，我和杰克在讨论她到底说了些什么。"是不是很让人惊讶啊？"因为尼尔的身材确实很好。"那座雕塑是不是很壮观啊？这么多年过去了，周围一片萧条，它却依然这么挺拔。"没有一处地方走样。他肯定在那团烈日下站了好长时间，因为他们慢慢减速直到滑行前进。当然，我和杰克在车里越躲越低。现在我每次回想起来，都觉得当时真的很幸运，我们谁也没有被逮捕。

那趟旅行结束得很仓促、很冷漠。

尼尔把我和杰克放在旧金山的路边。尼尔径直开走了，只剩我俩相依为命，我和杰克身无分文，除了一个邋里邋遢的手提箱以外什么也没有。我们站在那儿看着彼此，心里想："现在我们去哪里呢？"

第三章　路

那趟旅途真的很开心，但是当然，没有人在想明天要怎么过。

我们到达旧金山时，身上什么钱也没有。我想到那时，杰克身上有的，也都已经给尼尔加油和买食物什么的了。他有可能给了巴勒斯一些钱用作食物上的开销。

我们在纽约时——当时离我们要动身的时间不远了——尼尔一度觉得有点儿惊慌，被我发现了。我并不清楚当时杰克有没有这样的感觉。我知道他即使有，也不会跟我说的。不过尼尔像是特意要撮合我和杰克在一起，这样一来，在我这件事上，他会觉得轻松一些。这样就能解决问题。

事情就这么发展下去，因为当时我觉得自己被杰克吸引住了，我感觉他对我也有同样的情感。尼尔真的没有必要撮合我俩，不过阿尔说，要是尼尔知道了这件事，他肯定会非常不开心的。后来，他发现我确实喜欢杰克，发现这并不只是他自己的想法，杰克和我也是如此想的。那让他非常难受，他想扭转局面，可不是那么简单的事了。

但是，等我和杰克抵达旧金山，我俩没有钱买吃的，我就去另一家旅馆，那儿与我和杰克待的那家旅馆只有一个街区的距离。有一个以前跟我一起住的女孩在那里，我们以前学会了把熨斗倒过来煮饭。你把它放在一个废纸篓上，把熨斗倒过来放。他们不允许房客用轻便电炉之类的东西，经理闻到咖啡或食物的味道经常会发疯。

她有一个秘诀，我们常用来做饭吃，那就是把面烧开，然后开一罐奶油鸡汤倒入面中搅拌开。味道好极了。

我还有另一个问题——你要是记得的话——那就是我离开前就说好要回来结婚。再过两个星期，他就要回旧金山了。我当时真的不知道该怎么办。不仅因为杰克要孤零零一个人，而且关键是我知道杰克会去找尼尔，我到底怎么想的，关于这一点我当时非常困惑。

我跟杰克产生了感情，我非常喜欢他。对当时的我来说，三个月就像是三年，从我未婚夫离开算起，三个月里发生了太多的事，我真的不知道我对他还有没有感觉。我甚至连他长什么样子都记不起来了，不过我知道他的信还在寄来，他依然期待我给他回信。我至少有义务给他解释一下发生的事。他不知道我去过纽约。

我去了离我和杰克所住的旅馆一个半街区之遥的旅馆，那个女孩在那里。她是个卖淫的，是我刚来旧金山时认识的一个非常年轻的小姑娘。我在那个用熨斗煮饭的女孩家楼下的酒吧里遇见了她，她当时跟一个男人住在一起，那个男人在特克街上有一家酒吧。我告诉她我刚回来，我一点儿钱也没有，想找一份酒吧的工作——我没有告诉她我还未达到法定年龄。她也没有到法定年龄，不过她跟老板住在一起，所以我想她可能有办法说服他。于是她让我跟他们俩还有酒吧招待一起去吃饭。我意识到他们在给我设圈套，但是我不在乎。她还说她会给我一些钱，她确实给我了。反正我就跟他们出去吃饭了。我没有找到工作。我完全不懂什么拉皮条之类的事，我想她是我的朋友，跟我一起工作，不过事实完全不是这样。她跟他们是一伙的，在利用我。后来这事就没成。

我出发去丹佛前，杰克打电话给尼尔。尼尔告诉他会来接他，事情就这么清楚地说定了。那天，我跟杰克整晚都在聊我和他，我们都同意，对于我要嫁的那个男人，我得做些什么——不管怎么样都要做些什么。然后我会跟杰克联系，再从长计议。

结果却是我嫁人了，我没有再见杰克或尼尔。

我见过杰克和其他女人谈恋爱，但我自然不知道他跟她们在一起时是不是和跟我在一起时一样。跟我一起时，杰克就变为小男孩。他需要呵护。他极其可爱、帅气，但我觉得杰克需要被人照顾。

第三章 路

但是在当时,我也需要有人照顾。我需要有人——并不一定是在经济上照料我,只是我在情感上还不够坚强。至少在我看来还不够。我没有安全感。因为我们后来没有在一起,所以我不知道情况有没有改变。不过我感觉杰克依赖我比我依赖他更多。那是一段可怕的日子,我是两个人中间要做所有决定和采取所有行动的那个人,我不确定我会不会做出正确的决策。我需要有人帮我。

随着我年龄的增长——这么多年来看着杰克——我想最令人难过的事就是杰克无法从和他母亲之间的那段纠葛、与他母亲的关系中走出来,他无法跟一个女人建立起一段良好的稳定的关系。他从来也没能从中走出来。

尼尔非常妒忌杰克,我认为杰克没有充分地意识到这点。我试图告诉他。我真心以为这会帮杰克认识到,同样身为男人,原来尼尔非常妒忌他,因为杰克总表现得好像周围的女人只会把他看成备胎,只有尼尔不要她们了,她们才会去找他。我想告诉他,根本不是那样的,但是我觉得他永远也没能真正意识到这一点。他觉得我这么说只是为了让他好过一点,我当然是想让他开心,但理由不像他想的那样。

我觉得尼尔试图向自己证明,即使他把他的女人都赶走,最后他也会赢的。对于女人和跟自己相关的所有其他事,他心里都抱有疑虑,但是因为其他人不那么想,所以他就得不辜负他们的信任。杰克不想尼尔那样担心他。杰克会说:"为什么担心我和那个女人?你知道你随时都可以要回她。"但是尼尔没有那么确信。

尼尔和大多数喜欢他的人都是这种相处模式。他们发现他经常弃他们而去。我觉得,尼尔感到有人那么依赖他时会很有压力,尼尔也会惊慌失措。我想我们大家都倾向于以为尼尔非常坚强、非常可靠,什么事他都会接受。当有人非常依赖他时,他就会慌张——倒不一定表现出惊慌——会突然从他们的眼前消失。那样一来,他就不用面对别人对他的任何期待了。

卡罗琳·卡萨迪:

他们从第一趟去纽约的旅途——一共六个星期——中回来了。我在自由街,杰克和露安娜在旅馆里。尼尔和杰克来了,我就问:"露安娜怎么样了?"

尼尔说:"哪一个露安娜?"

我说:"她在哪里?"

"我不知道她在哪里。我怎么会知道她在哪里呢?"

这一次——这一次——我当然知道他在撒谎,于是我就说:"拉倒吧。"

不知怎的,尼尔说服了我,说他没有地方可以去。他们两人都住在那儿,尼尔找了一份卖锅碗瓢盆的工作。当然,那份工作仅仅做了一个星期。就是在那时,杰克对露安娜失望了,搭大巴回了纽约。

杰克气愤极了。他说她一直在欺骗他,他站在那里,看见她跟着一个胖男人上了一辆很大的车,她只是跟他玩玩而已。当然,他这人有点偏执,所以他只是在用最偏执的理由解释。他感觉受了伤,非常生气。她说她那么做是为了给他挣钱,买吃的,但是他不相信。

于是他带着十五个三明治坐大巴走了。

尼尔依然告诉我,他不知道露安娜在哪里,接着有人敲门,露安娜来了。当然,这样的事一直在我身边发生。反反复复,没有尽头。他会说服我相信,他跟她已经玩完了,接着她又来了。这样的事持续了十年。

第三章 路

反正我对她也没有敌意。她第一次出现在旧金山时,那是前一年的事,她用尽心思打扮了一番……之前我在丹佛见到她时,她是一个扎着马尾的奇怪的小姑娘,现在却摇身变作妙龄女郎,围着毛领,留着金色的闪闪发亮的头发。她还只有十七岁,不过有人给她买了所有这些东西,带她来到这里。

很明显,她是来折磨尼尔的,我举双手为她加油,因为我觉得他对她而言就是个渣男。我心想:"乖乖,他真是活该。"那是条妙计。他真的嫉妒得要死,在那之后,他试图自杀,不过当时我并不知道。他说服我相信,他并没有被她的作秀所骗。

那是前一年发生的事,但是接着,他们去纽约旅游后,她出现在自由街,我再一次意识到,他俩还没有结束。我记得我盯着为杰克和尼尔做的乳酪吐司看,我把吐司从烤箱里拿出来,在厨房里捧着哭。

尼尔和露安娜聊了一会儿,当时我就待在厨房。然后当然,她走时我就说:"你可以跟她一起去。不过是又一套谎话,所以你就去吧。走,走。"于是他就走了,第二天回来时,他拇指折断了。我用哈德逊汽车载他去医院。他向我借了一个五美分的硬币,打电话给露安娜,让她把他所有的衣服放在路边,因为他跟她是绝对玩完了。他是那么跟我说的。事情的真相是,他打电话给她,哭诉他的拇指受伤了,她非常心疼,立刻冲来安慰他。我坐在哈德逊汽车里,看见露安娜坐着出租车来了。接着我和露安娜一起回我的住处。

当然,关于这辆车现在是谁的,她觉得很尴尬,因为我之前从来没有坐过这辆车。我就问:"你想开吗?"我觉得我跟尼尔是彻底结束了。这就是我俩的结局——又一次结束了。

我和露安娜放下心中的包袱,她喜欢抱怨尼尔对她的所作所为,他是多么糟糕之类的。接着医院打来电话,说他可以回家了,她也没有停下来,而是继续聊、继续说:"让他等着。"所以我得不停地说:"你不觉得我们应该去接他了吗?"她就说:"啊……"于是最后,我们就去接他,他正坐在路边呕吐。我们让他坐进车里,带他到我家,他睡着了,我俩就帮他盖被子,轻轻安抚他。

然后她起身说:"呃,我得走了。"

我说:"好,把他带走吧。"

"我不要,你留着吧。"

"不,你带走吧。"

"不,你留着吧。"

他躺在那儿,丝毫不在乎。

然后她就说,她不能带他回去,因为她的未婚夫快要回来了。他是商船上的水手,他会去那家旅馆的,尼尔当然不能在那里。

然后我就说:"那我要怎么办?"我得任由他留在这里,他反正也不肯搬走的。

等到尼尔的身体恢复了一些后,我也不能叫他滚蛋。我得让他跟我住在一起,照顾宝宝,这样我能去工作,因为他没法工作。于是他就剃了个光头照顾凯茜。我有一天下班回家,朝上面的窗户一望,看见这个奇怪的光秃秃的头颅。我上班时露安娜会过来,不过当时我并不知情。然后等我找到一份好工作后,我们就搬去罗素街住。

尼尔的手还打着石膏,手感染后,他们得把他的大拇指根部截去。他打露安娜的头时弄断了拇指。我说的第一句话是:"我的老天,露安娜没事吧?"他说:"她没事!臭娘们的脑瓜真硬。"尼尔从来不跟男人打架,不过他会打女人,虽然除了他以外没人受伤。他倒不至于打我。

尼尔不工作时总是很无聊,很有挫败感。当然,杰克来时,他就要和杰克玩。那总是我的窘境,也是我一开始并不欢迎杰克的理由——

我知道那意味着我又会被抛弃了。不过,要是尼尔能开心,我会说去吧,让他来玩。那就是为什么杰克第二次又回来了;尼尔恳请他来,杰克想远离不断跟他要钱的第二任太太。

杰克离开露安娜和旧金山,回到了他母亲的身边(她寄来了路费),那是在1949年1月,之后不久,吉鲁接受了《镇与城》,书将由哈考特出版。预付金是一千美元,这对于杰克和"妈妈"来说着实是一笔可观的财富。杰克考虑着要不要用一部分钱在那个夏天去巴黎找埃德·怀特和丹佛的其他朋友,不过还是决定自己搬去丹佛住。离开前,他给加布丽埃勒买了一台摩托罗拉的电视机,解释说他会在那儿找一个房子,然后来接她。既然他即将成为成功的小说家,她就可以辞去鞋厂的工作,靠杰克养,他曾经这么答应过利奥。

杰克和罗伯特·吉鲁成了交心的朋友,两人不仅一起修改小说,杰克还领着他的编辑上路去了丹佛,吉鲁在那儿短暂地待了一段时间才回纽约。

加布丽埃勒来西部看杰克为她准备的房子,不过她不喜欢人烟稀少的郊区,在科罗拉多短暂停留了一会儿后,便去了北卡罗来纳,去照顾从一场艰难的剖腹产手术中恢复过来的宁。杰克要赡养母亲的想法,跟他想生活在西部——"尼尔的西部"的想法混杂在一起,但是加布丽埃勒对她在纽约的小公寓很满足,何况那儿离她在北卡罗来纳的女儿相对更近。

杰克在丹佛孤单地度过了那年夏天——至少身边没有老朋友。埃德·怀特和艾伦·特姆科前一年夏天还在丹佛,那一年去了法国,去体验他们在海明威的书中读到的侨居海外的生活。尼尔在加利福尼亚,照顾卡罗琳和他们的孩子。

1949年夏天,杰克亲身体验了尼尔在丹佛的孩童时代的景色和声音。他找了份尼尔曾经做过的工作,在丹佛的农产品批发市场当普通工人,下班后,在炎热的夏夜里,他会在拉里米尔街上漫步。《尼尔的幻想》或曰《科迪的幻想》中对死气沉沉的丹佛"霓虹闪耀的红砖建筑"的描述,就是那段时间待在那里的产物。

艾伦·金斯堡于1949年2月从哥伦比亚大学毕业。那年春天,他和洪克、杰克·梅洛迪还有维基·鲁塞尔一起被抓了,到夏天时,他已经从精神病治疗所出来,正是以精神病为借口,身为从犯的他当时才免于受审和判刑。他回归了日常生活,怀揣着差不多符合传统的成功梦想,短暂地失去自由显然刺激了他的求胜欲。尼尔不断地给艾伦写信——发誓他们间的友谊和关爱永存的长信——但是那年夏天,尼尔喊去旧金山找他的人是杰克。

1949年8月,杰克离开丹佛去旧金山,计划待上两个星期。他到尼尔家时,卡罗琳很是担心,杰克的出现意味着尼尔很快就要离开了。尼尔的经济问题因为拇指受伤和顽固的呼吸道感染而雪上加霜。他感到百无聊赖,心情阴郁。想走的冲动——去任何地方都行——一如既往地强烈。那年夏天早些时候,阿尔·欣克尔又一次离开了海伦,跟桌球赌客吉姆·霍尔姆斯住在一套独立的公寓里,然后在他的陪伴下去缅因州,最后在回西部前去了一趟纽约。阿尔·欣克尔不在时,他的妻子海伦成了卡罗琳的倾诉对象和闺蜜,她站在卡罗琳的一边对抗尼尔。

尼尔的哈德逊汽车被收回去了,所以为了接待来访的凯鲁亚克,他只能去找他的丹佛老友比尔·汤姆森,比尔此时已结婚,住在旧金山。比尔有一辆车,他虽然面露难色,但还是同意当他们的司机和向导。三个男人体验了一把旧金山的夜生活,去黑人住宅区买大麻,然后一边抽一边逛爵士乐俱乐部，包括那些用一根白色对角线在舞厅里区分黑人观众和白人观众的"混合"酒吧，同时，他们听着像斯利姆·盖拉德那种西海岸博普风格的音乐。

他们一起抽烟，一起喝酒，一起探索这个城市，对取悦卡罗琳已绝望的尼尔因为有杰克的陪伴而感到了安慰。从他们初次相识算起，已经有三年的时间了，虽然他们经常聊到并在信里写到一起上路和单独上路的计划，但这个抱负在他们看来一直在推延。前一年冬天的旅行，也就是1948年到1949年的那一趟，对他们来说人太多，目的性太强，无法体验真实鲜活的美国。卡罗琳让杰克觉得他一点儿也不受欢迎，所以他们干脆就上路了。没必要把行程局限在美国，这一回，他们可以按幻想的那样继续去往欧洲旅行。

然而，他们谁也没有很多钱。1949年8月底，当他们离开旧金山，向东开始一段《在路上》的第三部分里重述的旅行时，杰克身上只有九十美元，而尼尔一个子儿也没有。他们虽然没有车，但也没有像公众过后想象的那样搭便车。相反，他们联系了——为其他游客安排交通出行或是雇司机把车主的车开到其他城市去的——旅行社。旅途的第一段是去丹佛，一个一本正经的同性恋与他们同行，此人一路开车，一路担心尼尔抢劫他，或是更糟糕的事。

到了丹佛后，两人即刻的目标是找到尼尔如今已消失的父亲的踪迹，不过这个想法很快就被抛诸脑后。在丹佛附近的一家路边旅馆里，尼尔坚持要秀给杰克看他偷车的本事。杰克在屋里喝着酒，尼尔便去停车场试开客人的车，想挑一辆适合去山里兜风的车。头几个客人发现他们的车被停到了不该停的地方后，立刻报了警，不过尼尔没有被抓到，成功逃脱了。但是，他知道他的指纹对于熟知丹佛偷车案情的警官来说有多熟悉，所以他和杰克急匆匆地离开了丹佛。他们离开得很潇洒,开着一辆通过合法渠道获得的凯迪拉克——从一家旅行社手里。他们会开着这辆车去芝加哥找车主。

在丹佛郊外,凯迪拉克开到时速一百一十英里时,速度计连接线出故障了,杰克不得不依靠高等数学的知识计算他们的行驶速度,把所有停下来休息和吃饭的时间算在里面,从丹佛到芝加哥平均速度大约为每小时七十二英里。在芝加哥,他们去一家爵士乐酒吧听了些博普音乐,然后搭大巴前往底特律。他们身上一个子儿也没有,住不起贫民窟的房间,于是就花三十五美分一张座位的钱睡在通宵影院的楼厅上。两部电影连着放映,一部是歌唱牛仔的史诗剧,另一部是西德尼·格林斯特里特和彼得·洛演的间谍惊悚片,两部影片的情节和人物在杰克半睡半醒的状态中交杂与碰撞在一起。旅途的狂速和差点发生碰撞的惊险让他筋疲力尽。

在旅途的最后一程,一个中年商人把他们从底特律载到纽约,他向杰克和尼尔每人收取了四美元。在欧松公园,加布丽埃勒告诉杰克,她只欢迎尼尔住几天,之后他必须离开。

要一起去欧洲的所有想法都被忘到了脑后。杰克转向《镇与城》的最终删减和修改工作,小说定于1950年2月出版。那个夏天杰克出门后,约翰·克莱伦·霍尔姆斯开始为他自己的纽约城编年史《走》打草稿。

尼尔离他妻子和当时已有的两个孩子三千英里之遥,着迷般地目睹杰克成为纽约文学界的一员。作为快要出版小说的作家,杰克此时想向他不那么幸运的朋友们伸去援手。

第三章 路

艾伦·特姆科：

我 1949 年从欧洲回来时，已经写了一本书，是一本小说，他就带我去见他的出版商鲍勃·吉鲁。

吉鲁跟我和凯鲁亚克在一起很紧张。吉鲁念过哥大，为了避免尴尬，我进来的时候带着手稿。凯鲁亚克很慷慨，肯带我去见他的出版商，想办法帮我把书出版。我们在纽约一家出版社的会议室里，室内的镶板模仿的是英国上层阶级，就像路易斯·B. 梅耶。

我在巴黎时见过阿尔弗雷德·卡津。我给他看过我写的一些东西。吉鲁说："你给别人看过吗？"我说："呃，我给阿尔弗雷德·卡津看过，不过他当时显然在饭店房间里用午餐。"然后我说："他让我想起那些常在公文包里塞个腌牛肉三明治搭地铁去哥大的人。"

吉鲁听了那话后很恼火，凯鲁亚克后来告诉我，因为吉鲁曾经就那么干。那让他对我很生气，所以他说："好吧，我们会以极大的兴趣拜读这本书的。"

我觉得他固执地偏爱杰克，他不想其他人在边上晃。他十分宠爱杰克，当然，杰克并没有过分地利用那种事。其实他并不怎么在意。

当时的我有可能让人无法容忍，因为我不喜欢吉鲁的长相，肯定表现出了厌恶感。整个见面的场景有哪里出了错。反正，在正常情况下我永远也不会跟他合得来，不过，杰克倒是说了句很符合他个性的话："你俩会很合拍的。"而通常的结果是一团糟。

好吧，他觉得我会爱上尼尔，但我并没有。他总是想方设法让他的朋友们相爱，这是一个值得赞扬的优点。

1949 年秋，尼尔把卡罗琳、他们的女儿，还有快要出生的二胎忘在了脑后,一心待在纽约,时不时跟着杰克去文学圈里驻足。尼尔有着绝佳的驾车本领,非常适合做停车场的服务人员,而纽约城里到处都是有待征服的女人。在短短几个星期内,他和一个特别的女子看对了眼,来自长岛一个富裕家族的很有教养的美女,名叫戴安娜·汉森。她已经嫁人,但是没过多久就怀上了尼尔的孩子。那桩风流韵事从一开始就被约翰·克莱伦·霍尔姆斯看在眼里。

约翰·克莱伦·霍尔姆斯:

  我认识他的妻子戴安娜。他第一次跟她发生关系被我看见了。我眼见着他得手。那是那种两分钟内解决的事。他直接走了进去,看了看她(当时她已经嫁给了另一个人,我不确定她丈夫是否在场),基本上是立刻把她搞到了手,搬去与她同住,让她怀上了孩子,我不知道跟她住了几个月,不过是有好几个月的。我经常去那儿找他。

  她的丈夫是个诗人。她在欧洲住过。她完全是来自纽约的书香门第,以前从来没见过像尼尔那样的人,尼尔一头冲进了她的生活。她基本上是把整个人生交给了他,因为那强大的魅力,她之前从来没有感受过。这件事现在成了人们茶余饭后的谈资,但是在50年代初,大家没有那么八卦。

  我记得上那儿去的经历。遮阳帘总是拉着,他们的灯光接近红色。尼尔穿着一件很短的和服,阴茎就从里面露出来——只看到顶部。然后是戴安娜——我该怎么说才能听起来不是性别歧视呢?她所追求的不过是让他爱她,她愿意付出一切。他会叫来二十五个人挤满房间。她这一生从来没抽过大麻,我觉得她也从来没听过博普音乐之类的。突然间,她的整个人生都被改变了,但全是围绕着尼尔。

第三章 路

现在,卡罗琳发现自己被晾到了一边,好给戴安娜挪出位置。卡罗琳不甘心安静地躲到一旁,她敏锐地感觉到,尼尔会回旧金山的,她猜她可以把他夺回来。

随着杰克跟吉鲁的友情不断加深,《镇与城》的修改工作继续进行,他和尼尔越来越没有时间聚到一起。尼尔与艾伦的恋情冷却为暖心的友谊,不过他跟戴安娜的孩子快要出生了,为了让戴安娜高兴,他想以自己的名字来给孩子取名。相应地,千里之外,卡罗琳勉强同意的离婚诉讼开始了。

尼尔回到加利福尼亚,不过卡罗琳在旧金山的家现在可不欢迎他。铁路公司召他回去工作,他搬到了沃森维尔,在蒙特利附近的斯坦贝克式的乡野,服务于旧金山湾区的南太平洋铁路线在那儿有一个南部分界点。在那儿,他与跟着他去的戴安娜和露安娜同时搞上了。为了离他近一点,露安娜按他的要求在沃森维尔找了一份工作。

卡罗琳·卡萨迪:

他回纽约,跟戴安娜·汉森搞上了。他再也不会来烦我了,他说,他真的想改变整个模式,可觉得那是无望的,所以他与她住到了一起,她为了他强出头……处理跟我的所有纠纷,让我离婚。我说:"让尼尔来找我谈。"于是她就写了信,然后他署名。她当时也怀孕了。那一整年和接下来的很长时间,我和她一直在斗。同时我生了吉米,当时尼尔已经不在我身边了。离婚的整个过程非常奇怪。他赶去墨西哥,想赶紧离,因为我申请的诉讼要花很长的时间,不过他去那儿反而买了大麻。戴安娜从来都不知道。第二年夏天他回到旧金山,但我从来没有申请要我们的离婚协议书,以为他已经拿到了墨西哥的离婚证。

露安娜·亨德森：

　　我沿着海岸线搬到了南面的沃森维尔，那是尼尔跑火车的另一头的站点，卡罗琳又一次被蒙在鼓里，我在免下车餐馆找了份工作。但是尼尔的占有欲太强了，他站在一个电话亭里监视了我整个晚上。每周有三个晚上他会在那里。我从来就不知道他什么时候来的。那儿我一个人也不认识，一个认识的人也没有，在我们住的那个家庭旅馆里，我完全是孤身一人。他经常监视我，看看我会跟谁一起回家。我从来没有带人回去过，他总是非常失望。

　　任何时候他都会走掉，把我那样扔在那里，不管我们之间是什么关系，但是他的占有欲又强到会掐死我。不过，那最多只持续了大概一个月，我跟他说，他这样监视我很可笑。

　　我告诉他，要是他不打算相信我，我就不会那样生活。这一回，我变得成熟了点，尼尔不习惯我有一丁点儿独立，也不习惯我说出自己的感受，我觉得那对他来说类似于一个打击。我离开时，他真的被打击到了。他以为我不会走，但我真的走了。我的决定是对的。对我和他、卡罗琳，还有所有人来说都是最好的决定。

卡罗琳·卡萨迪：

　　沃森维尔在货运线的另一头，所以他不住在圣何塞或旧金山，而是搬去了那儿，这么一来他不会烦扰到我，也方便戴安娜搬去那儿。他也在旧金山的一个旅馆房间里住过一阵子，她会去那儿找他。

　　他去了沃森维尔，如此一来戴安娜会离我更远，不过她依然要求

第三章　路

顺道来看望我。她说，我告诉她的路不对，然后她就错过了飞机。但她还是来了，带了一些小礼物送给女孩们，她带着他的孩子一起来的。

然而，尼尔以为她在奥克兰上了飞机。于是她就在我家住了一晚，清晨六点左右，他到了我家门口。戴安娜还在楼上睡觉，于是我就做了些手势，说："猜猜谁在这里？"当然，他是用他那些冠冕堂皇的借口把她从沃森维尔遣走的，不过他现在在我家，被逮了个正着。

我得说，那一次我为她感到抱歉。他上楼去跟她聊了会儿，我猜她真的无法反驳。她下楼去机场时相当可怜。

然后又一次，我不得不让他待在我家。

"约翰·凯鲁亚克"[1]写的《镇与城》于1950年2月面世，评论界一片赞誉。图书宣传和许多海报里都提到了杰克笔下有托马斯·沃尔夫的影子，但是沃尔夫对流浪汉小说的构想已不再新鲜，无法激起公众的热情。这对杰克造成了影响，他很有可能因此认真地去寻找一种讲述下一个故事《在路上》的新方法。他很确信，吉鲁会替哈考特出版社买下这本书，他的职业生涯会朝着一个新的方向继续前进。

那年夏天，杰克计划来一趟漫长的旅行，他会先去丹佛，和那儿的朋友们共同庆祝《镇与城》的成功，然后再去墨西哥，去看望巴勒斯的老朋友比尔·加弗。尼尔之前就打算去一趟墨西哥，明显的动机是想迅速地与卡罗琳离婚，如此一来他就可以娶戴安娜，即使是短暂的也好，因为这样他们的孩子就能成为婚生子。他还想去买大麻。

那年夏天，丹佛来了两位凯鲁亚克：一位是"约翰"，穿着他拍封面

---

[1] 出版《镇与城》时，作者的署名是"约翰·凯鲁亚克"，这也是他最后一次用"约翰"这个化名。

照时的那套西装,在丹佛干货公司的图书专区签名售书,还有尼尔的老伙计杰克。

埃德·怀特的姐姐决定为她弟弟的朋友——从纽约来做客的小说家——办一场派对。她邀请了她有钱的朋友们,而尼尔和拉里米尔街的一帮弟兄不请自来,使她大为震惊。

杰克跟比弗莉·伯福德有过一段情,比弗莉和她的哥哥鲍勃会看着杰克一路进步直至他离世。伯福德兄妹的家境颇为殷实,鲍勃能以赞助人和编辑的身份超然地看待凯鲁亚克、尼尔和其他人,他后来会成为小型文学杂志的编辑。

跟怀特一样,伯福德兄妹受过良好的教育,是饱读诗书的年轻人。杰克因《镇与城》取得的成就令他们非常钦佩,这一点并不让人意外。杰克在百货商店签名售书时,贾斯丁·布赖尔利和朋友们来到现场。当时的丹佛跟现在一样,是方圆数百英里内的主要城市,并不是一个没有见过世面的地方,但是,一个在前期宣传里跟托马斯·沃尔夫相提并论的小说家的到来,算得上社会的荣耀。身穿深色套装的杰克看上去十分耀眼,他卖弄着宴会礼仪,还有那个社交季他在纽约接触过的重要人物的新鲜八卦。

杰克那帮活跃在丹佛社交界的亲密朋友聚在一起时非常随和,杰克、埃德·怀特和伯福德兄妹选择埃利池花园为抽大麻的安全地,那是一块到了夜里就空无一人的公共绿地。(他们是放荡不羁的文化人。)"去埃利池"成了他们称呼抽大麻的暗号。埃德·怀特是阿尔·欣克尔的挚友,他与吉米·霍尔姆斯在一起时没有觉得不自在,但是鲍勃·伯福德跟艾伦·特姆科一样,无法接受尼尔那样的朋友。

第三章　路

鲍勃·伯福德：

我觉得杰克在尼尔身上挑错了英雄。他在处理人物时过分夸大了，夸大到绝不真实的程度。

比如说，他提到的桌球游戏是你在街上随便就能看到的那种。并不是一个人欺骗另一个人那种一流桌球老手的骗局。不存在大型的欺诈游戏。他们赶的是时间，抢的是时间，骗的是二十五美分。他们赌的是一美元。但是杰克想用更戏剧化的方式看待这些。那是他的视角，那是他创作的方式，只是现实没么有趣。

我觉得他可以写的人物有很多，真的没必要绕着尼尔来发挥他的才华。尼尔并非那么有趣。

杰克本人就很有趣，因此我看不上尼尔。尼尔似乎啥也不是。金斯堡就像是背景里的配角，他甚至不为人所注意。他都要比尼尔有意思。艾伦对尼尔感兴趣，所以他让杰克也一直对尼尔保持着兴趣。

杰克确实才华横溢，只不过取决于他置身何处。杰克的状态经常不好。你从来不见他在派对上开心整个晚上，或者说开心好几个小时。他从来不会一直很开心。比如，他在听查理·帕克那样的音乐时很兴奋。他也肯定会有一些时间是真正感觉开心的：独自一人，被大自然环抱，狂欢之夜，除了写作不干其他的。他喜欢写，不过他不是乐天派。

在杰克眼中，他自己与尼尔之间的共同点比实际上要多，杰克和尼尔的伟大之处都被夸大了。在客厅里读一读描写他俩的文字，然后合上书做自己的事，这肯定相当好玩。但谁又规定在美国才能干这样的事呢？他陷进去了，他只是陷进去了，我觉得他并不喜欢。

杰克真的想创造历史。如果你称某些人是"迷惘的一代"，他就说

"垮掉的一代"。那很了不起,会名留青史的。那是一种不寻常的说法,"垮掉的一代"。在用"垮掉派"之前,他说,"这是'垮掉的一代'"。他真的以为,他可以让自己变成像托马斯·沃尔夫那样的伟人,或者说比他更伟大。我不觉得他想更伟大,他只想变得同样优秀。

1950年春天,杰克与尼尔一同前往墨西哥旅行,这为《在路上》提供了最后的篇章。就在他们出发前的那晚,在尼尔和他父亲曾经住过的一家破旧旅馆的酒吧里,大家为他俩举办了送行派对。布赖尔利当时在场,比尔·汤姆森和他太太、吉姆·霍尔姆斯、阿尔·欣克尔、埃德·怀特、比弗莉·伯福德也都在场。还有一个丹佛的朋友,名叫弗兰克·杰弗里斯,他将与杰克和尼尔一起去墨西哥城。

等他们抵达巴勒斯在墨西哥城的公寓时,杰克患上了痢疾。在他康复前,尼尔要么拿到了,要么没有拿到墨西哥离婚证,反正已经开着那辆老福特车,动身前去纽约找戴安娜了。谁知车的变速器坏了,戴安娜不得不给他汇钱买从路易斯安那飞的机票。他到达的那天,便娶了戴安娜,她的孩子有了合法身份。他拿着从新婚妻子那儿得来的更多的钱,搭上了回旧金山的大巴去找卡罗琳,他可是刚刚才跟这个前妻离婚。

巴勒斯总是个缺乏自信的主人,他正专心地研究阿兹特克的文化,身边跟往常一样是各种毒品的医疗设备。墨西哥警察只当没看见他随时随地都带在身上的手枪。

杰克慢慢地从痢疾中恢复了过来。他与尼尔的友谊看似中止了。他写了四年的小说出版后并没有获得多大的成功,首印本有三分之一没有装订成册。杰克自己开始试用吗啡,并头一回深深地沉溺于大麻中。

第三章 路

10月通常是他回"妈妈"身边的时间,到那时,杰克已经很担心自己在变成瘾君子。他回到纽约加布丽埃勒的身边。艾伦向他保证他没有上瘾。

尽管《镇与城》的反响平平,但杰克视自己为作家的想法从来没有动摇过。眼下的任务是从旅行见闻里提取精华,写成可以出版的小说,不过他还需要一份维持生计的工作。他在20世纪福克斯的纽约办事处找到了工作,在那儿,他从是否有望登上银幕的角度为已出版和快要出版的小说撰写概要。

他重新与尼尔开始书信联系,尼尔那时跟卡罗琳在旧金山。在杰克的建议下,尼尔又一次开始阅读普鲁斯特。尼尔有了一个新玩具,一台磁带录音机,他建议杰克也买一台,这样他俩就可以互相邮寄推心置腹的长对话了。

艾伦还在接受精神分析治疗,他相信这会治好他的同性恋倾向。这个时候,杰克在追求的是一位名叫琼·哈弗蒂的苗条美女。她是一个喝酒成瘾的法律系学生的情人,此人名叫比尔·坎纳斯特拉,杰克是在曼哈顿一次次参加派对时认识他的。坎纳斯特拉在卧室里装了个窥视孔,偷偷监视客人,这种做法叫杰克很不高兴。

当杰克在墨西哥身患疾病时,坎纳斯特拉不幸在一场诡异的事故中丢了性命。一天晚上,他从一场派对赶去另一场时,和一些朋友搭上了地铁。列车还未离站,坎纳斯特拉一边讲故事一边表演,他把头和肩膀伸到车窗玻璃的外面。列车启动了。

坎纳斯特拉发现自己被卡住动弹不得,其他人想用力把他拉回来,但是他外套上的布被他们扯裂了。随着列车进入狭窄的隧道,坎纳斯特拉的头颅被碾得粉碎,他的身体也从窗口被拖了出去。

据他们的一些朋友说,琼·哈弗蒂与坎纳斯特拉的关系并不稳定,但是他死以后,她一直待在他俩共同住过的公寓里,当那儿是祭奠他的圣坛。那年秋天,杰克遇见她时她就住在那里,两个星期后,也就是1950年11月18日,他们结婚了。

艾伦、吕西安和杰克在婚礼上一起醉醺醺地唱歌,一如单身青年常做的那样。但是当时金斯堡就注意到,有一种宿命感笼罩着婚礼仪式。

后来,杰克会告诉一位采访他的人:"我并不喜欢她。她也不喜欢我的那些朋友。我的朋友也不喜欢她。不过她长得很漂亮,我娶她是因为她长得漂亮。"

不出六个月,他们就离婚了,杰克搬回欧松公园加布丽埃勒的家。1951年2月底,杰克二十八岁,快要过二十九岁的生日了,他的第二段婚姻刚刚失败。此刻他坐在打字机前面,把一卷电传纸的一头塞进打字机里,那是吕西安帮他从工作的电报服务办事处买来的。杰克的思绪回到了1945年,他的第一段婚姻刚刚结束那会儿,想起他生的病:"我在和妻子分开后不久第一次见到了迪安……"

约翰·克莱伦·霍尔姆斯:

他想挣脱一切束缚,不想因为任何事停下来,于是他就用很长的一段,大约有十二万字,写下了《在路上》。小说没有分段,全用的原名,如此等等。他就一股脑儿全写了出来。他的思绪可以飘离开,不受手指的控制,他只是在跟着脑海里的电影走。

杰克打字快如闪电。有一次,杰克说:"我们写封信给艾伦·哈林顿吧。"我说:"你说怎么做?"他说:"呃,你负责第一页,口述给我听,我会用打字机打出来,然后我们再交换。"说真的——我当时讲话的速度

第三章 路

比现在要快得多——我跟他说的时候,他全记下来了。我也想这么做——我打字非常快,可是不精准——但是跟他的差距可大了。

他是1951年春天跟琼住在切尔西时写《在路上》的。当时他们已经分手了,他跟吕西安住在一起,或者说他把他的书桌搬去了吕西安的公寓,就在那儿打字。对杰克而言,打字——在杰克的职业生涯里——意味着重写。那是他重写的方式。

我记得我去那里找他。艾伦·特姆科在那儿,吕西安当时的女朋友——一个叫丽兹·莱尔曼的姑娘——也在那儿。吕西安也在那里。我们大家都等着出去干点什么,杰克得把手头那一章打完。当时是中午。所以自那一周后,他写完了书,送去给吉鲁和哈考特出版社看。

至于多久以后他们拒绝了杰克的书稿,我记不得了。但是肯定没过很长时间,也许是两个星期。他从来没有告诉我具体的细节。他只告诉我他被吉鲁拒绝了,说这不是他们想要的。他们想要《镇与城》那样的小说。

那时的他,经历了写那本书的所有艰难,所有失败的开头,他以为他做了件了不起的事。所以他把书稿给大老爹,然后被大老爹拒绝时,他很生气——他的怒气全摆在脸上——但我想更重要的是,他很困惑。

我读过《在路上》。我读过那一卷纸,我读的时候是——我记不太清楚,是他刚写完不到一周。他甚至还没有读。他把那卷书稿拿来给我,就像是一大块意大利香肠。他写完后非常困惑和疲惫。

当时的书稿比现在的书更长,长三分之一,不停地往下说。我花了一整天时间才读完。我就像读中国卷轴书那样来读。它只有一段!十二万字,名字都没有换。那会儿,我们大家常常会这么做。

我知道书很好,我知道它很了不起。不管我读他写的什么文字,它们都会给我惊喜。他对感官印象有着强大的把控力,善于攫住这些不断变化的印象,不管我何时读,都会改变我的现实感。

我把他的书稿带去给我的经纪商MCA,他们读过后很喜欢,也有点儿挑剔,但还是接受了,最后他们——菲丽斯·杰克逊——把书稿送去了维京,维京说也许可以出。可能出版花了很长的时间。与此同时,杰克离开了纽约,实际上成了个流浪汉。他在铁路部门之类的地方找了个活儿干,然后继续写为我们所熟知、让我们爱他的那些书。

当他把《科迪的幻象》,甚至是《萨克斯博士》寄给我时——先是《萨克斯博士》——我心想,我的妈呀,没人会出版这本书的。书里才华横溢,充满了青春活力,绝对是以前没有过的独特且重要的书,但是没有人会出版。我永远也忘不了那个下午,当时天在下雪。我住在48号街上一套老式住房的五楼,我花了一天的时间读完了《科迪的幻象》那本该死的书。我真的很沮丧,不是因为书,而是因为我知道他这本书是不会成功的。他不会获得读者的理解。在我看来,只有我和艾伦等少数人才会读这本书。我心想:"哦,老天爷,杰克啊!你为什么不写一些能够出版的书呢?这样别人就能理解你想要表达的了。"我傻傻地认为他是在故意作对。我拿不定主意,现在依然是。在那些年里,在50年代,我觉得最重要的是有人理解他。他们直到现在仍然不理解他。

杰克解释这本书是如何有创见,但吉鲁全没听进去,他被《在路上》的形式震惊了,那是一个单倍行距的段落,足足有一百多英尺长。要是像吉鲁这样的朋友见到这种样式也不由得却步的话,那么又有谁会去读它、出版它呢?

那年春天,杰克向古根海姆基金会申请资助,但是被拒了。到了夏天，他依然无所事事，便跟着加布丽埃勒去了宁在落基山市的家，以后他们也会定期去那儿"朝圣"。杰克在那里也没有找到活儿干，不过对于他的姐夫和朋友们来说，他是已经出版过作品的作家，在构思下一本书。

那年夏天，他在写的是直到过世后才出版的一个长篇故事，叫作《皮克》。"皮克"可以读作"土著小孩"或是"风景如画"的缩略语，但其实是一个名叫皮克托利·瑞福·杰克逊的黑人小孩的绰号。这个孩子生长在美国南方，一直渴望跟他那位桀骜不驯的哥哥斯利姆一起上路，去西海岸探险。小说里有许多对话是用蹩脚的黑人方言写成的，结果读起来就像一部无知到令人尴尬的白人版兰斯顿·休斯的《不无笑声》。故事的结局是黑人兄弟俩站在路边招过路车。名叫迪安·莫里亚蒂和萨尔·帕拉迪塞的两个年长些的旅客载了他们一程。在生命末期，凯鲁亚克的想法变了，他从格罗夫出版社手里取回了《皮克》的手稿，说要再考虑下，并在加布丽埃勒的要求下修改了结尾，删掉了有迪安和萨尔的场景。

那年10月的一天晚上，杰克跟着埃德·怀特去哥大附近的一家餐馆吃中餐。之后他在一封写给怀特的信中，感谢怀特提议他用这种叫"速写"的新技法。

怀特一直以来都是杰克的读者和帮得上忙的评论者。一年前，也就是1950年杰克待在丹佛的那段时间里，他就读过《在路上》当时的那版手稿——从1948年开始经过几番修改的传统叙事的版本。

"它的风格完全不一样，序言的用词非常华丽，"怀特回忆道，"故事由一个以擦皮鞋为生的男孩讲述。类似于麦尔维尔的那种风格，行文非常严肃。"

等到吃那顿重要的中式晚餐时，杰克已经完成了《在路上》那个电传纸版的草稿，里面有印象派描述的简洁段落，就像《镇与城》里那样。速写对杰克来说不全是一种新方法，却强化了他所有作品里都很明显的那些特征的效果，包括《大海是我的兄弟》。

埃德·怀特：

我想我当时其实在用速写本，那是1951年，我就建议他把笔记写在速写本上。我觉得他考虑了下。我觉得他没多说什么，不过他开始随身带着小的记事本了，把本子填满。他用印刷体写字，比我们大多数人写得要快。有时候他在城里待了一整天后（图书馆、我家，或者是我们刚好在的任何地方），到晚上，他会带着记事本出现，他会把他在写的一些东西念给我们听。我们最后往往会喝啤酒，一起出门和听音乐。

小记事本提供了两种类型的素材：关于身边事的类似于日记的细节，就像记者的笔记一样，还有对他人生中所有发生过的事的无尽回忆，一直回溯到他在洛厄尔的童年记忆。

第二年，也就是1952年，杰克采用了速写的形式记录自己的梦境。这些笔记中的部分选段被收录在《梦之书》里，于1961年出版，从这些选段里可以看出，自从他能用速写挖掘素材后，心理动力大大丰富了他的小说创作。但是，这些梦境事实上交杂着睡梦与清醒时的回忆，以病人向分析师叙述的方式呈现，不带有任何理论阐释。

在梦境日记中一条重要的记录里，警察在搜寻露阴癖杰克，为了不被他们抓到，他四处逃窜，连裤子也没有穿。他想找些东西遮盖身体，最终走进了一间堆满了他的手稿和诗歌的房间，所有这些东西都清楚透彻得令人难堪。这个梦让他感觉自己就像个"懦弱愧疚的白痴,尽写些没有价值、无法出版的手稿"。

在另一个梦里,利奥一次又一次地死而复生,在洛厄尔的大街上游荡,想找份工作,不过,他的魂魄从来没有在晚上回家去找过杰克和"妈妈"。

1951年末,杰克用这项新技巧,开始扩充他以前写的有关尼尔的笔记,当时《在路上》的第一稿中没有用上,最终用在了《尼尔的幻象》里。

亨利·克鲁从加利福尼亚写信来,再一次承诺帮他在商船上谋一份工,但是跟以往一样,杰克到旧金山时,并没有船上的工作等着他做。那趟旅行给了杰克一个继续写尼尔的机会,模特就在他面前。

"你打算再写一本书,呃?"尼尔在信中写道,他指的是还在酝酿中的《在路上》。"我计划写一本,对吧?你爱我,是吧?我爱你,是吧?如果咱俩好得要命,那么想一想未来的历史学家们挖掘1951年下半年K与C住在一起的那段日子会有多好玩吧,就像是高更和凡·高,或者是尼采和瓦格纳,或者任何人……"

尼尔作为东道主,让杰克住在卡萨迪夫妇在诺布山租来的房子的阁楼里。这一趟到访是杰克与卡罗琳的第一次深度接触。在尼尔的同意和含蓄的撮合下,两人成了情侣。

1952年2月8日,尼尔二十六岁生日的那天晚上,情况变得紧张起来。本来三人要在家中吃顿安静的晚餐。杰克一直没有出现,到了深夜,卡罗琳和尼尔已经做过爱睡下了,杰克"从警局"打电话来,尼尔是这么告诉卡罗琳的。卡萨迪穿好衣服后出门了。几个小时过去了,两人谁也没有回来。

最终,直到天亮后,杰克和尼尔才醉醺醺地出现,杰克带回来一个妓女,带去了他在阁楼的房间。卡罗琳气得跳脚。后来,杰克在卡萨迪夫妇的那本《镇与城》里新添了一段题献,把书放在她的梳妆台上。卡罗琳读过杰克的第一本小说,但是她故意不读《在路上》的手稿,因为她知道里面写到了尼尔和露安娜的事,会令她伤心。

卡罗琳·卡萨迪:

他写的题词是:"献给卡罗琳,真挚地祝福你和你幸福的一家,包括那个老男人,叫什么名字来着,老尼尔。爱你们所有人,杰克·凯鲁亚克敬上。1951年12月19日。"然后在那段话的下面,他跟我道歉:"对于尼尔生日那个愚蠢悲惨的周六发生的那场闹剧,我深表歉意,全都是因为我喝醉了。请原谅我,卡罗琳,永远不会再发生那样的事了。"

呃,确实没有再发生过。再也没有那样的事。

我避开了《在路上》,我就告诉他,我真的不想再经历所有那些事,因为我对我不知道的所有那些真相依然很在意,知道那些事的话,我会对尼尔很生气。我就说我不想知道有关那趟旅行的事。等我最终鼓起勇气读时,真的是一次又一次被震惊,不过当时我已经不在乎了。戴安娜那件事我很了解,因为我和她一直有密切的书信往来。杰克写的坐在公交车站或类似的事的章节,他给我们读过,写得很棒。

就像《科迪的幻象》一样,有磁带能证明他们夜复一夜地坐在一起,想说给对方听他们的过去和他们能想出来的每一个故事,了解对方人生的所有细节,还有他们关于任何事的看法。我觉得杰克当时并没有打算逐字逐句用上这些素材。我觉得那更多是朋友聚在一起,把心里话都说出来,让对方了解。

第三章 路

写作对尼尔来说并不像对杰克那样是个表达渠道。对尼尔来说，写作是件辛苦的事。他主要的写作都是带孩子时完成的。我总是觉得他在强迫自己写，他宁愿与小哈莱姆去外面追逐打闹。他得待在家里，所以写作可以消磨时间，不过他写的大部分信证明，他很抓狂，那就是为什么他总是想让杰克来。

1951年，巴勒斯、琼和他们的子女搬去了墨西哥城。在墨西哥城，吗啡处方药很容易搞到手，琼可以在药房买右旋安非他命，不需要吸食浸满毒品的填料。

1952年春，在墨西哥城的一场派对中，比尔在一场威廉·退尔式的游戏中把琼给杀了。是她把香槟酒瓶放在自己的头上，坚持要求他开枪，但是，即便是很短的射程，他也打偏了，子弹穿过她的头颅。在一位墨西哥裔律师的帮助下，比尔逃脱了指控；琼的死亡案被判定是意外。

此时，三十五岁的巴勒斯开始写作。他在《瘾君子》里记载了洪克和水手，还有他吸毒上瘾的早年岁月，把书逐章寄给了艾伦。

艾伦转而将书稿给了卡尔·所罗门，一位他在哥大长老会医院的精神治疗所遇见的诗人病友。所罗门在这个时期里干的最著名的一件事是，当华莱士·马克菲尔德在做一场有关马拉美的讲座时，他把土豆沙拉扔在了这位批评家身上。以后，他会成为在联合国门口卖冰激凌的小商贩，之后还会当作家和图书销售员，但是在1952年，他为在艾司图书公司做出版商的叔叔温艾艾当编辑。所罗门说服了他叔叔，只需做适当删减，再写一篇保持距离的"医学"简介，《瘾君子》是可以出版的。那年4月，温先生花了一千美元买下了书。

5月，卡萨迪一家忙着搬去旧金山湾南端的圣何塞。

杰克对尼尔发出的三角关系的矛盾信号感到不悦。他动身去了墨西哥城，巴勒斯已经开始在那儿写《酷儿》了，那是一本有关他的同性恋取向的自白书，打算做《瘾君子》的续篇。过几个月，巴勒斯会继续前往摩洛哥，然后再去南美洲，去找一种让他着迷的毒品，叫作雅格[1]。

在墨西哥，杰克回过头去用他"写一本儿童和恶魔的小说"的笔记，创作了《萨克斯博士的幽灵》，最终会以《萨克斯博士》为书名出版。巴勒斯当时依然沉迷于研究阿兹特克文化，他对神职人员用以控制人口的心理恐怖方法尤其感兴趣。在这一趟旅行中，杰克头一回真正接触到了墨西哥艺术、历史和传说；1950年他来的那一回，因为病得太重，几乎没怎么顾得上。在托尔特克人的民俗里，墨西哥城的创建者用衔着一条蛇的老鹰来标志这块地，杰克借用了这幅图像来装饰《萨克斯博士》的结尾。当蛇在其沉眠几百年的山上腾空而起时，洛厄尔上空的乌云化作一只巨鹰的模样，擒住蛇并制服了它，随后便都消失在晨光中。

1952年夏天，巴勒斯离开墨西哥城去丹吉尔时，杰克回到了落基山市，不过他在那儿待着不自在。在《梦之书》中，他形容自己"像年轻瘦削版的胡普尔少校，浅尝过年少成名的甜头，后来就泯然众人矣，回家去啃老母和长姐，但继续像个'作家'一样'写作'和行事"。

尼尔让他回加利福尼亚，杰克确实回去了。但是杰克和卡萨迪一家没办法恢复微妙平衡的三角关系，于是他搬去了贫民区的一家旅馆。

---

[1] 雅格是一种致幻植物，又称南美卡皮木。该植物内含某种有毒成分，人或动物食用后会导致神经或血液中毒。

第三章 路

杰克当年在洛厄尔玛丽·卡尼家的前门廊上萌生过一个愿望,希望自己能像玛丽的父亲那样在铁路上工作。1952 年 10 月,这个夙愿终于实现了。尼尔是南太平洋铁路公司的全职工,在他和阿尔·欣克尔的帮助下,杰克找到了一份司闸员的工作。

凯鲁亚克对此有感而发写下的散文,是他笔下最动人的篇章之一。《铁路土地上的十月》是一篇印象派风格的文章,记录了他在铁路上和旧金山的红砖破街上看到的景色与他的生活感想。

阿尔·欣克尔:

杰克是个糟糕的司闸员。而尼尔做司闸员就很自然、很优秀,他还是个很棒的扳道工。事实上,他能根据蒸汽机排出的水汽来判断火车的行驶速度,他想让车停下来时,甚至不需要左看看右看看来给信号。但是我觉得杰克没那个胆量。他害怕车轮,他害怕跳上跳下。尼尔会在时速二十英里的火车上跳上跳下,对他来说这再简单不过了。

杰克有点害怕,所以他会避开任何需要许多经验和知识的工作,而不是努力接受挑战、学着去做。

其实,他想做的是搭上"齐珀号"——长途车之一——坐到沃森维尔下车,去商店买一些饼干和酒,或者一些罐头汤,然后去游民灌木丛[1],到帕加罗河大桥底下睡个觉,再回去工作。

不过工资他倒是很喜欢。他不喜欢把支票兑成现金,会存五六张支票,然后换成旅行支票。杰克很擅长带着这么一笔旅行支票,去墨

---

[1] 美国那个年代的临时宿营地,一般离铁路货运车辆的地方不远,火车上的流动工人、流浪汉等人等车时可以在那儿短暂休息。

西哥写书。

不久后,艾伦来旧金山时,我也帮他在铁路上找了份工作。当时他们不会雇艾伦当司闸员,因为他们是不会雇任何犹太人当司闸员的。当时工会里有一条,说你得是白人——也包括犹太人。我帮艾伦找了份文书的工作,他们管这叫"铁路办事员",在南旧金山,上的是夜班。我想他做了大概一个星期到十天的样子,挣到了五六十美元,他只需要这么点钱。数数车厢,记下它们的号码,分别在哪条铁轨上,帮负责扳道的工作人员准备扳道清单,这样他们就能把列车转去相应的企业,或者如果是空车的话,就移到入站的轨道上。

杰克真的不是那么糟糕——我们遇见过很多很糟糕的司闸员——除非与很优秀的尼尔相比,还有跟我相比,我也知道怎么做是好的,是安全的,是快速的。我和尼尔在一起工作过几回,我和杰克也在一起工作过几回。但当时我们大多数时候是临时工,哪里有空缺就去填补,所以我们没有合作过很多回。但是在沃森维尔,我们从不同的工作组下来时遇见过,在那儿干过一些活儿。铁路上大部分好的活儿是等工作全做完后做的,我们会坐下来聊一聊这些。

后来,杰克去纽约找了一份扳道工的活儿干。他工作的铁路线是运棚车的,把它们运送至驳船上,然后送去新泽西,你回纽约这边,然后熄灭引擎,把它们从驳船上卸下来,然后送去不同的码头。杰克在写给我的信里说起过,告诉我他现在克服了恐惧,可以做这样的工作了。

我们在南太平洋最强悍的列车长是一个叫蓬托的家伙,他也是法裔加拿大人,会说法语。这位列车长很专业,我在他手下干过四五个月,在一个扳道小组当他的车尾司闸员,我站在货车守车的后面,而他坐在干线上打旗号。他坐在桌子边,看看手表说:"那个小队超过了二

第三章 路

十秒,还没有回来做他们该做的工作。"然后他就走过去瞧一瞧,是否有关闭的道岔。

他就是杰克最后一趟工作行程中的列车长。杰克正好撞上他最糟糕的那一天,是星期六,因为在星期六,他要求你在两个半小时内完成八小时的工作量,所以他真是个恶魔。你拿到的工资是一整天的,你拿到八个小时的工资,但这可是星期六,周末的开始啊。

所以在早上八点钟,我们会说,当地人从圣何塞出来工作,蓬托会七点四十五分到那里,期待着大家都准备就绪可以出发。要是文书没有准备好清单,他就在那里尖叫。要是调车长还没有把火车接好——没有正确地接好,他就会对着扬声器喊,或是沿着楼梯冲去上面的塔楼。要是司闸员敢迟到五分钟,他八成不会带他了,因为他会八点准时出发。

呃,杰克准时到了,谢天谢地。星期六蓬托的要求是,你得随时有一只脚腾空准备走,你得动起来。

杰克不仅不会像那样动起来,他压根儿就不知道该做什么。你会带着一节守车、一台引擎和大约七八节车厢出发。我们会呼啸着穿过坎贝尔,朝洛斯加托斯开去,卸下两三节车厢,装上两三节,然后开去一家叫"永久"的水泥厂,在那儿换岔,然后开去加利福尼亚大道,在那儿的罐头厂换岔,卸掉几节车厢再往回开。

那个法国佬差点儿发疯了,因为凯鲁亚克犯了一个又一个错误,在这儿可能浪费了一分钟,在那儿浪费了两分钟。他直到引擎停下来才下车。他应该在火车还在开时就下来,往回走两个车厢的距离。比方说,如果你要走两个车厢的距离,当引擎把速度降到每小时十英里时,你从车上下来,当车停下来时,你就正好走回两个车厢长。他停下来的那一刻,甚至可能早一会儿,车还在以一两英里每小时的速度行驶时,你到达那个位置,转动手闸,推开切杆(因为一个优秀的机车司机会让车厢连成一串,这样你就能拉住它们),给他个行动信号,然后他会停下,因为当时引擎根本就没必要停。你得给出停车的信号再走开。蓬托希望大家在星期六就这么干活。

你不是让引擎停下来,再下车往回走两个车厢,转动手闸,给机车司机一个信号。你只有在加班时拖延时间才会这么做,但是杰克只会这么做,他得看一看清单才知道这是不是正确的那一节车厢。他会看一看清单,然后再看一看车厢号。你应该把这些东西都记在脑子里。

蓬托就不停地骂他。我知道杰克一个星期或者五天后——短时间内——会离职,但是那天的事给了他机会。他再也没去工作。他告诉我,他会辞了这份工作,之前就跟我说过,他以为他会跟蓬托处得不错。他也是法裔加拿大人。至少他俩都是加拿大人,会用法语交流,但是在星期六那一天,蓬托对任何事都没兴趣,除了迅速完成工作。

在铁路上度过那个秋天后,杰克又短暂地搬回卡罗琳和尼尔的家,不过三个人吵架了,于是杰克回到了纽约城。很显然,没有人认出他是小说家,《镇与城》并没有保证他继续出版作品,甚至连几大出版商都没有为他办个真心实意的接风仪式。但是,《铁路土地》是非常优秀的散文作品,在作者眼里,它的好肯定是一目了然的,而且铁路工作让他又有机会自由地旅游和继续写作。加布丽埃勒身体健硕,照顾自己不成问题,必要时,杰克还能以静脉炎让他无法在不伤及身体的前提下工作为借口——这个理由再恰当不过——向纽约州残疾福利所申请补助。

艾伦成功地将巴勒斯的第一部手稿卖给温艾艾后大受鼓舞,开始积极地为他朋友们的名誉宣传造势。约翰·克莱伦·霍尔姆斯于20

第三章 路

世纪40年代末完成了他那部背景设置在纽约的小说后，把书稿给了艾伦，艾伦接着给了艾司图书公司。所罗门没有要，但是斯克里布纳——托马斯·沃尔夫的出版商——接受了。斯克里布纳的那个版本只印了两千五百册，但是《走》——题目是杰克给霍尔姆斯的建议——以后会以两万美元的价格卖出平装本。霍尔姆斯的成功刺痛了杰克，因为《在路上》里有许多同样的人物和一些相同的场景，却没有出版。两个人都明白，杰克的书更好。霍尔姆斯以后会称《走》"几乎描写了字面意义上的真实，有时候太追求字面意义上的真实就无法获得诗意的真实，而后者才是文学中唯一重要的真实"。

自从霍尔姆斯在1949年开始一本正经地写《走》，凯鲁亚克一直跟踪着朋友的进展。他鼓励霍尔姆斯，从来不当着霍尔姆斯的面表露出他的嫉妒。

约翰·克莱伦·霍尔姆斯：

我写这本书时，杰克一章一章地读过，当然，我写到艾伦的设想时，我前一个星期跟艾伦谈过，然后才写——努力想写出来——写完给他看，他说："不错，非常接近了。"

杰克提的大部分建议都超级有用，不过它们都是技术层面的。他从来不说："哦，不该是这样子。"他说："你可以从这里直接跳到这里，把那部分删掉。"杰克有极强的审美天赋。他知道哪里无聊，哪里太使劲，哪里太啰唆。他给的大部分建议都是那样的，非常非常宝贵。

我写到他搞我妻子那一部分时，他非常气愤，因为他并没有。那是我瞎编的，像小说家一样创作，想说明我自己到处跟其他人鬼混。杰克好像对那一部分非常生气，不过我们从来没有起过正面冲突。他不喜欢被人泼脏水。

我写完《走》后六个星期,斯克里布纳接受了我的书稿。杰克当时在西海岸。我永远也不会忘记那一天。我想那就是让人终生难忘的日子。我和艾伦·金斯堡在纽约市中心的一个地方工作,那地方叫NORC,也就是国家市场研究公司。艾伦在那儿工作的时间比我久,其实在这项特定的调研工作中,他是我的老板。上午十一点钟有一个电话打进来找我。我接了,我的经纪人告诉我说:"斯克里布纳要了你的书。"房间里有二十五个人,我当然很兴奋(虽然我的婚姻正走到尽头,但我更关心自己的事),不过我还是跟艾伦说:"我们一起吃午饭吧。我的书有人要了。"

中午前后,到了休息时间,我们坐着哐当作响的电梯下去。我说:"我们得给杰克发个电报。哇!""是的,"他说,"我们得这么干。"于是我们就去了。我们给杰克发去电报,说书有人要了。接着我和艾伦就出去喝了两三杯,吃了顿午饭。

实际上,在西海岸的杰克过后非常气愤,因为我的书有人要了,而《在路上》却一直没有买家。当然,我接到一笔平装本的大订单时,他对我很生气。也许不是冲我生气,而是气我获得了他想要的成功。

后来我发现是自己想错了,不是那么回事。

我当时住在48号街和第二大道上的一套没有热水供应的公寓里。杰克回来了。艾伦来到我的住处。我们在等杰克来,解开彼此的心结,毕竟兄弟一场,所以我把录音机打开,我们录下了三人再次会面的前十分钟。

那会儿,杰克已经想通了。旅途掸去了人心里所有的沙砾。他不再恨我。他从来不曾恨过我,他怨恨的只是他走霉运时,神突然眷顾了我。

第三章 路

我从我妻子那儿搬了出来。我给她赡养费,但是我已经搬去另一个住处——那间没有热水供应的公寓。杰克回来时,我们之间的关系恢复如初。要说有什么不同的话,那也是因为我的境况不同了,不过他那会儿常常跟以前一样住在我家。我在写我的第二部小说,当时还没有出版,同时也在写文章——第一篇讲"垮掉的一代"的文章,诸如此类。

艾伦·金斯堡:

……凯鲁亚克鼓励霍尔姆斯在写尼尔、他自己,还有我的传奇故事时要形成一种特定的智性风格。然后等霍尔姆斯真的在小说里那么做——付诸实践时,凯鲁亚克就不开心了,他过后觉得是霍尔姆斯窃取了他的想法,或者借鉴了他的想法却没有算上他的功劳。所以那就让霍尔姆斯非常难过,可能都感到害怕了。杰克偶尔也这么对我。他指责我盗取他的想法,可我觉得那些都是公用的原型素材。

"垮掉的一代"这一短语的出处并不明确。杰克和朋友们从洪克那儿学来了"垮掉"这个词,但是在吸毒的场合,该词有特殊的含义:被骗、被抢,或者是情感上和身体上的疲惫。在一桩"垮掉的交易"中,客户交出了买海洛因的钱,带回去的却是一包白砂糖。霍尔姆斯和凯鲁亚克在《走》与《在路上》中都非常随意地用"垮掉的一代"这个短语。《纽约时报》的文学版记者吉尔伯特·米尔斯坦在霍尔姆斯小说的试行本里留意到了这个说法,觉得很有意思。自"迷惘的一代"以来,美国文学至少有三十年没出现过这么一代羽翼丰满的作家了。

约翰·克莱伦·霍尔姆斯：

有关"垮掉的一代"的那篇文章在1952年10月登出来是出于偶然。吉尔·米尔斯坦给《时报》写了一篇《走》的书评——当时书评还没有刊登——他给我打电话说："那个'垮掉的一代'究竟是什么玩意儿？怎么回事？过来我们聊聊。"于是我就去了。

斯克里布纳不会帮我的小说做多少宣传。毕竟是第一部小说，谁会在乎？所以我就想我自己尽力而为吧。

我去跟米尔斯坦聊了聊，他是一个非常机智、有趣、洞察力极强的记者，是值得我尊敬的那种人。他说："这是什么？"我说："哦，我也不知道。""好吧，那你愿意给周日版写点什么吗？"我说："好啊，我来试试。"于是我就回去了，花两天的时间写了《这就是"垮掉的一代"》，然后交了过去。我真的不知道它是什么，所以就花了两天思考，然后写作——文章不长——试着界定它。现在我觉得，某种程度上它看起来挺傻。

《这就是"垮掉的一代"》是他们起的题目。我交给他们，他们很满意。我得删掉一些内容。我提到了非处俱乐部，还有各种各样他们接受不了的情色内容。我被叫了去。他们喊我过去说："我们喜欢你的文章，写得很棒，我们打算刊登它，但是……"

他们带我去见杂志周日版的头儿路易斯·伯格曼。吉尔跟我说："听着，他不会容忍非处俱乐部这些内容的。"那些年在中西部，有一种地方叫作非处俱乐部。少年们开俱乐部，夺取少女们的初夜，少女们加入这些俱乐部，找人共度初夜。我举这个例子来说明道德观念在变化。那些内容必须删掉。

他们刊登了文章，获得了很大的成功。

文章《这就是"垮掉的一代"》论及的人群远远超越了《走》里描绘的由纽约知识分子和社交常客组成的小圈子。霍尔姆斯所构想的"垮掉的一代",包括朝鲜战争的老兵,他们隐匿于大公司中,因为他们不再相信小公司能生存下来,还包括因为吸大麻被捕的青少年,他们敢于质疑毒品是否真的邪恶。他发现他们的脸上写满了天真。

霍尔姆斯举的其中一个例子是一位跟尼尔的性格有几分相似的时髦机械工:"……喜欢傻笑的虚无主义者,以九十英里的时速在高速公路上飙车,用双脚扶着方向盘,此君并非哈里·克罗斯比式的人物。克罗斯比乃'迷惘的一代'里那位计划某一天驾着飞机冲向太阳的诗人,因为他再也无法接受这个现代世界。恰恰相反,这位改装车司机直面死亡只是为了战胜它。"

为了在历史中找到最贴切的类比,霍尔姆斯回想起他最初跟杰克进行的文学谈话:"陀思妥耶夫斯基在 19 世纪 80 年代初写道:'年轻的俄国现在只谈论永恒问题。'只需稍做改变,美国正要以美国的方式发生类似的事。"

还要再过四年,"垮掉的一代"才会在大众心目中留下它传统的形象。要等到《在路上》最终出版,这个称谓被再度使用,这一形象才从对杰克的个人境况和朋友们的报道中,从旧金山八卦专栏作家赫伯·卡恩创造的那个略带幽默的侮辱性词语"垮掉派"中逐渐丰满起来。对于那些凡事需要个标签的人,霍尔姆斯就顺势为他们造了一个。

霍尔姆斯的文章出现后不久,艾伦有了个人的突破。一位精神病大夫认为,金斯堡的神智跟医生本人一样正常,艾伦表示同意,因为确实如此。他的诗歌开始迈向新的方向,以革命性的方式思考"永恒问题"。他正在创作《嚎叫》,代表被这个压抑的社会所摧毁的"我这一代人中最伟大的头脑"发出振聋发聩的一声吼。他现在相信，融入这样的社会或是向它屈服都无异于发疯。

对艾伦而言，《嚎叫》中奔涌的挽歌属于一种全新的风格，其在文学策略上的变化堪比杰克《在路上》那一气呵成的手稿。金斯堡背离了正统的 19 世纪韵律，还有他从叶芝那样的榜样那儿学来的押韵结构。狂诗是他现在的创作动力，他把对现代恐怖的记录题献给了他以前的精神病病友卡尔·所罗门。

艾伦从所罗门和他叔叔温艾艾那儿，为杰克骗得了三本书的出售权，但是当凯鲁亚克交出《在路上》和《尼尔的幻象》时，两本书都被拒了。极有可能的是，所罗门能清楚地看到它们的价值，但是艾司图书公司不是一家文学出版社。它出版的都是些非常廉价的平装书，放在药店和公交车站售卖。当然，《在路上》以后也会在那样的地方销售，但 1953 年还是太早了些。

那年春天，杰克开始写另一本书，他希望所罗门和温先生这一回可以接受。那是一本讲述青春期末尾的书，主人公是玛丽·卡尼，书名叫《春天的玛丽》，又名《十六岁的春天》。与其他以洛厄尔为背景的书一样，这本小说有一种特别的明亮和清澈。斯考蒂、G. J. 和其他男孩都出现在里面，杰克与玛丽·卡尼的关系呈现得既温情又心酸。不过杰克还是控制住了自己的情感，成功地暗示他的学识和抱负如何让他与高中时所爱的女生断绝了关系。

这本书在杰克更宏大的规划"杜洛兹传奇"中也占有重要的位置，位于《萨克斯博士》和《杜洛兹的虚荣》之间。纪实资料显示，杰克在构思"众书之书"的想法五年后，全身心地投入此书的创作。《春天的玛丽》覆盖了杰克在《镇与城》前半部分讲到的那段时间，但他以一种全新的风格书写那些年，只是依旧没有得到出版或认可。在《镇与城》

中,弗朗西斯与玛丽·吉尔胡利之间失败的爱情只是一个简短的插曲,用来勾画那位兄弟的性格。现在,这本书专门讲两人之间的爱情。

温同样拒绝了《春天的玛丽》,杰克在艾司图书公司的出售权失效了。在霍尔姆斯的推荐下,杰克包括《在路上》在内的所有创作由MCA文学代理公司的菲丽斯·杰克逊接手。

1953年,杰克去加利福尼亚过夏天。卡萨迪一家已经搬去了他们在圣何塞的新家,但是尼尔在一场铁路扳道事故中受了伤(他的一条腿差点儿被车轮截断),远远不是以前那个热情的主人了。过了大约一个星期,他跟杰克吵了一架。他们讨论卡罗琳为午餐准备的猪排时吵了起来,杰克感觉到尼尔嫌他吃白食。杰克回到自己的房间,在一个电热板上自己做饭吃,接着便搬去了旧金山,住在一家贫民区旅店里。卡罗琳记得曾经带着孩子们去看他。看到他着迷于剥落的油漆、咝咝作响的霓虹灯招牌和在走道里打鼾的穷人,她感到极为震惊。杰克一买到船票,便借道巴拿马回纽约,他在散文《灶海中的野蛮人》里记录了这段旅途。

他回到纽约,找了个新欢。"妈妈"依然在干割皮革的工作,已经搬去皇后区的里士满希尔住。但是杰克重操旧业,在她的厨房和曼哈顿的朋友们的公寓里混吃混睡,尤其是艾伦,他住在下东区,当时那个社区还没有成为"东村"。

杰克的新欢是一位漂亮动人的黑人女孩,她就是《地下人》中玛尔杜·福克斯的原型。(在此书中,应她本人的要求,她被叫作"爱琳·梅",那是杰克在《梦之书》中为她起的名字。)

她在纽约五个区中最像农村的地方长大,从高中起就逃学去城里玩,跟杰克上霍瑞斯曼时一样。对一个从安静的小地方来的青少年而言,曼哈顿既刺激又嘈杂,但是由于它舒适的规模,她发现自己第一次去格林威治村时就被它吸引了，等到开始在城里工作，她便搬去了那儿。

她在附近的切尔西区做电话接线员，后来又在总部位于格林威治村东部边缘亚斯特坊广场上的一家社会服务机构工作。

爱琳有几位朋友是哥大长老会医院精神治疗所人才实验项目的病人。凯鲁亚克似乎从来没有考虑过通过精神治疗获得灵感或慰藉。而艾伦在分析师的帮助下拒绝精神治疗，这是他创作生涯中的一个转折点，那位分析师认识到，金斯堡的不满自有其价值。然而，对20世纪50年代的许多格林威治村人和其他纽约人来说，精神分析就是世俗的宗教，它让人们适应这个靠规范行为来界定精神正常的社会，展现了救赎的愿景。因此，拒绝适应这个精神分析的世界观，就变成了一种激烈的反抗行为。

20世纪50年代初，爱琳在一家保健图书公司工作，公司的老板是已停刊的纽约左翼报纸《P. M.》的一位编辑。

"爱琳·梅":

我们推出了《黑糖蜜》《德式酸菜》《尿:生命之水》之类的书。我的感觉是，我们这是在搞哪门子玩意儿啊？我为什么要在这间办公室，把这些账单打印出来，回这些信？如果你在做这样的事，你要怎么找到生活的方向？写信给我们的都是些六七十岁的老人，寻求医疗帮助。我在上艺术和手工课。我们办公室经理在写弗吉尼亚·伍尔夫的一本传记。

在50年代的世界里，在能做你想做的事之前，你得先在这个纯粹的商业社会立足。有很多人无法适应这个现实。

第三章 路

艾森豪威尔告诉我们,"一切都好",大部分美国人对现状很满意,他们在赚钱,或想办法赚钱。50年代初,大家开始感受到麦迪逊大道的影响。人们会说:"你是要投靠麦迪逊大道吗?"甚至麦迪逊大道根本不会要的人也这么说,大家都感觉好多了。我们谁也不会投降的!

杰克长得非常帅气,真的是一表人才。他的蓝眼睛大大的,黑色的头发,印度人那种发型。他为人很直率,是个急性子。他可以非常可爱、非常讨人喜欢。对于别人对杰克的认可和关爱,我总是很惊讶。只要看看他和他的朋友们在一起的情形——即使他醉得一塌糊涂,大家也接受他,喜欢他。他跟他们在一起很自在。不管他做什么,他们都不会生气。

我喜欢过杰克,有时觉得他几乎是我兄弟,我很了解的某个人。我们以前常常一起散步,有时候我们就到处晃荡,无所事事地坐坐,聊聊天,什么也不干。他来曼哈顿,让我想起布鲁克林或泽西的孩子来到大城市里,想做点什么,去一些地方看看。在某种程度上很有意思。

当时,我几乎什么也干不了(或者说,我说服自己相信,没有治疗师的准许我什么也不能干),杰克自己也很茫然。我们俩都是在假装严肃地过日子。

不过,他总是忙着找事干,结识那帮并不想认识他的人。他们不能理解,他为什么以这种不可思议的方式冲他们来。

《纽约客》登了一篇关于《地下人》的非常辛辣的书评,里面写道:"玛尔杜厌倦了他的书卷事业。"我厌倦了连同喝酒、纠缠别人、去这儿那儿在内的所有正在发生的事。

杰克缺乏安全感,多疑到我去走廊,他就想象我跟某个人在走廊里睡觉的地步。如果他在外面,那么我就在跟某个人上床。

我和杰克去看吕西安与他第一任太太,他们刚生了宝宝。这是我头一回见到他们。吕西安非常礼貌严肃地问我:"你是从印度哪里来的?"我一脸困惑地盯着他看。"印度?"杰克告诉过他我是印度人。

杰克很有可能在写完《地下人》之后四五天就拿给我看了。他给我发了个电报:"有大惊喜!等着我,星期五见。"我像一个等着拿神奇礼物的孩子一样等待着。

他走了进来,我们坐在壁炉前,他把手稿递给我。我开始读,越读越震惊。许多内容还没怎么修改。

我可以换种方式看,觉得这就像是一个小男孩拿了一只头被砍了的老鼠给我,说:"瞧,这是我送给你的礼物。"书里描写的时代和人物并不是我所知道的时代和人物,除了他的那些朋友。

他说:"要是你想让我把它扔到火堆里,我会的。"我忍不住笑了。杰克才不会把他仅此一份的原稿扔到火堆里呢。我不相信他会这么做,不过当时我是相信的。

《地下人》记录了利奥·佩瑟皮耶和玛尔杜在格林威治村不同地方的狂乱踪迹。唱片制作人杰里·纽曼、小说家威廉·加迪斯、博普爵士乐的萨克斯手艾伦·伊格,还有诗人艾伦·安森和大卫·伯内特都在那儿,作者为他们取了化名。杰克记载了爱琳对生活的疲乏与不满,也写到他在两人的小吵小闹中找寻那个能让他离开她身边的人。当他们遇见尤里·格利戈里奇(格里高利·科尔索)时,机会就来了。

科尔索是格林威治村人,在一连串寄养家庭中长大,他的童年与卡萨迪很相似。他当了街头窃贼,在三年服刑期间发现了司汤达和陀思妥耶夫斯基。1950年,他二十岁那年出狱。那一年,科尔索结识了艾伦——也短暂地结识了杰克。直到1953年秋,杰克和科尔索才熟络起来。

第三章 路

在《地下人》最令人难忘的章节里,尤里·格利戈里奇偷了一个小商贩的手推车搞恶作剧,惹恼了亚当·穆拉德(艾伦)。金斯堡对这类恶作剧——甚至这种深夜里的行为不端——都很敏感,因为他与洪克、梅洛迪和维基·鲁塞尔曾被抓过。几页过后,尤里和利奥·佩瑟皮耶(杰克)为了爱琳争吵。利奥将一件琐事当作要与玛尔杜分手的信号,然后他独自晃荡到一个货场,在那里看到了他母亲的幻象。

读者读到的《地下人》发生在很诡异的地方。地名来自旧金山的街道和社区,起这样的名字是要让书看上去完全像虚构的,角色与活着的或死去的真人之间若有任何相似之处,都纯属巧合。譬如,手推车那个事件发生在曼哈顿下城平坦的地势上,但是小说中的这个场景里会有一座引人注目的小山丘。旧金山没有推手推车的小商贩。《地下人》最后几页里讲到的货场是旧金山南部南太平洋调车场的"铁路土地"。杰克母亲的幻象出现,让他冷静下来,这一幕很有可能发生在他们以前位于欧松公园的公寓旁边的调车场里。似乎可以肯定的是,杰克的思绪真的从爱琳转向了他母亲。那年他三十一岁。

格里高利·科尔索:

在《地下人》中,杰克对我非常生气,他没有权利那么做,因为我当时还不像现在一样是他的好朋友格里高利·科尔索。那会儿我才刚刚认识他。

对我而言,朋友是很难结交的,尤其在监狱里。交一个朋友很难。但是从监狱出来后,你是诗人,另一个人也是诗人,你们自然就成了朋友,就这么简单。我当时并不那么认为。我过了一阵子才跟这些人成为朋友。

他在《地下人》里写道，我到处游荡，因为没有地方可以待。我说："我没有地方可以坐下来写作。"他提到了这点。他在书里管我叫吃白食的，因为我问他讨过两三美元。所以我们之间还没有建立起友谊。某种感情还没有成形，因为还没有到那个程度——才刚开始而已。由于杰克事无巨细都会记下来，所以人家读的时候就会说，凯鲁亚克的一个老朋友干了什么什么事，但其实不是。我跟他才认识不久。

是我一手造成了手推车事件。我们从富戈齐酒吧出来，正穿过华盛顿广场公园，发现有一辆手推车。我说："你们要不要坐进去，我推你们去金斯堡的家，怎么样？"他们说："好啊，肯定很好玩。"我说："好啊，上去吧。"于是他们坐了进去，我推着车往前走，他们抬头看着天上的星星，太美了。而且我真的推得很平稳。场面非常愉快。

我把手推车停在艾伦的家门口。这么做就不好了，因为在金斯堡安宁的家宅门口留下了把柄，对吧？房东很纳闷，那辆手推车停在艾伦家门口干什么呢？于是他就去调查了。

艾伦和杰克紧张起来。本来没什么大不了的，但是凯鲁亚克的自尊心开始作祟了，他甩下钥匙，跟艾伦说："这是你家的钥匙。"因为艾伦说："你们毁了我家的安宁。"就因为手推车，但是又不仅仅如此，还有艾伦对手推车的主人——那个可怜的流浪汉的好意。

于是我试着让艾伦不要紧张，就说道："不，这手推车不是流浪汉的，手推车是那些母亲的，她们利用流浪汉去捡硬纸板，然后卖掉。"所以它实际上是黑手党的，他们收集纸板箱，然后循环利用。他不应该那么操心可怜的流浪汉，因为那不过是个流浪汉，许多流浪汉每天来，他们丢掉手推车，他们不会捡纸板箱的。不管怎样，我们在那辆手推车里度过了最美好的时光，那也是那辆手推车有过的最美好的时光。

艾伦家的安宁。杰克放下钥匙说："那啥，你和你家的安宁都见鬼去吧,钥匙还给你。"而我呢,我坐在那里:"糟糕,我又惹祸了,我做错事了。"是我让朋友们吵了起来。有时候,我真是个讨厌鬼,不过往好的一面想,我觉得,手推车带给了我们美好的时光。

我用了手推车,把手推车停在艾伦家门口,让两个朋友吵架,也许把他们的关系搞僵了。

我在这个圈子里就是一个用愚蠢的行为把局面搞乱的人。不过我大多数的行为都不是有意的。我事先并没有计划好,这些事给我们留下了愉快的记忆。

艾伦·金斯堡:

要是哪个人把一辆手推车推到杰克在长岛的家门口,他肯定要像一头困兽般尖叫了。

格里高利·科尔索:

哦,是啊。这让他很烦心。不过你要明白,要是没有人推手推车来,就什么事也不会发生了,也就没有什么事可以写了。我也不是蠢得那么不可救药的。你没有了解到主要的情形。主要的情形是坐在手推车里,在纽约城的街上抬头看着天空和繁星——如果纽约城有星星看的话。躺在手推车里,看着高耸的大楼向你逼近。

艾伦·金斯堡:

那可不是主要的情形。主要的情形大概是,我和巴勒斯在公寓时,你们这些家伙偷了手推车。

格里高利·科尔索:

只有比尔看着我,认为我是真正做错事的那一个人。太有意思了。艾伦和杰克争吵不休,我坐在椅子上往后仰,一点儿也不觉得内疚。我还说:"嘿,不过是辆手推车嘛,你想坐吗?"

我的印象是杰克喜欢女人,我就知道这么多。我对他的印象是他喜欢泡妞,他的母亲在某种程度上把他管得很紧。比如说,他们家的床头挂着一个十字架。要是你们来住,要是你们结婚了,可以在床上做爱,但是如果你们没有结婚,那就不能做爱。非常虔诚的天主教——法裔加拿大天主教——女信徒。他的关注点放在非常正派的事上:要好好赡养母亲。他不知道谁还会照顾她。"我得好好照顾她,格里高利。"我说:"你说得没错。"

但是有很多人会把他的性取向与此混淆,以为在那件事上是她逼迫他的。他真的跟女人处得不好。最后他去找他以前的女朋友——希腊女孩斯特拉——最终与她结婚。除此之外,没有一个女人能跟他交往很长时间。

他会要她做些什么呢?"等我不在时,好好照顾我母亲。"

海伦·欣克尔:

杰克见一个女人就爱一个。她们长得很漂亮,很不寻常。他是个多情种,他爱女人。

第三章 路

吕西安·卡尔：

我和杰克非常不一样——学识上、情感上，就连偏见也不一样——那是一个人个性的根本。我们是如此不同。我们是好朋友，因为我们爱着彼此，又因为我们完全是对立面，我们能理解彼此。

对于女人，我俩的看法从来都不一样——我是说我们都想要女人。"乖乖，那个女人适合你，"他会说，"那个女人适合你。"我们从来都不会看上同一个女人。

艾伦·特姆科：

凯鲁亚克的性生活是个谜，没有人清楚。那些家伙恨女人，所有的女人。他们要不就粗暴地对待女人，要不就跟那些没有什么社会地位的女人在一起。对于受过教育的女人，他们完全没辙。

"爱琳·梅"：

女人都喜欢他。我觉得他非常喜欢女人，但我不觉得他会负责任到娶一个要依赖他的妻子。他需要有人来照顾他。

圣雷莫。圣雷莫以前经常人挤人。两个女孩走了进来，她们化着非常浓的眼妆，留着刘海——非常迷人——她们会坐在吧台角落的一组低矮的冰箱组件上。偌大的屋里挤着一百多号人，瞅瞅这儿瞧瞧那儿。我们称他们是观鸟人。

我们大家都是那样。我们站在这些黑白瓷砖铺成的场地上。你要是站在适当的位置，这就成了象棋的棋盘。

我记得戈尔·维达尔站在吧台那里,斜倚在上面,一只脚架在栏杆上。杰克——我已经习惯他那一套了——快要喝醉了,不想停下来。"我得去见见戈尔·维达尔!绝对是历史性的文学场景啊!"对我来说,那不过是个醉酒的场景。

我们走到外面,引起了小小的骚动。我想拉他走,这样他就不会喝一晚上了。他连站都站不稳了,还想让我相信他很清醒,知道自己在做什么。他以前老这样。

戈尔·维达尔:

那天晚上早些时候,我们跟威廉·巴勒斯在一起,他刚从墨西哥回来。巴勒斯给杰克写过一封信,说他想见见我,因为我在《帕里斯的评判》封面上的照片"很漂亮"。(两三年前,我收到过信的复印件。)于是我们三个人去吃饭,喝得醉醺醺的。

然后杰克打定主意,是时候让我和他上床了。夜色加深了,我觉得这个主意不太好,我们越喝越多,天马上就要亮了。最后,巴勒斯消失在夜色里,我和杰克去了切尔西旅馆。

对于发生的事我印象非常深刻,想必杰克也是。谁要是好奇,要是想知道确切发生了什么事,可以去读一读《城市与梁柱》的前面几章。

关于发生的事,杰克非常开心,尽管第二天的宿醉很折磨人。他身上的钱用光了,于是他向我借一美元。他在书里没写错。我把钱给了他,我说:"现在你欠我一美元。"这是我们分开前我说的最后一句话。

直到《达摩流浪者》出版,我才再次见到他,那是1958年。同时我读过《地下人》了,我就说:"你为什么不写那晚在切尔西发生的事呢?"

他说:"哦,我忘了。"

我说:"你没有忘。"

"呃,也许我是想忘记。"

我说:"这就是你想要向世界兜售的东西?你那诚实直率、绝对真实的一字不改的文学。就是这样?"

他不知道怎么回答。我想那就是他以为他在做的事。但是他其实太胆怯了——

我后来帮一号演播室制作了一档电视剧。一个叫杰克·贝尔菲尔德的人在麦肯广告公司工作。他说有一回他在圣雷莫时,有个疯子突然站起来大叫:"我吸过戈尔·维达尔的鸡巴!"杰克·贝尔菲尔德过来告诉我:"我觉得这对你是非常不好的宣传,戈尔。"我说:"呃,那人长什么样?"原来是凯鲁亚克。

钓男同是四五十年代的全国性运动,在纽约文学界尤其激烈,少数几个同性恋编辑当然被好好地隐藏在最深最暗的地方。《党派评论》从高雅品位的立场出发,对这个话题最为恶毒,而《纽约时报》则代表中等文化阶层进行神圣的战争。说是有一个男同作家和编辑组成的第三国际正在扭曲并诱惑天真的年轻人,这是一派胡言。

杰克是双性恋,杰克免不了用他的这个特点,还有他的外表魅力去得到自己想要的。有些时候他可能——我是非常委婉地说这些话的——就是靠那个来给自己的作家生涯铺路的。

艾伦有没有告诉过你杰克的母亲是怎么说的?他说杰克带他回洛厄尔的家去见见他母亲。杰克说:"我的老天,艾伦,别一副娘娘腔的样儿,像个爷们行不行。我妈是个老派的罗马天主教法裔加拿大妇女……"对于把艾伦带回家,他非常紧张。这是艾伦去给他的男同身份打掩护之前。艾伦看着就像一位年轻的广告经理,他骨子里就是——我相信现在依然是。

所以艾伦表现得很得体,他是这么认为的。然后等杰克一离开房间,凯鲁亚克夫人就对他说:"你是同性恋吗?"或是类似的某个词。她说的极有可能是"娘炮"这个词。他说:"是啊,我想我是的。"她说:"那太有趣了,因为,你知道,我一直以为杰克的父亲就是。"接着她开始滔滔不绝地说起她对杰克他爸而不是对杰克的怀疑。

艾伦·金斯堡:

其实没有发生,不过我愿意相信杰克告诉戈尔·维达尔这事发生过……

除了偶尔在写作中提到以外……杰克尽量避开他自己的同性恋遭遇,尽管非常罕见。他完全忽视了我的这个特点,在现实生活中他其实感到难过。别人当面问他时,他很难过。我自己在道德问题上也挺拘谨的。

我记得有一回在纽约,1948年左右,我们在尼尔家附近坐坐。我想,尼尔就穿着一件薄薄的中式睡袍,我的一只手在尼尔的大腿上放了一个小时,我们在进行很长的谈话。杰克最终烦躁地说:"把你该死的手从他的大腿上拿下来行不行啊……你一直在抚弄他。"真的很好笑,这话就像他母亲说的一样,他母亲的回音,让人莫名其妙。是感觉,还是嫉妒?还是感受到了我的挑衅?……

最后尼尔不得不反驳杰克,他说:"管好你自己吧,杰克。"类似这样的话。"有什么要紧,杰克?我乐意。"我忘了他说的是什么,反正他帮我说话。

他会引诱我……酒后跟我开玩笑……尤其在通电话时,直到我意

第三章 路

识到他在引诱我,然后我就回过来引诱他……他像是想测试下,我不论为哪个立场辩护,是不是都会变得非常以自我为中心……他指责我"带坏小男生"时,我也许很受伤,但是我也许应该说:"你说得一点儿都没错。你就是下一个,进来,脱下你的裤子!"那样的话他会收敛一点,不再故意挑事。或者如果我说,"是啊,但是不像你那水性杨花的母亲一样堕落,还有你那阴魂不散的父亲……",那么他会收敛一点,会聊点正常的内容。

杰克用了三个晚上的时间,靠吸食安非他命写完了《地下人》。这本书与杰克其他的虚幻传奇一起,归入了他的经纪人菲丽斯·杰克逊的公文柜里。

巴勒斯离开纽约去哥伦比亚找寻雅格。在邻国巴拿马,他形成了对香蕉共和国的士兵和公务员的印象,他会在《裸体午餐》中讽刺他们。艾伦开始计划前往拉美探险,除此之外也在考虑要不要搬去跟南加州的同道中人一起住,又或是去加州大学伯克利分校读个研究生。

杰克去了位于旧金山湾南端圣何塞西部的小镇洛斯加托斯。尼尔和卡罗琳在那儿一座带大院子的农场式屋子里安定下来,不过,他们头一回没有为杰克准备一间多余的房间。他什么也没有说,但卡罗琳感受到了他的不悦。他没有睡在客厅的长沙发椅上,而是在院子里搭了个帐篷,卡萨迪家的可卡犬每天早上会舔他的脸,把他舔醒。静脉炎又来烦扰他了,卡罗琳见过他长时间倒立,只为了让血液从腿部回流出来时能舒服一点儿。

自打他们上回聚在一起以来,卡萨迪夫妇已经成了美国"半仙"埃德加·凯西一本正经的信徒。当尼尔和卡罗琳想分享一下他们对凯西的狂热时,杰克用佛教的警句来回应。艾伦以后会在印度修习印度教教义。不管杰克对佛教的兴趣是开始于20世纪40年代中期韦弗教授给的阅读书单，还是后来才萌生的，反正他现在完全沉浸于这个主题，经常消失在圣何塞的公共图书馆里，读这个领域的书籍。他的一手材料主要来自一本收集了佛教经典文本的书，就是德怀特·戈达德的《佛学圣经》。在这本七百多页的书里，他发现了宏大的历史循环的概念，宏大得让斯宾格勒的书相形见绌。他同时还发现了达摩的概念，那跟他在《萨克斯博士》的结尾处自己提出来的宇宙自我调控的原则不谋而合。《摩耶》这部有关现实的虚幻剧契合了他对于个体渺小的构想，该剧的灵感来自多年前他在洛厄尔母亲家后院走廊上看到的繁星点点的8月夜空。

杰克用他的速写技法，把《佛学圣经》里的语句用自己的话表达出来，收录在至今尚未出版的日记《达摩数记》里。杰克从未抛弃过他的天主教信仰，但是所有生命都在受苦，以这一点为前提的思想观念帮助他理解了自己的处境。

跟尼尔和卡罗琳一起住了几个月后，三个人因为共同买的大麻该如何分配发生了争执。1954年3月，杰克搬回旧金山的米慎街旅馆。在那里，他创作了《旧金山布鲁斯》，那是一系列关于街头生活和酒鬼的忧郁的诗歌，其中一些诗句带有最初出现在杰克出版作品里的佛教语句和思想的色彩。

6月，利特尔和布朗出版社拒绝了《在路上》。但过后的那个夏天，供职于维京的批评家兼编辑马尔科姆·考利写信给杰克，同意他从书里选一段文字给阿拉贝拉·波特看，后者是西涅图书发行的高质量平装本评论《新世界写作》的一位编辑。自从菲丽斯·杰克逊没能让这本书出版以来，杰克就愤怒地与MCA断绝了往来，但是考利被书的新奇感打动了，成了杰克的拥趸。他在1954年写的综述性作品《文坛现况》中如此赞扬书稿：

> 有一个相当大的群体，他们拒绝服从，发起了一场顽强的叛变——很难说他们反抗的是什么，因为这个群体并没有制定章程，但他们很有可能是在反抗同龄人接受的法律、习俗、恐惧、思维习惯和文学标准这一整套传统……他们经常谈论"地下人"，自称是"垮掉的一代"。发明这第二个称谓的是杰克·凯鲁亚克，他尚未出版的长篇叙事《在路上》是对他们生活的最佳记录。他们在两个层面上跟大多数传统的年轻人无异：他们不关心政治，即便是吸引观众的体育比赛也让他们提不起兴趣，他们在寻找某种信仰，一种会允许他们与世界和平相处的真正的宗教信仰。

马尔科姆·考利：

我第一次注意到凯鲁亚克，是因为他交到维京出版社的《在路上》的手稿，具体来说是交到在维京出版社工作的我手里。我不记得它是怎么来的了。有可能是艾伦·金斯堡带来的。那时，书稿已几经易手。在某个阶段，它已经修改过，重新打印出来，等交到维京出版社时，它是按传统的方式编页的。

我带着极大的兴趣和热情读完了手稿，我在维京的一次会议上说起它，让两三个编辑也去读了，但是不行，他们不肯出版。我很在意这件事，心里想："这是全新的东西，应该要出版出来给读者们看看。我们得为它铺好路。"

当时的维京是一家相当保守的出版社，他们觉得我们的销售员不会愿意把这样的书摆在书店里，所以手稿就一直放在我的桌上。凯鲁亚克来找过我几次,我说:"你首先要做的,是找出其中的一些选段,先登在杂志上。"于是我就选了叫"墨西哥女郎"的那一段,给了《巴黎评论》,他们挺热情地接受了。然后我又看看还有哪些选段可以单独发表。那就是关于旧金山爵士乐的一段,阿拉贝拉·波特把它登在《新世界写作》上。

时间慢慢地过去。我跟杰克继续碰面,有时候,艾伦·金斯堡会跟他一起来。我记得有一天晚上,我和杰克去城外。我想让他带我去看看格林威治村的新型酒吧,对于那些我完全不熟悉,我已经二十年没怎么回过格林威治村了。他就带我去了。我记得他信誓旦旦地说,五十年后,世界上只会留下两种宗教。我好奇地问:"是哪两种呢?"他说:"伊斯兰教和佛教。"那让我相当惊讶,因为杰克是在天主教家庭长大的,这是他的本性里最固定的一部分。

所以,我时不时地会跟杰克和艾伦·金斯堡见面,给他们些建议。我觉得,艾伦想过也许我可以当垮掉派的类似于年迈祖父的角色,可我对这个主意不感兴趣。

因为《"垮掉的一代"的爵士乐》一文,阿拉贝拉·波特付给杰克一百二十美元的稿酬,并且同意他以"让-路易"的笔名发表文章的要求。杰克很害怕用真名发表或出版作品,唯恐他的前妻琼·哈弗蒂起诉他,问他要女儿的抚养费,杰克先前不承认女儿是他的。那篇文章安排在1955年,也就是第二年春天发表。

1954年10月,杰克回了趟家,回洛厄尔看看。回到"妈妈"在里士满希尔的公寓中,他试着解释给她听他在研习佛教过程中找到的安慰,但是加布丽埃勒固执地要求他把佛教当成异教。两人的争吵在以后的年月里还会恶化。

第三章 路

那年圣诞节,"妈妈"独自去了落基山市。杰克待在里士满希尔,继续修改《在路上》,希望考利的计划可以成功,希望波特刊登的那个选段会激起某个尚未拒绝他手稿的出版社的兴趣。

虽然杰克穷得叮当响,需要以静脉炎持续发作为理由向残障所申请补助,但琼·哈弗蒂还是起诉了他,问他要孩子的抚养费。艾伦的律师兄弟尤金·布鲁克斯为他辩护,杰克说服了法官相信他一贫如洗。谁是生父的问题依然悬而未决,虽然在后来的几年里,杰克的好朋友们会发现,琼的女儿确实是他的。

事实上,杰克的静脉炎恶化了。他最早是在写《镇与城》时因为无节制地吸食安非他命而发病,50年代初,又因为酒瘾越来越大而恶化。他只有用绷带绑住双腿,控制住肿胀,才能稍微舒服一些。他经常不得不在床上打字写作,把一台便携式机器搁在大腿上方的一块木板上。

杰克把苦痛化作对佛法的坚定信仰。1955年春在落基山市,他开始写佛陀的传记《醒来》。宁和她丈夫对于杰克的酗酒感到很泄气,又因为他向他们解释佛法而很苦恼。《"垮掉的一代"的爵士乐》刊登在《新世界写作》上这件事也没能恢复杰克在他们心目中的声誉。

动身前往北卡罗来纳前,杰克在吉鲁的帮助下找到了一个新的代理人——斯特林·洛德公司的斯坦利·科尔伯特。科尔伯特把杰克的新版《在路上》交给了克诺夫出版社,他们迅速地拒绝了。不过,考利现在在维京有了一个新的同盟。

马尔科姆·考利:

维京雇了一位新编辑,叫基思·詹尼森,基思以极大的热情读完了手稿，他有能力和信念让他的策划获得成功。这一回，基思在我的帮助下，让《在路上》通过了维京的会议。最终，书稿得到了他们的认可。

除了把书里写贝亚·佛朗哥的那一章节卖给《巴黎评论》之外，考利还想方设法从艺术文学院谋得了两百美元的补助金，帮杰克渡过难关，直到维京开始支付他版税。杰克用那一笔补助和维京给他的小额预付支票，与比尔·加弗一道在巴勒斯位于墨西哥的老公寓里度过了1955年的夏天。巴勒斯在丹吉尔，正在写后来被整理成《裸体午餐》的草稿。

杰克那年夏天写的一个故事表明，金斯堡、巴勒斯与凯鲁亚克会共用一些主题和方法。《城城城》是杰克发表的唯一一个科幻故事，故事显然受到了他梦见的"避难之城"的启发。《城城城》的风格，以及其中危险迷人的"乌有之地"、计算机开具的药物、"激活"的神秘力量、为真实生活和自由恋爱而战的游击战士，很容易让人联想起巴勒斯在他许多奇思妙想的作品里探讨的控制系统。

那个夏天，杰克"沾了沾"吗啡，吸食大麻后借着那股劲儿继续诗歌实验。他完成了《墨西哥城布鲁斯》，那被认为是他笔下最好的组诗。"我想要大家当我是爵士乐诗人，在周日下午的一场爵士乐即兴演奏会上吹奏一曲长长的布鲁斯。我用了二百四十二个主题，我的思想变幻不定，有时候从这个主题跑到那个主题，或者从一个主题的半途跑到下个主题的半途。"每个主题代表了单独的一段时光。迄今为止，杰克人生的每个重要方面都包含在这些速写文字里——即使只是作为附和音——杰克用爵士乐做类比是很精准的。其中一些主题读起来像慢速回放的拟声歌曲，这些词语被"吹奏"出来是因为它们有音乐价值,或者说它们与凯鲁亚克脑海中的主题有着一语双关的联系。

威廉·巴勒斯:

杰克会坐着一连写上好几个小时。手写,全是手写。他会坐在一个角落里,说:"我不想有人打扰我。"我不会去在意他。他不停地写啊写。

凯鲁亚克的写作方法对他而言很管用。那并不意味着对其他人也管用,因为对我来说就完全行不通。我不以那样的方式写作。我会修改。他总是说第一个版本是最好的。我说:"也许对你来说是最好的,但对我而言不是。"我至少要改过三稿,稿子才能基本成形。当然,这是沃尔夫留下来的传统。创作的方法也非常相似,就是以极快的速度让语词流淌和写作。

在墨西哥那会儿,他的全套理论都运用得很好。也就是用语词来打草稿,注意语词的流淌,用第一稿——第一次想到的那些词。

格里高利·科尔索:

我们看到他在写《墨西哥城布鲁斯》,那是我第一次看到他抽大麻。我与彼得(奥尔洛夫斯基)还有艾伦住在楼下,比尔·加弗住在隔壁,他吸吗啡很上瘾。

杰克当时正在过马路,去街对面的酒吧,我记得他看了看自己的手掌心。我说:"瞧瞧他的手。"我说它们就像是克拉克·盖博的手——很结实,有男子汉气概。我看了看说:"这双手肯定会成功的。"

他非常执着于帮助一个吸毒成瘾的墨西哥姑娘——他笔下的特

丽斯苔莎(杰克的小说《特丽斯苔莎》),他带我去见她,是在一栋非常奇怪的墨西哥楼房里。它像是用玻璃砌成的,但我们只是走在玻璃地板上而已。有一间很小的屋子,她从里面出来。他对她怀着深厚的感情。我认为他根本就不知道瘾君子的真实面目,因为你啥也帮不了他们,只需要给他们一些毒品,他们就会好起来。没有什么方法能减轻他们的痛苦,除非给他们解药。

"特丽斯苔莎"的真实姓名是埃斯佩兰萨·维拉努埃瓦。

到那时,杰克已经接受了佛教的独身信念,吗啡和静脉炎带来的苦痛在其中无疑功不可没。一年以后,也就是 1956 年,他回到了墨西哥,向她吐露爱慕之心。不过对他的告白,她冷眼相待,那是瘾君子习惯为了注射一针毒品就出卖自己身体的冷漠。杰克把她的形象加入了他为玛尔杜·福克斯和玛吉·卡西迪书写的伤心情事的编年史中。小说《特丽斯苔莎》里的杜洛兹,是一个在充满邪恶的日常世界里漂流的幼稚傻蛋。

1955 年 10 月,凯鲁亚克去旧金山"朝圣",金斯堡已经去那里看望过卡萨迪夫妇了。在尼尔家短暂待了一阵子后,艾伦在旧金山工作了一年,写下了《嚎叫》,然后搬去了伯克利,住在那儿的密维亚街的一间农舍里。他一开始打算在加州大学伯克利分校办理入学,拿一个硕士学位,但是计划没有实现。

旧金山一直以来有着丰富多元的诗人传统,他们中的许多人从其他地方来到这座城市,像金斯堡、科尔索和其他东部人那样。譬如,迈克尔·麦克卢尔就是被克里福德·斯蒂尔[1]的抽象表现主义吸引,从中西部来到此地的。1955年秋,湾区的诗界仿佛是超级饱和的溶液,等着结晶成一块水晶。后来证明,《嚎叫》就是那块水晶。

艾伦近来的平静和对自己身为诗人的信心,多半来自他与一个白肤碧眼的帅气年轻人之间的强烈感情,那个年轻人名叫彼得·奥尔洛夫斯基。画家罗伯特·拉维涅为两人牵了根不寻常的红线。

彼得·奥尔洛夫斯基:

我出生在一个非常贫穷的家庭。我的父亲是俄罗斯人,他没有什么朋友,总是忙着做生意,在纽约生产领带,丝印领带。一桩生意做到另一桩,失败了一次又一次,所以他把所有时间都花在工作上,几乎不回家。我的母亲耳聋,一场糟糕的手术导致了左脸面瘫。她整夜不睡觉,不停地喝酒——整个40年代,在我的童年时期,他们白天也喝很多酒。我们家非常乱,一团糟,情况就是这么恶劣。我有三个兄弟一个姐妹。我是老三。后来我去当兵了,驻扎在旧金山的赖特曼医院。我在那儿遇见了罗伯特·拉维涅,他是艺术家。我跟他同居了一年。后来艾伦看见了拉维涅画的一幅我的裸体像。

艾伦看到画后爱上了我,然后我们就在一起了。我爱上艾伦是因为他很聪明。他知道很多,会背许多诗歌给我听,他爱我,这让我很激动。

1956年初,我回东部去接我的兄弟拉法卡迪奥,他在家过得不好。

---

[1] 克里福德·斯蒂尔(Clyfford Still, 1904—1980),抽象表现主义运动早期领导人之一。

我们回到了旧金山,住在那儿,杰克会过来看望我们,尼尔也常常来。1955年,杰克来后跟艾伦吵了一架,指责艾伦对我不轨,还在浴室门上撞出一个裂口,他骂艾伦是好色之徒,说他喜欢年轻男孩子,你也知道。我猜是因为他在天主教家庭中长大。

我立刻就喜欢上杰克了。他长得很粗犷、很健壮,运动员的体格。杰克在谈论佛教,关于十方世界、如来佛、乾闼婆,还有永恒。他们有德怀特·戈达德的《佛学圣经》,于是艾伦就开始念《金刚经》《心经》和《楞伽经》。

我们有一天去找艾伦·沃茨[1],他在亚洲协会做讲座,我们在诺布山区那些宏大奢华的房子外面。我想给杰克留下好印象,我们在街上开心地聊了很久,聊突然间你得爱所有人,对所有人友善。我是从艾伦那儿学来的,我读过艾伦让我读的一些诗歌;读过《白痴》里的那些段落,梅什金说你得爱所有人;或是佐西马长老[2]说一切都基于爱、友好和心善。

杰克会站在街上把内容写下来。文学谈话的主要内容——谈论他们在读什么——无穷无尽,总是很精彩,因为他们总是能一连聊上好几个小时,然后他们会读一读格里高利写的或艾伦写的或杰克写的或尼尔写的或比尔写的诗。他们对字词,对字词的无尽流淌保持着永恒的兴趣。

杰克经常练习,就像在静坐修禅,像佛教徒那样静坐。静坐—写作—静坐。坐在打字机旁。杰克真的会回家一连写上好几个小时,这么多年来坚持如此。那是写作的静坐,或是创作的静坐,或是创意艺

---

[1] 艾伦·沃茨(Alan Watts,1915—1973),英国哲学家、作家、演说家,因以西方人的身份介绍推广东方思想而出名。

[2] 佐西马长老是《卡拉马佐夫兄弟》中的人物。

术的静坐,跟弃绝不是一回事。那是另一种静坐,感知到思绪在空间中,或是思绪和空间融为一体,或是关注着气息呼出你的鼻子。

金斯堡想礼貌地结交肯尼斯·雷克斯罗斯[1](威廉·卡洛斯·威廉斯帮他写了介绍信,威廉斯是新泽西帕特森市附近的拉瑟福德人)。雷克斯罗斯很有学者风度,但是不供职于某个学院组织。他是诗人、评论家、翻译家和文学界的巴纳姆,由于住在城里的人均须遵循本地习俗,他的家几乎成了文艺界的大使馆。城里新来的诗人展示自己的作品集,这是一项很重要的仪式。

雷克斯罗斯本着一片好意,把要在1955年11月的"六画廊"上登台的作家聚到一起。那个夜晚后的二十年里,这一行为渐渐被认为是一道分水岭,如同军械库展览会[2]在美国绘画中的地位,或者《春之祭》[3]对于现代作曲界那样。

劳伦斯·费林盖蒂:

我有一辆老款的奥斯汀,我开车带着艾伦、凯鲁亚克和科尔索去"六画廊"的朗诵会。车子重得轮胎都压扁了,开着这辆小得不能再小的车,我们去了这个小得不能再小的车库,也就是"六画廊"。

凯鲁亚克在那次朗诵会上喝红酒。他带了一大罐红酒,躺在舞台

---

[1] 肯尼斯·雷克斯罗斯(Kenneth Rexroth,1905—1982),美国诗人、翻译家、评论家和哲学家,被誉为"垮掉派教父"。
[2] 军械库展览会(Armory Show),正式名称是国际现代艺术展览会(International Exhibition of Modern Art)。这是一次绘画和雕塑展览会,于1913年在纽约市第69兵团军械库举办,在美国现代艺术运动中具有决定性意义。
[3] 《春之祭》是美籍俄罗斯作曲家斯特拉文斯基创作的一部芭蕾舞剧。

附近的前排地板上。整座建筑就是一个改造过的车库,进深大约二十五英尺,宽二十英尺。有时候凯鲁亚克会昏睡过去,大家以为他晕厥了之类的,但他的脑子里什么都记得。

迈克尔·麦克卢尔:

就在我们开朗诵会的几个月前,1955年早些时候,罗伯特·邓肯在那儿朗诵了他的剧本《浮士德·福图》。我想那给了沃利·赫德里克灵感——在他的"六画廊"举办一场诗歌朗诵会,所以他问我是否能组织这场朗诵会。那会儿,我妻子乔安娜有孕在身,而我又在博物馆工作。我在街上遇见了艾伦。他说:"你干吗呢?怎么了?"我说:"我奉命组织诗歌朗诵会,但是我现在真的是时间不够用啊。"他说他来做吧。所以艾伦把这项任务接了去,帮我们组织了朗诵会。

很有可能艾伦当时已经在找地方举办一场诗歌朗诵会了,因为他非常爽快地接受了"六画廊"这项任务。他肯定已经有了这个想法,甚至当时有可能还跟我提过。

我之前没有见过菲尔·惠伦和加里·斯奈德。那天晚上我是第一次见到他们。当然,菲利普·拉曼提亚和雷克斯罗斯我认识。这是我参加过的第一场诗歌朗诵会,我觉得有好多人前来参加了。

我猜得有一百二十五人。我非常紧张,但我又觉得那是一个极其愉快和美妙的夜晚。我很享受大家的诗作,但周围环境让我无法集中注意力。

大家都喝了好多酒,还进行了募捐。人们出去拿酒,很多大叫大嚷的声音。我读了一封杰克·斯派塞[1]的信,他想回旧金山找份工作,那样的话他可以从波士顿回来,大家都在议论那件事。

拉曼提亚已经小有名气,但是我觉得他的名气还不到人尽皆知的程度,主要还局限在文学圈里。所以本质上,拉曼提亚也是新人。我想那就是神秘之处了。艾伦和罗伯特·邓肯当然不熟,巧的是我正好能帮他们搭个桥。我觉得罗伯特从来没有发现,或者说如果他知道我在帮他们牵线搭桥,他可能会很感激我。

真正让大家聚在一起的是同志情谊。我们六个在画廊里朗诵的诗人与这儿原先就有的非常美好、非常有影响力的文学圈之间,有着不一样的精神气质。邓肯、雷克斯罗斯、埃弗森、吉米·布劳顿和马迪·格利森,还有许多其他人形成一个文学圈,这个圈子从40年代起就开始发展了。我们所有人都靠自己的实力,所以我认为我们大家都对彼此产生了很大的影响。

杰克鼓动金斯堡和其他人上台,就像人们鼓励爵士音乐家去秀一场精彩的独奏那样。在杰克看来,加里·斯奈德是画廊这一小型分水岭的舞台上最重要的人物。当时斯奈德是伯克利的研究生,为了看懂佛教经文最原初的版本,尤其是当时美国几乎无人知晓或理解的禅宗大师的著作,他在进行东方语言的相关研究。

艾伦·金斯堡:

在旧金山,肯尼斯·雷克斯罗斯每周"在家中"一天。我肯定曾经

---

1 杰克·斯派塞(Jack Spicer,1925—1965),旧金山文艺复兴时期的美国诗人。

跟加里·斯奈德去拜访过他，我单独又去过一到两次，我有一次与菲尔·惠伦、杰克、加里和彼得一起去他家。肯尼斯的家有一个很大的图书室，收藏了许多本《易经》和《太乙金华宗旨》，以及中国诗歌、日本诗歌、古英语和德语词典……很大的一个图书室。

他已经认识加里了。其实，本来就是他介绍我和加里认识的，从而也让加里和凯鲁亚克认识了。我忘了第一次是跟谁一起去他家的——也许是麦克卢尔，也可能是罗伯特·邓肯，或是劳伦斯·费林盖蒂。威廉·卡洛斯·威廉斯帮我给他写了封介绍信，我想我还给他带了本我的书《空镜》，书的序言是威廉斯写的。我想我把书给了他，他说给邓肯。我有可能还给他带了凯鲁亚克的《科迪的幻象》。我随身带着《科迪的幻象》，也许还有《雅格信笺》《空镜》，以及一大堆东西，最终来到了西海岸。我把书都带来给他看。

……不管怎样，我有一回跟杰克一起去参加雷克斯罗斯的沙龙。雷克斯罗斯读过他写的书，知道他的名气，非常欣赏他，并说他是美国最伟大的未出版作品的作家。或者他也许是对考利说的这话，也许考利就是这么知道的。杰克有一点儿醉了，要是我没有搞错的话，他坐在地板上大笑，雷克斯罗斯担心杰克吵醒他的宝宝——他女儿——就很心烦，对他很生气，骂他是狗杂种，命令他出去。或者是过后他对他很生气，等我们离开后，但他当时很心烦。呃，凯鲁亚克是有一点喝醉了，不过只是类似于周五下午的微醉而已，并没有大闹现场，当然也不暴力之类的。所以说雷克斯罗斯有一点担心过头了……我觉得他误解了情形……他请我们离开。他的借口是吓坏孩子们了，但孩子们并不在那儿，他们在卧室里睡觉之类的。我觉得杰克其实并没有吓坏他的孩子们。

……然后我也有一次表现得很不好。我在那儿有一点喝醉了，我刚刚朗诵了《嚎叫》,发现跟雷克斯罗斯擅长的类型相近。他写过一首诗,叫《你杀了狄兰·托马斯,你这个穿着灰色法兰绒西装的狗杂种》。那是雷克斯罗斯早期的一首著名诗歌,有点儿垮掉派的风格。在诗中,他自命不凡地指责那个身穿布克兄弟西装[1]的男人杀了狄兰·托马斯。那是一首充满爱意的诗歌,只不过不是很时髦,传达的诗意也不浓烈。于是我喝醉了酒,就把那首诗歌跟《嚎叫》比较——在我的脑海里——我说,"雷克斯罗斯,作为诗人我比你优秀,而且我才二十一岁",还是说二十八岁,三十岁,我记不清了(他二十九岁)。这对他而言是很糟糕的举动,因为这是在嘲笑他,就像一些年轻人现在常对我做的那样。

但他无法容忍,认为这是某个极其讨厌的少年犯的傲气。确实如此,但也没那么当真。我只是喝醉了,我第一次发现我真的是诗人,然后就说了不该说的……说来奇怪,我以为我是坦诚相待,或者说是友好、直白、坦率,类似这样——说出真心话而已。我不知道该怎么形容,但是我觉得我没有伤人。可他觉得我的心眼坏透了……

画家沃利·赫德里克是当时的主要人物之一,他问雷克斯罗斯是否认识愿意参加朗诵会的诗人,"六画廊"的朗诵会就是这么办起来的。也许雷克斯罗斯请麦克卢尔去组织,而麦克卢尔不知道该怎么组织,或者说没有时间。雷克斯罗斯问我,于是我见到了麦克卢尔,雷克斯罗斯建议我去找另一位住在伯克利的诗人,就是加里。于是我就去了加里的家,立刻发现我与他在怎么看待威廉·卡洛斯·威廉斯的诗歌上意见一致,因为那时我已经写了《空镜》,他开始写《神话与文本》了,或者是《浆果盛宴》之类的书,他讲给我听他朋友菲利普·惠伦的

---

[1] 布克兄弟(Brooks Brothers)是美国知名男士服装品牌,创立于1818年。

事,惠伦第二天就会到城里。我跟他说到我的朋友凯鲁亚克,那天凯鲁亚克正好在城里。三四天后,我们所有人都碰上了……

我和杰克从伯克利来,刚刚到达旧金山的客车终点站"关键系统站",我们就在第一大街和米慎街偶遇了。加里和菲尔在一起,我和杰克在一起,大家一见如故,开始聊天。当时菲利普·拉曼提亚在城里——1948年在纽约我就认识他了——还有迈克尔·麦克卢尔。所以诗人都到齐了。然后我和加里决定,既然我们是通过雷克斯罗斯认识的,我们应该邀请雷克斯罗斯做第六个——第六个诗人——在"六画廊"中出场,他算是我们的兄长。

1955年秋天,罗伯特·邓肯在欧洲,他的远近知名度在旧金山的诗人当中仅次于雷克斯罗斯。他与诗人罗伯特·克里利和查尔斯·奥尔森走得挺近,50年代,三人都在黑山学院执教。他以超然的态度观望着雷克斯罗斯和其他人的友谊破裂瓦解。

罗伯特·邓肯:

雷克斯罗斯一开始真的在资助金斯堡,对他很友好,对一项新运动的出现很欢迎。有一段时间,他满怀同理心和善意,继续写关于垮掉派的事。那是街头诗歌第一次出现,雷克斯罗斯想成为一位受大众喜爱的诗人。大众诗歌、大众写作正席卷整个城市——他的城市,实际上是他的地盘。

那件了不起的事发生时,我人在欧洲。不过之前我就读过一大堆凯鲁亚克写的东西,还有巴勒斯写的东西,因为1954年金斯堡来旧金山前,已经寄过一大堆东西给雷克斯罗斯,雷克斯罗斯给我们大家看过。他说:"哇,你读过类似这样的东西吗?"金斯堡只有《空镜》里的诗歌,以及威廉·卡洛斯·威廉斯写的那篇序言。《空镜》让我很腻烦。它里面就是:"我屁也没有,什么也没有,我就是个可怜虫。"金斯堡总是生活在他要认识了不得的作家这个浪漫幻想里。艾伦是因为雷克斯罗斯而来的旧金山,因为雷克斯罗斯和帕钦[1]。遇见我这么个小人物,他也觉得是遇见了什么了不得的诗人,对他来说,凯鲁亚克和巴勒斯也是如此。他创造了一片天空,那上面有着新的星星,他的创造是诗人式的。那让我觉得很有趣。

1956年,我从欧洲回来。途中,我在黑山学院教了两学期的书,1956年8月或9月,我到达旧金山。刚回来的头两个星期里,一大帮人冲来我家。我不知道凯鲁亚克是不是也跟着那伙人一起来了,但是我知道金斯堡、科尔索和奥尔洛夫斯基冲进了我的家。他们说"我们来看看邓肯",就像侵略军一样吵吵嚷嚷地来了我的公寓,他们就是这副德行。

杰克几乎是一认识斯奈德,就立刻把对方视作了新英雄。跟以前对尼尔一样,杰克成了这位新朋友的学徒。1955年10月,杰克在跟斯奈德一起爬北内华达山脉的马特洪峰时,赢得了"临阵脱逃的佛祖"这一外号。与他们一同爬山的是困惑的书呆子约翰·蒙哥马利。

加里·斯奈德:

在伯克利读研、学习中文和日语、计划去东方时,我——或许太过

---

[1] 肯尼斯·帕钦(Kenneth Patchen),美国诗人。

循规蹈矩——决定应该去整整牙齿。我没有发现原来牙医遍地都是。不管怎么说,我去加州大学牙科学院报了名。两年时间里,我每周骑车从伯克利到旧金山,让一个日裔美国牙科学生帮我整牙。有一次,我随身带了本《新世界写作》第7期,读了一个名叫让-路易的人写的小文章,那是我在很长一段时间里读过的最愉快的东西,它一直留在我的脑海里。当时,我不知道关于杰克和艾伦的任何事,但是我从没有忘记过那篇小文章——《"垮掉的一代"的爵士乐》。那是我第一次看到"垮掉的一代"这个说法。当然,我喜欢的是它的内容,里面的活力,还有人物的塑造。它自然没有署"杰克·凯鲁亚克"的名,署的是"让-路易"。

后来,我遇见了艾伦。之后不久,我遇见了杰克。见到杰克时——我听艾伦说起他的抱负,再听杰克本人说话——我突然想到他就是让-路易。

艾伦问雷克斯罗斯,这个地区有谁在写有趣的诗歌。艾伦是想组织某种诗歌朗诵会,肯尼斯提到了我的名字,说他可能会想找我。于是艾伦就来到了我家,当时我在后院里修自行车,他说他跟肯尼斯聊过。然后我们就坐下来,开始聊聊我们都认识谁,还有我们的想法。

在某种意义上,杰克是20世纪美国的神话记录者。那也许就是他的那些小说站得住脚的原因——它们会是20世纪神话的最佳表述。如同金斯堡代表了20世纪美国的一个清晰的原型,我想有趣的是,在杰克眼里,我是20世纪美国的另一个原型,是西部的原型,是无政府主义者、自由论者、世界产业工人联盟传统的原型,也是户外工作传统的原型,正好契合了他对季节工人、铁道流浪汉、蓝领工人的兴趣。我是那另一个方面。

就像有一次,我记得我们在一起好几个小时,我就解释给他听伐木场是怎么作业的,伐木工程是如何一步步进行的。我觉得他没有在哪一本书里用到过这个素材,不过他总是在收集那类信息,并且热情地消化它们。

如果说在某种意义上,我的人生和工作——以其自身的方式——是梭罗、惠特曼、约翰·缪尔[1]等人的事业的一种怪异延伸,那么杰克一头钻了进来,他将之视为有助于自己在这个世纪里实现抱负的珍贵之物。

而艾伦,他是纽约的激进派,犹太知识分子。杰克真的很擅长辨认这些不同类型的人,认出他们会成为他所记录的美国神话中的特定形象。他说起自己在写的伟大小说,就像是奥维德的《变形记》,勾画出时代观的一系列故事。他以神话记录者的标尺来看待自己。杜洛兹的传奇。

我在杰克身上发现的两面性真的挺逗的,你在他的小说里也会看到,那就是他既像个傻瓜,又像个学生。"可我真的不懂这个。教教我吧!""哇!你真的知道怎么做吗?"这样引导着你往前走。有时候,他又会表现出强势的权威和傲慢,以此来平衡。他会突然说:"我说了算。"但是接着他又会从中跳出来。部分原因可能是,这是技术娴熟的小说家的花招——让人们开口说话。他在小说中将之作为一种文学手法,他经常摆出很坦诚的样子,让其他人表现得机灵。

他关于即兴散文的看法让我受益匪浅,虽然我从不写散文。我想它影响了我的日记写作,其中的一些会体现在《大地家族》中。我想在散文风格上,其实我向杰克学习了很多。我对诗歌创作的看法自然也

---

[1] 约翰·缪尔(John Muir,1838—1914),早期环保运动的领袖,创建了美国最重要的环保组织塞拉俱乐部(the Sierra Club)。

受到了杰克的影响。

我俩聊起佛教时,仅限于打趣地开心地交流彼此知道的知识,交流我们在这方面的学识,以及他对大乘佛教的看法。他会起名字,他会顺着大乘佛教经文里的名单,然后自己创造更多的名单,比方说所有过去的佛陀的名字,所有未来的佛陀的名字,所有其他宇宙的名字。他很擅长起名。不过,我俩并不像年轻的法国知识分子,坐下来交换彼此对某个领域的基本理解。我们交流的是各种知识。我会告诉他:"你瞧,这些是中国的佛教徒。"最后我们就聊起了寒山[1]的诗歌,我介绍给他那些讲趣闻逸事的诗文,就是讲唐朝的大师和信徒之间的对话与争执,当然,他很喜欢听。没有人不喜欢。我们就是这么做的。

我当时并不在意——现在也一样——某个人是不是虔诚的佛教徒这样的事情。我们什么都聊,你说哪些内容给他们听其实并不要紧。要是我觉得有必要我会说:"杰克,关于这个世界如何糟糕,你想得太多了。"这是我的纠偏方式和他对佛陀-达摩的理解。但是我没有兴趣去细想,其他人也没有兴趣去想:这个人是不是真正的佛教徒呢?他以后会担心这个问题,但是我从来不担心,我觉得菲利普·惠伦也从来不担心,其他人也是。

杰克来时我住在希莱加斯,菲利普从山里回来了。夏天我是在内华达山里度过的,参加了一个户外探险队,所以我们自然就经常聊到大山。我们刚回来不久,刚结束一个探险季,我的登山包、登山绳和冰镐都挂在家里的墙上。自然,我们聊了聊这些东西。

我体会到,人生活在世间是自由的,能四处走动,跟古代四处云游

---

[1] 寒山(生卒年不详),唐代著名诗僧。其诗通俗,体现了山林意趣与佛教的出世思想。20世纪50年代,寒山的诗传入美国,"垮掉的一代"将寒山奉为偶像。

的佛教僧侣有点儿类似,你需要一个合适的背包和睡袋,这样你就能上路,穿越群山去乡间。中文里称禅僧为"云水",字面意思就是"云和水",来自一句中文诗——"行云流水间",指的是禅僧有自由和行动能力,徒步走遍中国。

我心里这么想,于是就跟杰克说:"你知道,真正的佛教徒会在乡间徒步。"于是他说:"当然,我们去徒步吧。"我记得约翰·蒙哥马利说:"在天寒地冻前还有时间再去一趟山里。"那是10月末前后。

于是我们就前往索诺拉山口。我们夜里离开伯克利,先到达布里奇波特小镇,再去双子湖,经由那里去索诺拉山口。

真的很有意思。事实上,《达摩流浪者》里面描述得很精彩。天非常冷,那是在晚秋时节。山杨树的叶子都黄了,夜里温度降到冰点以下,在我们扎营的峡谷里,小溪上漂着一层霜。山脊和山峰上稀稀拉拉地盖着刚下的雪。我们成功地爬上了马特洪峰,然后再下来。其实杰克没有爬上顶峰。我想我是我们当中唯一爬上去的,我是决不轻言放弃的那个。

1955年11月的"六画廊"朗诵会上,尽管有其他人在场,但改变诗界风向的还是金斯堡对《嚎叫》的表演——说"朗诵"并不准确。然而,杰克在后续反应达到顶峰前就离开加州去了纽约。那天晚上,尼尔带去画廊的同伴是一个精神不太稳定的女人,名字叫娜塔莉·杰克逊。卡萨迪跟以往一样,把她留给杰克照顾一段时间,但是杰克根本搞不定她。她告诉杰克,她已经写了自白书,他们所有人都劫数难逃。那天下午,杰克与她在一起,想用佛教格言宽慰她,可第二天,她从租来的房间窗户跳下去,死了。这件事让杰克的心十分难安,圣诞节前,他回到了落基山市,去宁家与"妈妈"会合。

1956年1月，依然身在北卡罗来纳的杰克写下了怀念他四岁时死去的哥哥的动人回忆录《吉拉德的幻象》。"妈妈"和修女们曾给过杰克一张几近神圣的吉拉德的肖像画，他以此为素材，写下了充满诗意的回忆风暴，从父亲的印刷店写到与比尔·巴勒斯昏昏沉沉的对话，然后他像佛教徒那样封哥哥为圣人，让他安眠在新罕布什尔的纳舒厄。

在一封写给考利的信中，杰克明确地勾画出"杜洛兹传奇"的写作计划。他打算等考利来西部时与他一道工作，这位编辑要在帕洛阿尔托离卡萨迪家不远的斯坦福大学教书。考利曾表达过对于小说可能无法出版的担忧，因为里面的人物不是虚构的，而是可能会起诉维京要求赔钱的真实人物。杰克向他保证，他跟里面的所有人都很熟，可以拿到豁免权。也许他描写的那些朋友会要求他删减或修改，但那都是在允许范围内的，因为人物说要调整他们的形象，那只是在表达他们自己的观点而已。

后来，他提议用多重伪装的方法。贾斯丁·布赖尔利在出版的书中叫"丹佛·D. 多尔"，在修改的那一阶段暂时叫"比蒂·G. 戴维斯"。杰克建议把他塑造成在科罗拉多有一家保龄球连锁店的希腊裔美国老板，但是保留他对教育年轻人的兴趣。

1956年4月杰克回到加州时，考利已经离开了斯坦福。他们通过写信继续讨论获取诽谤和中伤豁免权的进展。对一些人物的刻画，比如布赖尔利，被大幅度地缩短或缓和了。杰克跟考利提过，随着摇滚乐的出现，加上金斯堡和其他诗人自"六画廊"朗诵会后拥有的惊人知名度，出版《在路上》的时机成熟了。但是维京提出了一些法律和文学方面的要求，杰克处理起来很慢，所以又拖了整整一年。

第三章　路

马尔科姆·考利：

杰克和他的记忆对我非常非常不公平。怪我给《在路上》添加或删除逗号、大写字母和其他种种。我真的不在乎那类细节。我知道杰克写得很好，杰克天生就写得很好。他的风格经常让我想起托马斯·沃尔夫，杰克刚开始时的偶像。杰克从来没有失去对托马斯·沃尔夫的兴趣。那种写作方式：一往无前，同时文辞又精于藻饰。

除了金斯堡外，我觉得沃尔夫是对杰克影响最大的作家。他反而会说是普鲁斯特。但普鲁斯特和沃尔夫有一点是相似的：他们的相似之处不在于写作天才，而在于所有的创作基本上都基于记忆。他们的记性都非常好。所以就像沃尔夫会把他的整个一生写成一部或多或少相关的小说一样，杰克也会把他的人生写成一部或多或少相关的小说。我知道我跟他提过两三次沃尔夫，他或许有些烦躁地说："我现在不喜欢沃尔夫了，虽然我觉得他写得很棒。"

《在路上》的语言很优美。我不担心他的语言，我担心的是全书的结构。在我看来，在一开始的草稿中，整个故事像钟摆一样在美国大陆上荡来荡去。我不断地跟杰克提的一件事是："你应该固定其中的一些事，这样你的主人公就不用太经常地晃来晃去，这样整本书会有更多的进展。"

呃，杰克做了件他后来永远也不会承认的事。他做了大量的修改，修改得很好。噢，他永远也不会承认的，因为他觉得故事应该像牙膏管里挤出的牙膏那样不可改变，他的打字机里打出来的每一个字都是神圣的。恰恰相反，他修改了，而且改得很好。

在1955年和1956年间，他也写了大量的原稿。除了《吉拉德的幻象》之外，还有那部关于埃斯佩兰萨·维拉努埃瓦的长篇故事《特丽斯苔莎》；散文诗《老天使午夜》；还有《世间的天使》，它是两本小说（最终合而为一，以《荒凉天使》为题出版）中第一本的第一部分；另有一本叫《金色永恒经文》的自制经文，那是那年春天他写给加里·斯奈德的最后一部作品，当时他们一起住在马林县的洛克·麦科克尔家后面的小木屋里，麦科克尔是一个对佛教感兴趣的年轻木匠。

洛克·麦科克尔：

杰克这人很随和。他只有在喝醉酒时才变得暴力，不过也只是比较吵而已。

有一次他说："我带你去体会下当酒鬼的感觉。"我说："好啊，怎么做呢？"他说："呃，我们一人拿一瓶麝香葡萄酒，然后去霍华德街，从一家喝到另一家，就坐下来喝，跟他们一样喝。"于是我们这么做了，但是你的体验真的不一样，因为你最后可以抽身而退。

我确信他不觉得自己比其他人更优秀或更糟糕。对此他的观点是佛教式的——众生平等。但是在某种意义上，我觉得他的佛教是自己想象出来的。我想他的直觉没有错。他对佛教并不太了解，也没有接受过很多训练。加里·斯奈德完全不一样。加里总是很关注形式，有时候——在他自己看来——感觉他错过了本质，而杰克用自己的方式把握住了，但加里从来没有——或者说他还没有把握住，或者说他觉得自己还没有把握住。

那年，杰克于1950年夏天在丹佛交的女朋友比弗莉·伯福德住在湾区。她记得他即将再一次成为出版作品的小说家时兴致是多么

第三章 路

高昂。

比弗莉·伯福德：

我在旧金山工作，住在索萨利托。我回到我的小公寓，发现一张纸条："我借了你的音响，这个周末要在米尔谷开一场大派对。星期五来接你。爱你的杰克。"所以我的音响不见了。我的家从来不上锁，他找到了我，找到了我的住处，那场派对在米尔谷开，很热闹的周末。但好几次，我们最后是在旧金山开的派对。

在那些日子里，女人戴着帽子和手套去上班。下班后他们来接我，或者我去那个地方找他们——北滩——然后我们再穿过大桥。有一次，一个周日，我们抛了枚硬币：我们是去找瓶酒喝呢，还是搭渡船回去？呃，我们买了巴士票，但是没找对等巴士的地方，最后不得不走遍整个旧金山。周日真的没什么人。我们一整天都玩得很开心。最后我们回到了索萨利托，他则要去米尔谷。索萨利托一个微胖的出租车司机送他去了，一分钱也没收，因为他喜欢杰克。

我最后因为肺结核住院治疗，症状不严重，杰克来看过我几次。我们写过几回信，但是我没有参加他们搭便车穿越全国的活动。即使是在米尔谷，大家在派对上也会坐在一起抽大麻。我没有。其实，他对我而言更像是兄弟。我自己的兄弟，住在旧金山的那位，我想我住院时只来看望过我一次。基本就那样。但杰克自始至终都更像是我的兄弟。

我知道有许多女孩，偶尔在他的生活里进进出出。一夜情的那种女孩。尼尔也在那里。卡罗琳恰好当了我另外一个兄弟的女儿的芭蕾舞老师。她一度与一个激进的牧师打得火热，打算与他结婚，甩了尼尔。尼尔过着许多种不同的生活——连轴转,争分夺秒。任何事都争分夺秒。他在圣何塞过着一种生活,去旧金山过另一种生活,而凯鲁亚克有时会来找他。

洛克·麦科克尔:

我们在一起很开心。比起身为作家的他,我更喜欢平时的他。我是说,他是那群人中唯一一个我妻子会放心请他帮忙带孩子的,这或许让许多人不敢相信。

我的生计是木匠,业余爱好是当佛教徒。我就是那样认识加里的。我们曾经都是社会革命派。我信仰过共产主义,但是共产党在我住的那个地方不够活跃,我十八岁时没有把我拉进去,二十来岁时,我已经找到一种更好的革命方式了,那就是佛教。我是在听艾伦·沃茨的一档广播节目时皈依佛教的。我听到他说的话时,发现那是我一辈子都想听的东西,之前从来没有人跟我说过。几乎就像是我对自己说的话。从那个时期开始,慢慢地我认识了加里、杰克和其他人。我在美国亚洲学会跟着艾伦·沃茨学习,禅宗、孟加拉语、梵语、印度教之类的内容。我学得很开心!爱死了!

他们在讲开悟时,我心想:"噢,我就要那样。"你知道,这就像是你看着菜单,听他们说"蘑菇酱菲力牛排"。我第一次听到时很受启发,没有大惊小怪。过后,我才发现事情没那么简单,很难做到,不可能做到,人们为此做了那么多无用功,说什么需要花二十年时间,坐成一排被棒子敲打才会再明白。

诗歌朗诵开始时,真的非常清新与随意。所有的观众都喝酒叫嚷,仿佛那是一场棒球赛,欢呼着让人们上台,把学术的枯燥全都赶出

第三章 路

了文学界。我们玩得很开心。

杰克是个很好相处的人。他很腼腆,不怎么跑来跑去,大部分时候他会写作。我记得有一天早上,他走下来——他写了《金色永恒经文》——说:"洛克,昨晚我完全明白了它的意思。"今天早上他又不知道了——全忘了。

我们会在米尔谷开派对,大家把衣服脱了跳舞。从某种角度看,与现在流行的硬核色情片相比,当时真的非常纯朴天真。他会坐在那儿,衣服不脱,就这么看看。

杰克告诉我:"他们不肯出版我的书,因为我不改里面的名字。"那是当时他跟维京主要的分歧。我说:"噢,如果他们就这么出版,会怎么样呢?"他说:"噢,我会成为著名的作家。"我说:"你想当著名的作家吗?"他说:"不想,我一开始就不喜欢。"我就说:"那你为什么又要做呢?为什么不忘了这事,然后做点其他事呢?"

不过他没有选择那样做。他当时手头有六七部没出版的小说,他最终让步了,说他会照着做——说他会改变所有的名字,其实他只是稍微改了些。我觉得他是在写一部小说。关于他写的那些事中的人物原型,我和他的看法完全不同。要是我写一本覆盖同一时期的书,你会认不出那些人,包括我。他绝对是按自己的方式在看待事物,所以我想那就是虚构作品。他做起来得心应手。全是他自己创造出来的。我们大家都这么干。他跟其他人都一样。

在斯奈德的帮助下,杰克计划在华盛顿州西北角的喀斯喀特山脉的荒凉峰度过1956年夏天的两个月。那年春天,凯鲁亚克与斯奈德同住,之后他就搭便车往北去荒凉峰了。

在山上安顿下来后,他完全是独自一人了。当考利反对《吉拉德的幻象》里弥漫着的佛教思想时,杰克曾努力向他保证,这只是他一时的状态,不会对他未来的创作产生什么影响。但是坐在瞭望塔里,面对着北面霍佐敏山那黑黢黢的陡坡时,杰克依然在脑海里与虚无纠缠着。

加里·斯奈德:

那年秋天,杰克去了内华达山——他跟我、菲利普、肯尼斯,还有其他人聊过——被内华达山的气势、荒野的气势,还有高山典型的天堂本色虏获了,他想回到山里。

实际上,高山就是天堂。它是人间的天堂。其实在许多情况下,天堂的样子就是世界上的山、山上的草地、山上的野花和花园的样子。莫德·伯德金在她的书《诗歌原型模式》中认为,山和山上草地的原型就是天堂的模样。要是能在高山上度过一段时间,身心真的都会受益。

我现在住的地方的原住民迈杜人[1],当他们需要治愈力——萨满的力量——时,就会去山里过上一两个月,基本不吃什么东西,坐在山峰脚下的瀑布或湖边,直到他们悟得一首歌和一个梦,那是一首有治愈力的歌,然后他们又会回到山下的村庄。那是真的,所以杰克相信了。那真的给了他希望和力量坚持下去,一直爬上荒凉峰,去做我和菲利普一直在说的事。

据我所知,杰克在一生中的任何阶段,都没有显露出想变成其他人、偏离他自己走的那条路的欲望。他很可能有深层次的痛苦、恐惧

---

[1] 迈杜人(Maidu)是北美印第安人部落,居住在加利福尼亚州北部。

和矛盾的自我意识，但据我所知，他没有表露出来，没有采取任何行动帮自己走出来，也不理会想用各种方法帮他脱离困境的那些朋友。

那年春天，甚至给我们看他写的《墨西哥城布鲁斯》手稿之前，杰克就在写一些俳句了。在我读到《墨西哥城布鲁斯》手稿的那个春天，一个周五的晚上，我把他的诗歌读给伯克利佛教会的学习小组听。那是日裔美国净土真宗的一个派系，一个非常古老、得到认可的传统佛教团体，现在依然在伯克利。我从《墨西哥城布鲁斯》里，从禅诗里读了一部分。我说："这些是很有意思的当代禅诗。"他们在《伯克利佛青》[1]上刊登了其中的一些，那是青年佛教社团的年刊。

艾伦曾评论说，杰克是我们认识的人中唯一不需要长时间冥思苦想就能即兴创作出不枯燥的俳句的人。你知道，松尾芭蕉在一篇文章中曾说，出于某种原因，过去最有经验的俳句大师也比不过第一次听说这种诗体然后小试身手的人。让他们的俳句出彩的是那种新鲜感和即兴感。

那样的思维特质杰克有很多，他知道如何运用，如何把出现在脑海中的最好的点子表达出来。他写过很美的短俳句。

与杰克对话就像是在一个手球场里，你同时玩两三个球，其中的乐趣其实就是玩游戏的过程，并且知道总是有几个球在场上打转，当球四处跳动时，你差不多以恰当的方式逐个击回。我猜，"从墙上跳下"[2]这个意象就是这么来的。所以很愉快。严格来讲，跟杰克聊天总是充满了诗意。谈话里充满了想象力丰富的、本能的、无法预测的跳跃。要是你们想到了一块儿，要是你们用同样的方式讲话，那么这种

1　这本期刊的英文名为 Berkeley Bussei，Bussei 指在美国出生的第二代日裔佛教徒。
2　原文是"off the wall"，有"新奇、出格"的意思。

跳跃就精彩极了。杰克的思绪和我的思绪经常碰到一起,我们可以一聊好几个小时。那不仅仅是游戏,那是非常有力的、富有创造性的、激动人心的交流,世上只有几个人我能跟他们这么交流,没有很多。正因为如此,我会说由于杰克的那种特定的品质,他才是一个真正的诗人。他的思维以惊人的、迅速的、不可预测但又恰当的方式运作着。

杰克的生活方式注定了他无法建立可靠的关系。像我们这样,两个人在小木屋里共住几个月,对彼此没有真正的承诺或义务,可以随时来去,离开四五天后再毫无先兆地回来,不知道你会什么时候回来,如此等等。那样的方式简单,杰克不打算过那种他需要对另一个人负责的生活。他从来没有表现出对那种生活的兴趣。

杰克与他母亲的亲密关系为他的生活注入了动力,对此他的大部分朋友能够理解,因为他们感觉到那在一定程度上是他天才特质的一部分。"所谓的创造性天才会很不负责任,不能用衡量其他人的准则去衡量他们,他们的妻子也会活受罪。"这绝对是自兰波以来一直流行的艺术家的形象。"垮掉的一代"的神秘性,或者更准确地来讲,我们感受到生活在50年代中期以后那个年代的自由之处,就是你实际上可以做自己想做的事。那种自由生活需要我们中的一些人用实际行动来证明,不怎么对彼此负责任,对当时的许多人而言,那是非常新鲜和自由的感觉。杰克好比是起了示范作用,那是他的风格,但是如果可以的话,没有女人或其他男人会真的愿意跟他在一起。他无法在那个层面上与他人一起过日子。

如果你把天才想象得很浪漫,你可以说那就是他的天才气质,或者如果你想挑刺儿,你可以说那太孩子气、太不成熟了。但是客观事实是他做不到。还有一个客观事实是,他的许多艺术活力和写作都以某种方式跟他的生活方式联系在一起。他有点儿像贫民窟的老酒鬼,

第三章 路

从这个地方逛到那个地方,他喜欢自己的这个形象。

杰克会住在铁路附近的宾馆里,那是蓝领工人进城时住的地方,他喜欢在旅途中消磨时间。杰克在追寻美国流浪工人的足迹时,也会想起自由、新鲜、流动和超脱的几个少有的原型——神话——之一,超脱于这个争抢权力和声望的世界——我们当时生活的世界。

从某个角度看,"垮掉的一代"是指代迄今为止美国存在过的所有原型和神话的一个集合名词,也就是惠特曼、约翰·缪尔、梭罗和美国流浪汉。我们把它们纠合在一起,然后再打开这个集合,它变得像文学母题,然后我们再加点佛教的东西进去。

《达摩流浪者》便是借杰克之手对那个合体的真实表述。我不知道杰克信不信,但我是相信的,不仅出于直觉,还出于理性,出于学识。我是个经验丰富的人类学家,致力于研究两千年的人类循环。而五六十年代的景象挖掘出了美国意识中一条根深蒂固的典型纹路,这条纹路跟贯穿在东方文化历史中的一个副主题联系在一起,时而会以基督教的异端分支呈现自己。那脉络一直存在于东方历史中。

美国从其起源来看,就是那脉络的一部分。那因果报应在我们身上并没有结束。好好培育那因果报应,努力把它传到未来,更好地发展它,才是明智的政治举措。这是我在50年代清醒地认识到的道理。

艾伦·金斯堡:

杰克广泛地阅读经典文本,很早就理解了这些经文,作为没有导师引领的人,他靠的是洞察力。所以我觉得加里在50年代中期刚认识杰克时,就感动于他对生活的基本特点的把握:苦、无常、无我。

尼尔接触了埃德加·凯西的东西,包括投胎转世的说法和通神论的东方理念。杰克写给我的一封信里面说:"就像是穿着西装的比利·桑戴[1]。"他喋喋不休地说起了凯西,想要说服我相信凯西类似于超自然的先知。杰克认为这就像是纯天然的美国思想,所以他就去寻找尼尔所相信的投胎转世背后的故事——或者说是凯西的……

但是他不静坐,所以并没有完全接受非有神论的[2]命数。他的思想里仍然存在有神论的元素……最终,佛陀-耶稣是同一个慈悲的人,但他们依然是宇宙背后一个大写的人。

我不知道他最后是怎么想的,但他靠的依然是宗教虔诚,或者说对耶稣的虔诚。我不知道是天主教的耶稣,还是布莱克[3]那样的耶稣,或者只是杰克那个化作肉身的受苦的耶稣——受苦的人,他的父亲临终在床上受苦,他自己,我们所有人。我们要经历生命与死亡。佛教里的四圣谛,第一即苦谛。生命包含着苦难,苦难伴随生命而来。

受苦是他写作的一个主要特征或主题。第二个主题是无常,柔和的大提琴那种感觉——"值得纪念的大提琴时光"。那种伦勃朗式的棕色时间观,如幽幻的鬼魅般退去,以浮华掠过新的人生,正儿八经地对待之,而它们不过是幽灵而已。第三个方面是,它们的浮华展现了空无,"位格表象背后的空无"。这些在基本佛法中就叫三法印:苦、无常、无我——没有灵魂,没有自我。

我最早接触佛教,是通过杰克,从他那儿学到的有些东西也许是最深刻的。我只是对生存即苦这一点有着少不更事的抵触。我不愿意生活就是受苦,仅此而已。我觉得那样的想法很残忍。他会不断地

---

[1] 比利·桑戴(Billy Sunday,1862—1935),美国福音传道者。他曾经是美国职业棒球大联盟选手,后来转信福音主义,追随者众多。

[2] 原文是"non-theistic"。

[3] 应该是指英国诗人威廉·布莱克。

第三章 路

解释,让我相信——让我无路可退——他向我指出来,人生充满了无常和徒然的苦难,人生只是一场表演,蓄着胡须的人格登台,当众大喊。

我直到50年代中期才开始认真地修习佛法,当时加里和菲利普以略微客观的方式,把佛教当作文化背景一样展现。起初我以为这是杰克自己发现的某种恶劣的思想,他想要反犹,像是耶和华之类的,杰克的耶和华。所以我觉得我根本没有认真对待它,直到我去了日本,才有了真正意义上的理解,佛法是对自然的描述,而不是强加于自然之上的学说。受苦受难不是强加的一种态度或生活方式,而只是描述生为血肉之躯这一事实。

我有一次问加里,他觉得杰克要是在禅寺的话会怎么应对公案,他说很可能凯鲁亚克会绕过重重障碍直接理解这些公案。

菲利普·惠伦在俄勒冈州波特兰市的里德学院求学时,曾与同窗的加里·斯奈德合住,后来他也搬去了旧金山。他与斯奈德一道,受到了肯尼斯·雷克斯罗斯的指导,很快就作为极具个性的诗人而成名。

菲利普·惠伦:

杰克到哪里都会带着德怀特·戈达德那本叫作《佛学圣经》的书。在我看来,他对佛教和它的语言里那些非常宏大、博大精深的精彩理念感兴趣。他喜欢那些译文里华丽的辞藻。它们谈论的是无垠的空间、无限的时间、世间万物、无数的鲜花和白鸽,以及各种各样其他的事物,所以那首先是相当奇幻的一场语言之旅。他自己有过许多深刻的宗教体验,他后来会讲述这些体验,我想他认同这一说法:佛教经文是关乎体验的,它们以冥想体验为基础。所以这让他很感兴趣。

他每次静坐的时间不能超过几分钟。他的膝盖因为踢橄榄球而受到了不可逆转的伤害,所以他不怎么能盘腿静坐。他从来没有学会以那种正确的冥想姿势静坐。即使他能坐,他的大脑也不会很长时间停止思考直到静坐完毕的。他太紧张了,不过他认为静坐这个想法不错。

迫不得已时,他紧紧依赖的是耶稣的小花朵,利雪的特蕾泽,许多不同的天主教圣人,那是他真正信仰的,并从中获取了大部分精神支持,他会不断地回去寻求抚慰。譬如说,这让他能与菲利普·拉曼提亚进行长时间真挚的发人深思的精彩讨论。拉曼提亚从小便是天主教徒,当时很虔诚,刚刚重新回到教会的怀抱。

这跟他的母亲加布丽埃勒也有很大的关系,加布丽埃勒是虔诚的天主教徒,经常去教堂告解,她把圣牌别在衬裙的肩带上。

据我了解,坦白讲,他对佛教的兴趣相当书卷气,让他感兴趣的是,人们是佛教徒这一点展现了他们的个性,有可能是他们个性的某些层面。加里是个很活跃的人(非常博学,非常活跃,喜欢住在户外,社交生活也非常丰富),他对佛教感兴趣,是个虔诚的佛教徒,或者说努力去修习佛法,之后不久去了日本,开始进行正规的禅修。对杰克来说有意思的是,这展示了人的个性,比佛教本身更有意思。

他就这么信仰着佛教。然后他会说,"啊,不错,非常精彩,但是我真的信仰可爱的婴儿基督",或是"小羊羔般的基督",或是"我哥哥吉拉德"。他在聊天时会提到《吉拉德的幻象》这本书中的很多内容,都是吉拉德去世时发生的故事,诸如此类。

大家都喜欢杰克,都对他感兴趣,大家都发现他是一个很矛盾的人,因为他很清楚大家对他感兴趣。他非常缺乏自信心,所以会以此为话题说:"噢噢——你疯了,因为我是个失败者。我是个大大的失败者,所以你关心错人了。我一点儿也不有趣,我只是个邋里邋遢的不幸的家伙。"那就是艾伦写的《向日葵箴言》的内容。我和艾伦、杰克在铁路调车场,艾伦显然之前从来没有见过向日葵,他看到这朵凋零的向日葵,很是喜欢。有些时候,杰克会情绪高涨,非常坦率,非常有活力,非常搞笑,非常阳光,非常单纯和幼稚。其他时候,他又会非常失落,非常悲伤,说这样的废话——"啊,我们都会死",说世间万物都消耗殆尽了,大家都要死,什么也不干,他没法出版他的书,没有人喜欢他,他一无是处,他所能做的就是混混日子,什么也不担心,不过与此同时,我们能一起去教堂还真不错,利雪的特蕾泽在教堂里供着呢。

但是失落的时候他是真失落,不单单是失落,而是问你怎么把自己搞得一团糟的。"你为什么这样或那样?"非常直接、非常粗暴地攻击我,或者任何那会儿惹到他的人。真的非常刻薄。

这非常有意思,也非常烦人。他为什么那么做?你会觉得,呃,他喝醉了,喜欢吵架。这真是怪事。你会对他生气,同时,他很亢奋的时候,状态更稳定的时候,他会非常有趣,因为他总是留意到那么多事,他总是很清楚自己的经历,那就是他看到的、他听到的、他记住的。他有很多好玩的想法,会突然想到很多稀奇古怪的点子,所以跟他在一起很有意思,即便他会经历这些可怕的变化,他会突然攻击你,说没什么是好的,没什么是干净的,没什么是漂亮的。

记住,他是在一个非常严苛的教区学校长大的。他会讲在那儿工作的修女的恐怖故事。在那里读书肯定是一场相当痛苦的经历。美国的詹森派天主教是很粗俗的东西,它相当于是把普通的新教清教主义提高了十九度的清教主义。它也是宗教异端。詹森的学说很多年前就被人揭发是异端邪说——并不是完全如此，但至少教皇克雷芒十一世在《唯一诏书》中公开谴责过詹森的理念。然而，美国的天主教徒依然信奉詹森主义，它沿着这条顽固的思路发展：肉身是邪恶的，人们用身体做的事是邪恶的，像是洗澡——他们暴露自己的身体，用肥皂搓身上的器官，心想："我的上帝，我们会因为这个被烧死，烧到咝咝作响，再用油煎。"再想到人还会勃起！亏得圣人保住了我们的命。这话一点儿也没错。

你最好让所有的圣人、上帝和其他人都原谅你，因为肉身注定了你会完全毁灭。你能做的就是祈祷，抱着乐观的期望。他就有这种"我真脏"的幻觉。他心里会那样想，这让他的生活更复杂，让他很忧伤。

约翰·克莱伦·霍尔姆斯：

杰克的思想底色一直是天主教——就是基督教。他从善恶的角度来看事物。

杰克的书、杰克的个性、杰克的青春期、杰克的延续感、杰克的家庭观、洛厄尔，还有其他所有的事，全都是天主教性质的。

《在路上》的那段经历，还有其间所有喷薄而出的书，让他非常困扰，他——我相信——不停地对自己说："你为什么要做这样的事？"他的信仰——他的宗教信仰——让他相信或者让他能轻易地说："别再写了。"不过他还是写，这时佛教就介入进来。所有信仰在本质上都是一致的。它们只是舞台，只是舞台而已。

禅师会这么评价凯鲁亚克："他一直在寻找。"他在寻找。杰克不是禅宗信徒，他是大乘佛教的信徒。杰克总是认为禅宗偏重智识，而他是在为生命的意义而苦恼。"我为什么活着？我为什么要活着？"这是他的终极问题。"我为什么要活着？活着就是受苦。"对他而言，生活只让他感受到痛苦。

杰克一直到生命结束都是天主教徒——从天主教世界观的最高理念这一角度看。他并不把人生看成混沌，甚至都不是禅宗里讲的缘起缘灭。他在佛教里挣扎。我认识的人中，没有人像杰克一样对佛教有这么深的理解。

1956年夏末，杰克带着在荒凉峰写的孤独时光的日记下山来。他在日记里幻想"四百条裸身那伽[1]"的到来，它们来查证一个传闻，该传闻称佛陀住在他的火塔里，而他其实就是佛陀，这与其他事一样有理有据，因为"本就没有佛陀、唤醒者，没有大写的意义，没有达摩，一切只是摩耶耍的花招"。他在西雅图看了一场滑稽歌舞剧，稍事停留后回到旧金山，走进了诗人们的战争。

劳伦斯·费林盖蒂是城市之光书店[2]的一个老板，他出版了艾伦的小型平装本《嚎叫》。当美国海关总署想要禁止从英国的一家出版社进口该书的印刷本却没能做到时，他的这一行为引发了一场大型的公民自由论战。不久以后，金斯堡会变成众人熟悉的留着胡子的模样，继续为他的文友们担任代理人，撰写引言和推荐，由此《常青评论》为旧金山文学团体出了一本专刊，这在当时顺理成章，因为杰克也已经跟格罗夫出版社安排好出版著作的事。那个引发争议的季节过去二十年后，迈克尔·麦克卢尔和菲利普·惠伦一起去旧金山的塔玛佩

---

[1] 那伽在梵语中是"蛇"的意思。在翻译佛经时，佛教徒将其译为"龙"。
[2] 城市之光书店(City Lights Bookstore)位于美国旧金山北滩，1953年由劳伦斯·费林盖蒂开设，是美国第一家专门出售平装书的书店，也是"垮掉的一代"的大本营。

斯山远足,两人回忆起艾伦掌舵诗界的那段日子。

迈克尔·麦克卢尔:

我说:"菲尔,你知道,我以前真是麻烦多多。我们对彼此都太苛刻了。"我也知道我们互相支持。你知道,是我们之间的友情让我们度过了那段时光,其实,靠着我们施加给彼此的压力,我们开拓了新的文学领域和新的诗歌形式。

菲尔说:"呃,迈克尔,我觉得你是唯一知道他们在干什么的人,知道他们向着哪里前进。艾伦真的待我很严厉。"

而我说:"老天啊,你知道,你说得没错。现在二十年过去了,我发现你当时受了大家很多气——至少受了艾伦很多气。"我也让艾伦受了很多气,接受现实吧,有两三次,我跟艾伦还有凯鲁亚克摊过牌。

有一回不知道在什么酒吧,艾伦要我们大家都让个步,就当"垮掉的一代"的一员,按他的方式去做。他找了格里高利支持他,我应该找罗伯特·邓肯来,但是罗伯特没来,所以我后来就为罗伯特跟格里高利和艾伦争论。

艾伦说:"听着,我们大家一起去墨西哥,大家都得去墨西哥什么什么的。"我就说:"罗伯特·邓肯是西海岸最重要的诗人什么什么的。"格里高利跳上跳下地说:"迈克尔,你是什么什么的。"

最终,我站起来围上围巾,推开门,凯鲁亚克说——他说了什么?他说了些很暖心的话,像是"你必须是最坚强的那个",或"你真的很能打",或"这是我见过的最好的表演"。他说的那些暖心话就是我走出门去时最后听见的。

那是一场很精彩的争论。它是一生难遇的那种争论,大家基本上都亮出了自己的个性,所以你知道你是谁,并且未来你也总是知道你是谁。即使造成了一些伤害,你们也依然会是朋友。

让诗人们聚在一起的雷克斯罗斯,现在被东部来的入侵者疏远了。对那些不了解这场分裂的私密细节的人来说,这看起来像是地区争霸的高端版,但是它其实源于一件私事:雷克斯罗斯错误地认为是杰克和艾伦——尤其是杰克——怀着敌意插足进来,这让他很厌恶,由此产生了严重的误解。从此以后,不管是私底下还是在公开场合,雷克斯罗斯都痛骂杰克,他不再维护垮掉派了。

艾伦·金斯堡:

后来在 1958 年左右,或在《墨西哥城布鲁斯》出来的时候(1959年),雷克斯罗斯写了一篇非常恶俗的骂人的书评(登在《纽约时报》上),说这种诗歌形式区分了男人跟男孩,凯鲁亚克明显是个不会写作的男孩,他要是出了这本书,绝对就是个耻辱。

雷克斯罗斯在伦敦那会儿,我记得他说我写完《嚎叫》就"江郎才尽"了。这跟我写完《卡第绪》时一样。所以他就告诉《泰晤士报》,说美国的垮掉派现象是路斯组织[1]昙花一现的幻觉,他很后悔曾经跟我们扯在一起,还说我们是一群青少年罪犯,没什么天赋,我们多半才华太少,已经江郎才尽……我觉得,他被文学界人士批评得很厉害,那些人一直以来觉得他作为支持权力下放的激进的无政府主义者,现在已

---

[1] 极有可能指意大利公司 Istituto Luce。该公司于 1924 年创立,参与制作和发行在电影院放映的影片,为法西斯政权宣传。

经"暴露了他的真面目",因为他支持一群可怕、野蛮、不中用、没什么价值的人——垮掉的、无知的、肮脏的、邪恶的文人,没有什么能耐。所以,他为自己一开始在文学事业上对我们这么友好、这么支持而感到很受伤。而且,他很可能具有良好的预见性或历史洞察力:他很清楚,我们并不知道自己所做的事在历史上的地位……

从历史、马克思主义、无政府主义和理论的层面看,我们只是凭直觉在行动,而他和保罗·古德曼[1]对历史有着复杂的认识,比如1870年莫斯科的彼得罗柴夫斯基的圈子[2]是怎么回事,或者1905年革命是怎么回事,斯大林-托洛茨基分子又是怎么回事……

事实上,我觉得我们的到来在当时增强了他们的势力,而不是与他们竞争。结果我们成了"媒体的明星",一开始尤其是我,所以我竭尽全力鼓励人们认可旧金山文坛,确保《常青评论》刊登邓肯的作品。我甚至介入不想出版作品的邓肯和唐·艾伦之间,确保邓肯的那首长诗《以品达的一行诗开头的诗歌》刊登在《常青评论》和选集《新美国诗歌》上。

我从旧金山回来时,带回来的不仅有凯鲁亚克、我与科尔索的手稿和小册子,还有加里、邓肯、菲利普·惠伦,以及埃德·多恩、罗伯特·克里利、丹尼斯·莱维托夫、拉曼提亚和麦克卢尔的手稿。我一回到纽约,就把其中的一叠交给了路易·辛普森,辛普森和唐纳德·霍尔主编了选集《英美新诗人》。

所以我想做的其实是跟大家合作,在我看来,他们在旧金山准备

---

[1] 保罗·古德曼(Paul Goodman,1911—1972),美国社会学家、作家。

[2] 彼得罗柴夫斯基的圈子(原文是"the Petrochevsky cicle",应为"the Petrashevsky Circle")是19世纪40年代圣彼得堡的一个由进步知识分子组成的文学团体,由米哈伊尔·彼得罗柴夫斯基组织,此人是法国空想社会主义者傅立叶的追随者。

了一个文化剧场，那是一个合法的社群，但我觉得我们都是其中的成员。他们对此感到厌恶，这让我有一点儿难过。我想做的其实是努力地履行好自己的职责，那就是做好"旧金山文艺复兴"的"代言人"。我把所有材料都发给《巴黎评论》，与《哈德逊评论》沟通好，把许多材料送去给斯克里布纳出版社的约翰·霍尔·威尔洛克，以经纪人的身份与约翰·霍兰德交流……

也许是我太爱管闲事了，我不知道。瞧，我和尼尔，还有彼得、杰克、格里高利确实是一起计划的。比如说去丹吉尔，我们大家一起在丹吉尔，我们大家一起在墨西哥城，我们都跟着尼尔，一起去了旧金山。我和加里一起去西北部，所以我们之间有友好的情谊，一起行动。我自己的观点是共产主义的老话"团结就是力量"，我认为我们得一起对抗西方资本主义文化，所有诗人都应该团结一致……某个诗人的共和国。我无法理解为什么会有这样的分歧，本应该是一个统一的领域啊。

……这种对抗感的存在，过去常常挺烦人的。现在回过头去看，我想知道有多少是我的过度臆测或是我强加的。

1957年初，当《常青评论》的《旧金山》专刊出来时，正值垮掉派现象的鼎盛时期，它开始渗透到大众媒体里。路以这种方式铺好了，就等那年9月《在路上》出版时公众惊人的反应了。

马尔科姆·考利与杰克维持着编辑与作家的关系，杰克一写完故事和小说，就会给考利送去。考利没觉得有什么内容适合维京出版，虽然他后来会后悔，把出版《萨克斯博士》的好机会拱手让了人。但是，如果说维京的编辑对杰克的游记系列作品没有兴趣，那么格罗夫出版社的巴尼·罗塞特则不会如此。他买下了《地下人》的出版权，让杰克有足够的钱跟艾伦、格里高利和彼得一起去丹吉尔旅行,巴勒斯正在那儿写《裸体午餐》。

彼得·奥尔洛夫斯基:

艾伦和杰克去帮比尔的忙,为《裸体午餐》编辑文字,用打字机打出来,选取章节,杰克用打字机打出来——忙得什么也顾不上。我一边抽着印度大麻,一边读,同时听他们聊天,慢慢地了解了比尔这个人。不知怎的,我们在一起处得并不好,但是过了一段时间,我发现他这人非常逗。他的日常工作、故事和幽默感都很有意思,所以我就慢慢地喜欢他了。我们以前常常一起做饭,然后在他的房间里吃。

约翰·克莱伦·霍尔姆斯:

杰克(告诉我他)相当喜欢跟比尔和艾伦一起在丹吉尔的时光。然后他去了马赛——他的家乡啊！法国家乡！随后他发现他讲的是加拿大法语,巴黎的法国人经常拒人于十英里之外。

杰克原以为他可以搭便车从马赛去巴黎,就像他在美国做的那样,但是那个年代,50年代后期,你在法国是做不到的。没有人带他,所以他最后搭了大巴,结果就像杰克关于重塑明天的许多理想主义想法一样,这一切都沦为各种琐事。你在干什么？到巴黎时,他已经被整个旅途折腾得疲惫不堪了。

从欧洲回来后,杰克着手准备出版《地下人》,并且计划了一个新的方案,跟"妈妈"搬去西海岸。与此同时,他跟新女友乔伊思·格拉

第三章 路

斯曼也制订了计划,让她辞职去伯克利找他和加布丽埃勒。也许,杰克以为靠着再过几周就要面世的《在路上》,他能建立一个传统的家庭:成功的小说家和他的太太,还有最终从长年劳作中退休的老母,杰克兑现了对利奥的承诺。

于是,杰克和"妈妈"整理好行李,把菲利普·惠伦在伯克利密维亚街的地址告诉了搬家公司。杰克计划提前到那里,及时找好一栋他们自己的小屋,让菲利普把搬家工人引去新的地址。杰克和"妈妈"坐在灰狗大巴上,穿越"满腹怨气"的大陆,刚刚越过埃尔帕索边界后,还半路停下来在华雷斯[1]的一家教堂里做了祷告。

最终到达目的地后,杰克安顿好"妈妈",让她舒服地待在沙特克大道上的一家旅馆里,之后便动身去看望菲尔·惠伦。杰克敲门前,先透过前窗偷偷地瞄了瞄,发现惠伦看他的书正看得入迷呢。杰克很开心,等了一会儿才打断他。他最终叫了惠伦,惠伦热情地迎接他,解释说自己刚刚正观察停在《楞伽经》书页上的一只漂亮的飞蛾。

第二天,杰克便在伯克利街上找到了一间公寓,离热闹的大学大道有一段距离。这几乎不是杰克梦想中"在西部夜里"的宁静"小屋"。加布丽埃勒很不喜欢湾区的天气。这里的夏季一连好几天降着冷雾,对于这样的气候,她丝毫没有准备,她很想念跟宁及其家人在一起的日子。杰克写信给已准备搬出纽约公寓的乔伊思,让她不要来加州找他了。他会回去。

他和加布丽埃勒还在伯克利的简陋小公寓里时——"妈妈"当时在购物——维京出版社寄来了一个纸箱,是装订好的《在路上》试行

---

[1] 埃尔帕索是美国得克萨斯州城市,华雷斯是墨西哥北部边境重要城市。埃尔帕索与华雷斯隔河相望。

本。就在那时,他听见门外有客人来,是尼尔、露安娜,还有阿尔和海伦·欣克尔夫妇。

阿尔·欣克尔:

杰克站在那儿像是呆住了。他赶紧把书掏出来,然后塞到了床底下。我猜,他也许觉得会失去全部这六本书。

他最后打开了这些书,尼尔拿到了其中一本,开始读里面的内容。当时是在后面一栋很有意思的大楼的一个车库里,椽子上有两三根金属棒挂下来。尼尔大声朗诵了其中的几段,读的间歇会自言自语,吊在这些金属棒上耍宝。

海伦·欣克尔:

杰克说:"你们都要生我的气了。"

阿尔·欣克尔:

不过他没有具体说生什么气。大家都告诉他:"那是不可能的。"我们不会计较这些那些的。其实,我都不知道那天他是不是很失望,因为我们感兴趣的是做其他事。

露安娜·亨德森:

他不停地上演这一幕:"你们要明白我写这个的原因。"他向我们

第三章　路

解释和道歉。

当然,我们谁也不在乎。我们这儿读一行,那儿读一行,重新经历当时的时光,开心地大笑和回忆。所以我们谁也没有,不管是尼尔、阿尔·欣克尔,还是我,我们没有仔细看他具体写了什么。我们只是重新回忆起当时发生的事。但是杰克的反应是道歉,解释他为什么这么写。

当然,我读过书后,发现许多内容要么遗漏没写,要么是另外加上的。当然,这是杰克的想法。我们所有人的想法都不一样,所以我得记着,这是杰克的感受和想法。

阿尔·欣克尔:

尼尔手里拿着杰克的书四处晃荡,不过我们还是回到城里去喝了杯啤酒。

杰克身穿一件伐木工衬衫,戴着一顶水手冬帽,与其他人一同挤进了车子,车朝着旧金山开去,去开一场合适的小型庆祝会。

当一行人抵达6号街上选好的酒吧时,他们被店主赶了出去,因为露安娜虽然现在已二十五六岁,但是身上没有携带能够证明她到达法定年龄的证件。阿尔·欣克尔在铁路局工作,上班要迟到了,于是庆祝会就取消了。

露安娜·亨德森:

我想,杰克多半的感受跟那天夜里尼尔把车开走(把我和他留在旧金山）时我和他的感受一样——

  距离杰克出版第一部小说已七年有余，那部作品反映了他在洛厄尔和纽约的真实生活，但明显是虚构的。《在路上》及尚未出版的其他作品则是全新的东西，超越了第一部小说。这个事实马尔科姆·考利已经知晓多年，曾跟霍尔姆斯约稿、证明这全新一代人的吉尔伯特·米尔斯坦，不久后会以异乎寻常的赞美声迎接杰克的新书。然而，成功的味道犹如灰烬，因为凯鲁亚克的作品如此贴近事实，以至于它的叙事艺术会在注重意象的美国市场上遭人遗忘。

第四章　重访城市

> 我问杰克:"那个,你是怎么看待名声的?"他说:"名声就像是沿着布利克街吹去的旧报纸。"
>
> ——"爱琳·梅"

凯鲁亚克在《在路上》中描绘的美国，与接受此书的美国——艾森豪威尔的美国是完全不一样的。小说是一个旅行者从另外一个国度讲的故事，那儿与读者们所熟悉的国家有着相同的语言、城市、公路和电影明星，但与20世纪50年代大部分美国人感受到的动机和力量又明显不一样。《在路上》里的事件比该书最终出版要早十年。杰克的小说清楚地提到了一些日期，大家却很少关注，硬是把它们当成时下新闻来读，这新闻是关于一群怪异的男女，他们免受冷战的影响，就如他们没有受到冷战之前那场毁灭性大战的影响一样。

20世纪中叶的美国是一个重视家庭的国家：父亲、母亲和孩子，一起收看讲父亲、母亲和孩子的电视剧。《在路上》里的男男女女不管是婚恋还是生育，都不怎么考虑宗教或是社会的期待，他们似乎执意结成既大于家庭又不如家庭的团体。父亲每天早晨去上班，去一个有工作桌或打卡钟的单位，那儿的工作一周要干四十个小时。而迪安·莫里亚蒂只有在不得已时才找份活儿干，萨尔·帕拉迪塞工作只是为了夜里有口吃的，或是挣一张汽车票去另一个地方。参加过那场热战的艾森豪威尔将军，缓慢又耐心地对选民们发表讲话，解释为什么有必要开展军备竞赛和建设防空洞,他说话的样子仿佛是祖父在跟孩子解释为什么夜里有恐怖的噪声。至于夜里到底发生了什么,他却丝毫没有提,他对于"军事-工业联合体"的担忧也从来未见付诸行动,只是留到告别演说时提了提,顺便造了这个词。

对于绝大多数美国白人而言,这是一种安稳的生活方式。《在路上》里的哈德逊汽车是他们熟悉的象征物,艾克[1]麾下的每一位美国大兵都承诺给自己买一辆这种流线型汽车,就等战争结束,等工厂停止生产枪支。每周日在教堂礼拜结束后,全家人一起坐上车开去乡间。家里的儿子尽可以期待,某一天从老爹手里接过车钥匙,因为对那个年代的大多数年轻人来说,宽敞的后排座位是他们第一张爱的躺椅。但是每个周日,到某个时间点,总是有必要掉头开回家。每一次兔下车的约会都仿佛是有着最后期限的任务。迪安·莫里亚蒂就不一样。他开着车子奔跑在大路上,而不是郊区车道上。没有人在家里坐着等到深更半夜,等迪安的那些姑娘回家。迪安也不会在周日下午四点钟掉转车头,他一直朝前开。

金斯堡和巴勒斯以义不容辞的文青姿态,特意离开他们的祖国,站在墨西哥、巴拿马或是北非的视角来回望美国。在旅行时,杰克忙着记录眼前的情景。他不回头看。他在穿越他所谓的"费拉"美国的那几趟旅途中也如此。他深入研习奥斯瓦尔德·斯宾格勒那部悲观主义的宏大狂想曲《西方的没落》,学来了这位德国历史学家称呼全世界下层阶级的那个词。杰克所说的"费拉",并不是理论马克思主义的"大纲",也不是当今政治的第三世界,它只是指生活在地球上的大部分人,他们过着日子,丝毫没有察觉文化和权力的阴谋诡计,即使没

---

1 艾森豪威尔的昵称。

有他们的协助，这些阴谋诡计依然良好地运作着。杰克笔下的美国人宁愿投身于含糊的个人目标，也不会选择清晰的官方事业，杰克对他们的描绘具有颠覆性，但并不政治化。朋友们问他，1956年选举时他选了谁，艾森豪威尔还是阿德莱·史蒂文森，杰克回答说他没去投票，但要投的话会投给艾森豪威尔。凯鲁亚克既不像巴勒斯那样，对美国权力那恼人的官僚体制怀有傲慢的鄙视，也不像金斯堡，从父母那儿继承了按原则和左派劳工路数来分析政局的能力。《在路上》是杰克用迅速直接的新风格创作的第一本书，他基本就是写下了"关于个人那不可言说的想象"，现在，这本书在个人主义几乎以纯理念的名义被牺牲掉的国家出版了。

要是把杰克归为斯宾格勒派，或是在"杜洛兹传奇"中寻找其他借来的主题，那无疑是愚蠢的，因为他的故事只依赖于自身，以典型的伟大小说的方式创造了一个独立的世界。狄更斯就是那么做的，司汤达和普鲁斯特也是。但是斯宾格勒本人在第一次世界大战爆发前夜绘制他的未来图景时，了不起地预见了那个会评价杰克的作品、使其为己所用的上层文化："不具内在形式的存在。作为寻常物的大都市艺术：奢侈品、体育运动、神经兴奋。艺术中迅速变化的潮流。"

《镇与城》出版后的七年里，吉鲁瞧不上《在路上》的六年里，杰克写出了他传奇人生的大部分作品。当马尔科姆·考利表示同情和一定程度的理解时，杰克用一系列志向远大的自传体小说，急切地解释《在路上》的地位。可考利和他的同事们还是觉得《春天的玛丽》无足轻重，《吉拉德的幻象》因依赖于一种完全陌生的宗教里的专门用语而被糟蹋了，《萨克斯博士》过于偏执，危险地跟连贯性打了个擦边球，甚至有可能超出了连贯性的边界。《尼尔的幻象》与大家眼里的小说完全不是一回事，虽然杰克对他朋友的本性和特质的深切关注成了把书统合起来的因素。劳伦斯·费林盖蒂不肯出版它，因为杰克想让他不事先读一下就盲目地接受。新方向出版公司最终出了，不过也只是出了"节选"。

杰克想要获得传统的文学成就，虽然他的欲望强烈到足以让目标实现，但是，约翰·克莱伦·霍尔姆斯观察着成功前夕的他，觉得就算没有成功，他也会照样活得很好。

约翰·克莱伦·霍尔姆斯：

杰克跟艾伦在1957年他们大伙儿去欧洲前来看我。当时，艾伦还没有迷上佛教，而杰克完全是个菩萨。他把所有家当都背在身上。

当时，他给我看了《特丽斯苔莎》，还给我看了《荒凉天使》的第一部分。他像飞雪一般纯洁。也就是说，他已经被耗尽了。那是《在路上》出来前。我当时对佛教一点儿也不了解。1953年时因为艾伦的关系，我读过禅宗，但杰克是身体力行，跟我以前认识的他不一样了。

我怀疑，那是他一生中最神秘的一段时间，因为当时他还没有学会开怀痛饮，是在拼命创作的爆发期之后。

那是一段平静的时光。他很讨人喜爱，话不多。

就在杰克的成功姗姗来迟的那一年，陪在他身旁的是MCA文学代理公司一位二十一岁的秘书。政府的反垄断律师还没有逼迫那家公司做出选择：要么做文学和人才代理商，要么做电影制片厂。如今，它主要作为环球影城而闻名，不过当时，它在公共艺术的各个领域都有着巨大的影响力。

第四章 重访城市

乔伊思·格拉斯曼：

我是在1957年1月或2月认识他的，那时他刚从加州回来。那场著名的《嚎叫》朗诵会就发生在前一年的秋天，我记得在《纽约时报》上读到一篇描述它的文章。在哥大时我就跟艾伦有一点儿认识，我当时是巴纳德学院的学生。我在学校里经常跟一群师兄师姐玩，他们和艾伦是同学。卡尔·所罗门住在拐角处那个恐怖的约克郡酒店。我记得我十六岁时认识了巴勒斯。我年纪很小就念大学了。

我认识杰克后读了《镇与城》，当时他正盼望着《在路上》能出版。他穷得叮当响，正打算去丹吉尔找巴勒斯，随后再去法国。对于去法国旅行，他非常激动。他觉得是回去拜谒祖先——诺曼底的凯鲁亚克家族。他总是会聊到他的祖先。

他身上几乎没有什么钱。他是知道怎么不花钱就能过日子的那种人。他所有的家当真的只有背包里的那些衣物。

我在大学里最要好的朋友是一个叫埃莉斯·考恩的女生，她已经去世了，她生前是艾伦·金斯堡的好朋友，曾经断断续续地跟他交往过很长一段时间。她在巴纳德读书时认识了艾伦，后来他从西海岸回来后就又出现了，艾伦向她建议说把我介绍给杰克，因为杰克很孤单。他刚刚跟某个人分手，他没什么钱，很沮丧，如此等等。所以他就安排了这次奇怪的约会。

我有一天去我的朋友埃莉斯那儿看望她，我接到了这个人打来的电话，说他是杰克·凯鲁亚克。他听说过我，很想见见我，如果我愿意去8号街上的霍华德·约翰逊饭店，我会一下就认出他来的，因为他会穿一件红黑相间的伐木工衬衫，坐在柜台那儿喝咖啡。这场约会是艾伦安排的。杰克说他的心情不好，他刚刚被人从住的宾馆赶了出来,他被人骗了,手头没有钱。这些他都是在电话里告诉我的。我要去那里见他。于是我就去了,见到了他,我们聊天,最后两人一起去市郊我的住处,在哥大附近,这让他很开心,因为他说他很喜欢哥大那一整片地方——西区酒吧那些地方。

所以我们就开始交往,他去丹吉尔之前我俩一直黏在一起,大概不到两个月的时间。

我还记得读大学时有一次跟埃莉斯聊起来,艾伦曾带她去格林威治村一家名叫富戈齐的酒吧,那是他们经常聚会的地方。她回来后说那儿有好些女人,她们看起来都好棒,她们坐在高脚凳上一声不吭,看上去就很酷。

垮掉派的聚会没有女人什么事,她们不能以艺术家的身份参加。真正的交流发生在男人之间,女人在那里只是观众,他们的女朋友。你闭上嘴巴,如果你很聪明,对他们说的感兴趣,就可以学到你想学的。那是非常以男性为中心的审美。

我基本上是接受的,我莫名地很期待。当时这并不让我困扰,场面非常激动人心,我觉得我学到了东西。

我和杰克经常聊写作,因为我在创作小说。我花了好几年才写完,他对我写的东西非常感兴趣,经常鼓励我,会告诉我,我是美国最优秀的女作家,诸如此类。他真的非常认真地对待我的写作,这对我而言很重要。

我的写作方式跟他非常非常不一样。他会写下自己的梦,他有小笔记本。在1957年的秋天,我想他开始写后来的《达摩流浪者》了。他一直在写诗歌,坚持不懈地写。他甚至在信里也会作些小诗。我很欣赏他的即兴诗才,很羡慕。我属于那种非常痛苦地写、写了又写的人。我知道他不会赞同,但那是我的写作方式。关于题目,他会给我一些建议。他想让我把手头写的书命名为《事后付我钱》。他喜欢这个题目。后来书的题目叫《来一起跳舞》,来自《爱丽丝梦游仙境》。不过他还是喜欢《事后付我钱》。

他有预感,说他身上会发生一些事。他有时出去见人会很激动,但他其实是非常内向的人,非常害羞,基本上喜欢坐在屋子里,不弄出什么动静。我记得他经常一言不发。我并不觉得特别难受。我算是能接受。当然,他的记忆力非常惊人。他会遇见一个陌生人,然后说:"哦,对了,我记得你。五年前我在西区酒吧碰见过你,是在 10 月。我们一起讨论过棒球赛。"就是那种短时记忆——非常惊人。

他当时痴迷于佛教,而不是天主教。我知道那对于他来说是件很严肃的事。我觉得那跟他沉迷于思考死亡有关系,他总是会跟我聊死亡。他的身体真的很不好。他曾经在退役军人医院住过院,患过血栓。关于自己的身体,他非常非常清楚。他有一种感觉:他的人生会戛然而止,他随时可能死去。他真的比大家意识到的要更在乎生命,比如时间的流逝等。这跟他害怕死去有很大的关系。

杰克与女人的关系非常混乱。我并不觉得我们的关系会长久,虽然我们交往了大约两年,但这段关系对我很重要。有一两次,我们谈到了结婚,不过我从来没有当真。我是这么看我们的关系的:"呃,我现在正享受这段经历,它也许会结束,但是我享受了两年。"那是一种非常务实的观点。他说起跟琼的婚姻——多么惨。他不承认她的孩子有可能是他的,给我看孩子的照片,对着脸说:"这不是我的孩子。这个孩子怎么可能是我的呢?"我说:"好吧,你知道她长得像你。我能说什么?跟你长得很像。"

我觉得,有孩子的想法让他很惊恐。我不知道到底为什么会这样。我想这跟他对生命易逝的感受有关,我们所有人都难逃一死,他有那种宿命感,普遍的宿命感。同时,他知道自己不可能做他父亲那样的好父亲。那是不可能的,所以如果他是父亲的话,他是做不好的。

他会跟我待在一起,然后又离开。这样的事发生过三四次。他想要我去旧金山,跟他待在一起。

我决定去找他,当时正好碰上我的第一部小说销售,我拿到了一半的预付金,有五百美元。我觉得五百美元可以让我生活好几个月,这在那会儿是可能的。我在法勒和斯特劳斯出版社[1]有一份新工作,同一天里既升了职又拿到了小说的预付金。第二天我走进去说:"我要辞职。我打算去旧金山了。"然后我就辞职了。

然后杰克又写信来,他的母亲那时候跟他在一块儿。他还是希望我去那儿找他。我们要跟尼尔聚聚。(我从来没有见过尼尔,从来就不想见。在我看来,他有点儿可怕,不讨喜。他对女人的态度真的很恶劣。)我准备去了,然后我收到他的来信,信里说旧金山真的是个令人沮丧的地方,气氛很糟糕:"我一刻也不能在这儿多待,我很郁闷,我要去墨西哥城。在墨西哥城见吧。"然后他就把他母亲送去了佛罗里达,他去了墨西哥城。就在我打算去墨西哥城时,又收到他从墨西哥城寄来的信:"这儿实在太糟了,我都拉肚子了",如此等等,"我要去我母亲那儿休养一下,然后来纽约。你在纽约找一套公寓"。

呃,我本来有一间公寓的,但是已经搬了出来。我住在一个朋友那儿,然后发生了上面说的事,所以我就搬去了约克郡酒店——可怕的约克郡酒店,里面住满了跟哥大有关系的烦恼缠身的人。于是,我

---

[1] 1945年,从美国海军复员的罗杰·斯特劳斯打算做出版,他邀请刚被其他出版社解雇的约翰·法勒一起创立出版社。1953年,佩列格里尼和库达希出版社(Pellegrini & Cudahy)与法勒和斯特劳斯出版社合并。1964年,罗伯特·吉鲁加入。由此,法勒、斯特劳斯和吉鲁出版社(FSG)成立。

在哥伦布大道和中央公园西之间的67号街上找了一套公寓。

《在路上》出版的前一天,杰克回到了城里。维京的基思·詹尼森送来了一箱香槟,杰克非常激动和兴奋。接着——就喝了好多酒。

随后,米尔斯坦在《纽约时报》上的那篇书评登了出来,这对于那本书来说非常关键。那是一篇日常的书评,显然写得非常华丽,大大超出了他的预料。他惊讶得不知所措,我想,因为他还不是那种在公众眼里写得非常棒的人。

约翰·克莱伦·霍尔姆斯:

吉尔·米尔斯坦为杰克办了场派对。吉尔·米尔斯坦写了那篇书评,想要为《在路上》在文学界谋个位置,他非常兴奋。他给我打电话,因为他很多年前为《走》写过书评,他在为杰克的书写的书评里,用上了他为《走》写的书评和他约我写的文章里的内容。他从我的文章里引用了两三段,只是为了给读者一个思考的契机。

所以他给我打电话说:"我要为杰克办一场派对。"当时他还没有见过杰克。"你来参加吧。"呃,我确实去了。我们在康涅狄格州。我独自一人去的。几个小时过去了,人们成群结队地进来,就是不见杰克来。

然后卧室里的电话响了,是杰克打来的。他不跟吉尔通话,也不跟吉尔的妻子通话。他要跟我通话。于是我就接了电话,他在乔伊思的家里。他说:"我来不了了,宿醉还没有醒。我在发抖,震颤性谵妄犯了,但是我知道你来城里了。你能出来,过来看看我吗?"我说:"当然可以。"

于是我就把吉尔拉到一旁解释给他听。杰克不是很擅长面对一些状况。他不愿面对时,通常会开溜。他不会跟吉尔说:"瞧,我不能去参加你为我办的派对了。"他跟我说了。我把吉尔拉到一旁说:"瞧,杰克碰到麻烦了。他不舒服,生病了,他来不了了,我要溜出去,因为我来城里是为了看望他,我要去看他了。"吉尔完全能理解。这就是其中一个荒唐可笑的状况:三四十个人聚在公寓里,就为了见见这位新星,文学界年轻的马龙·白兰度,可他刚打来电话说来不了了,他卧病在床。

于是我就溜了出去,跑到市郊,与他和乔伊思共度了两三个小时。他只是喝多了,还没有喝过头,几乎没有。后来才会彻底喝过头,但是当时还没有。他只是被电视台的记者采访了五六次,新闻记者。他不知道自己是谁,受到了惊吓。他躺在床上捧着脑袋。

大部分书出版时局面都能控制住。也就是说,读者会说"我想读那本书"。但是当《在路上》出版时,情况变成了"我想认识那个人"。读者更感兴趣的是那个人而不是那本书。就这么发展下去,他越来越困惑。

他上了约翰·温盖特的电视节目。节目播出两分钟后,我接到认识的人打来的电话,说:"我得见见这个人。必须。你认识他的吧?我得见见他。"我说:"你在说什么呢?读一读书吧。""不,不,不是书。没有什么是他不知道的……"女人们说:"我得跟他上床。"有人找到乔伊思说:"瞧,你在跟他交往。你才二十岁,但是我只能活那么些年了。我现在就得跟他上床。"他们只想要那种体验,这一切都让像凯鲁亚克那样的人极其困惑,他是一个超级单纯和传统的天才。

这件事让他非常困惑,他的余生再也没有找到过方向。

再也没有。

第四章 重访城市

乔伊思·格拉斯曼：

突然间，他会去参加各种各样的文学派对。他会上广播，会上电视，去校园里露面。非常忙，就这么持续了好几个月。他会露面或接受采访，采访人的语调经常极端不友善，你知道的："你这么描述'垮掉的一代'。这些是极其没有道德的人，他们吸毒，你到底在说什么？这些人太可怕了。"

在很多方面，杰克是很天真的。他会跟一个采访人见面，他真的想跟这个采访人沟通，觉得自己是作为人跟对方面对面交谈的，然后出来的采访却是某种扭曲的样子。他会看到他说的话被曲解了，对此他非常非常难受。他唯一的应对方法是喝很多酒。

我跟他一起去参加派对。派对简直是噩梦。我有一次梦见他。我们去布鲁克林学院举办的一场诗歌朗诵会，他几乎遭到了所有学生的围攻。在我做的这个梦里，我跟他去了某个地方，人们简直把他撕成了碎片。我感觉到人们的这种愤怒，他们对他很着迷，同时却觉得他非常凶恶。他们恨他。所有男人都想跟他打架，所有女人都想跟他上床，不是以友好的方式，而是以挑衅的方式。太可怕了。我决定不要当名人。

有时候，他会独自一人出去，认出他的人会想打他。我觉得人们更多地把他等同于《在路上》里的人物迪安·莫里亚蒂，而不是萨尔·帕拉迪塞那个角色。还有另一个他不得不喝酒的理由：他想要符合性格外向的形象，给观众他们想要的。他真的被逼退到角落里，情况变得非常糟糕。

后来我们跟吕西安·卡尔去了樱桃平原。我们的想法是，大家一起去那里，然后把杰克留在那儿。杰克说过他想一个人待着，就像他在荒凉峰时那样，躲在那里。他要自己一个人待在那里一周左右。一天以后，我从办公室回到家，惊讶地发现杰克回家来了。他很害怕，不得不回来。他没法一个人待在那里。

10月，到了回家的季节。那年秋天，当杰克去宁在奥兰多的新家跟"妈妈"会合时，《在路上》已经上了《纽约时报》的畅销书单。他接受姐夫保罗的殷勤款待，不需要再觉得惭愧。杰克接下来不管写什么都会大卖。

维京拥有杰克继《在路上》后下一本书的第一优先购买权。基思·詹尼森和马尔科姆·考利读过杰克在整个20世纪50年代放在旅行箱或背包里的大部分书。但是，维京没有兴趣出版一部古怪的传奇，他们只想要普通的书。如吉鲁还想要一本《镇与城》一样，维京想要的是《在路上》的翻版。

马尔科姆·考利：

其他的手稿没有激起我的热情，比如关于洛厄尔那个女孩的，《玛吉·卡西迪》。至于《萨克斯博士》，我觉得完全是我判断失误。我觉得我本应该硬逼着维京出《萨克斯博士》的。我做不到，但它是那些书里最好的一本。《科迪的幻象》以我当时看到的样子来看，我不怎么喜欢。

不过维京的某个人说："你为什么不继续写《在路上》那样的作品呢？"杰克就坐下来写了《达摩流浪者》。而我跟那件事完全没有关系。

书里的行文相当不错，但是这一回，他跟维京狠狠地吵了一架，因为编辑和稿件修改部门调整了书的风格。后来他又搞错了，以为是我的责任。我从来没看过《达摩流浪者》的原稿,我读的时候已是成书。我从来就不怎么喜欢《达摩流浪者》,因为它里面除杰克外就没有人了——哦,对了,加里·斯奈德也在里面,他是除杰克外的另一个人。

与《达摩流浪者》相似程度最高的是《特丽斯苔莎》和《地下人》。也就是说,这本书记录了杰克·杜洛兹与另一个人的亲密关系,与加里·斯奈德在学识和宗教上的关系。杰克完成它的速度与《在路上》《特丽斯苔莎》《地下人》一样快,他有可能还是以写《在路上》的方式写的,想着某一个特定的读者写的。杰克说《在路上》是写给他第二任妻子琼看的,虽然书写成于他们婚姻崩溃的前夕,他们的婚姻仅仅维持了一个短暂的冬天。他写最后一部小说《杜洛兹的虚荣》时会再次运用这个方法,那本书是直接写给他第三任妻子看的。《达摩流浪者》以耐心解释的口吻写成,仿佛是写给图书编辑看的。

约翰·克莱伦·霍尔姆斯:

他写《达摩流浪者》花了三个星期,也可能是一个月。他们不肯出版《地下人》。他们不肯出版他写的任何一本其他的书,所以他就写了《达摩流浪者》。

他是一个沉寂多年的人,突然间似乎有了靠写作为生的第二次机会。他不停地写,从《在路上》被拒绝到它最后出版的这段时间里,他写了八本书。

杰克不是圣徒。杰克相信自己不知怎的可以逃避任何事。有这么一段糟糕的时间,你自我感觉良好,觉得你掌控着自己的才华——也就是说,才华长在你的身上,你就是才华本身。在可怕的那一刻,有人来找你，说写一本合适的书吧。你说："我星期五就写。"你觉得自己很强大，你觉得自己很有能力，你觉得你不会伤害自己，你不会出卖自己，你不会损害自己对事物的感知。我敢保证，杰克写《达摩流浪者》时肯定就是这种感觉。"当然可以，我会给你写一本关于背包圣徒的书。"他写了。

但那不是为了写好书而写的。那是基于他的理解写的，基于他的感知和他拥有的经历写的，他觉得有价值，他觉得很好。但是行文很粗糙。

那实际上是杰克在佛罗里达开始写的第三本书。第一本是一部叫《垮掉的一代》的戏剧，从来没有出版和上演过。第二本是另一部关于在洛厄尔度过的童年的小说，书名叫《记忆宝贝》。它在"杜洛兹传奇"中本来会位于《吉拉德的幻象》和《萨克斯博士》之间。

甚至在《在路上》问世前，杰克就发现巴尼·罗塞特是一位与他意气相投的出版商。罗塞特是芝加哥一个银行世家的后代，在纽约成立了格罗夫出版社。他积极地推广先锋派的作品，从热内、博尔赫斯和尤内斯库开始，但"垮掉的一代"的出现为他的《常青评论》带来了明星，巴勒斯和凯鲁亚克还成了大卖的作家。《在路上》成功以后，他迅速买下了《萨克斯博士》。他给《地下人》签的合同让杰克在1957年的夏天有钱去丹吉尔旅行，那本书匆匆地印了出来，想趁《在路上》的风头多卖一些。罗塞特会及时地出版旅行随笔合集《孤独旅者》（其中有《铁路土地》）、《墨西哥城布鲁斯》、杰克为罗伯特·弗兰克的电影《拔出雏菊》写的即兴旁白，还有后来的《巴黎之悟》和《皮克》。

假如说哈考特和维京的编辑们不会理解，那么，萨缪尔·贝克特和阿兰·罗伯-格里耶的出版商则能理解杰克在《地下人》一个海外版的简短前言里的解释:"我相信那是未来的语言,它来自大脑意识的顶层和无意识的底部,只受飞逝的时间的束缚,而你的思绪也跟着它飞翔。"

就在罗塞特准备好要出版他眼中凯鲁亚克现存作品的精华时,杰克的新代理商斯特林·洛德把两次遭拒的《特丽斯苔莎》和《玛吉·卡西迪》卖给了埃文图书公司,出廉价的平装本。可是,他并没有与人达成协议说要拍电影版的《在路上》,虽然有报道称米高梅会拍这部电影,由白兰度饰演迪安·莫里亚蒂。

出于宣传的需要(幸好杰克仍然愿意配合),也因为有五六份不同的书稿要编辑,杰克回到了纽约乔伊思的身边。

那年的12月,他利用自己的声望,实现了一个一直以来的梦想,那就是当一回爵士乐演奏者。早在他来纽约的第一年,从他跟着西摩·怀斯和乔治·阿瓦基安学艺开始,杰克就理解了爵士乐的精神。虽然他不会演奏乐器,但是譬如说,他拟声吟唱迈尔斯·戴维斯[1]的一首独奏曲时就完全不会跑调,他不仅仅是简单模仿而已。他总是感觉到,他的写诗方式与爵士乐独奏家的技法之间有着某种亲缘性,他在《墨西哥城布鲁斯》的注释里清楚地讲述过这种联系。

当杰克登上先锋村的舞台时,他是以诗人身份带领一个爵士乐团的。他的伴奏队员包括著名的纯爵士明星,如次中音阿尔·科恩和祖特·锡姆斯,还有史蒂夫·艾伦,后者身为电视演奏家正处于事业的巅峰。两个月前,杰克第一次在纽约朗诵了爵士乐诗歌,和诗人菲利普·拉曼提亚、霍华德·哈特,以及名叫大卫·阿姆拉姆的青年音乐

---

1 迈尔斯·戴维斯(Miles Davis,1926—1991),爵士音乐史上杰出的指挥家和小号演奏家。

家一道。阿姆拉姆当时刚刚开始他身为古典作曲家兼指挥家、爵士乐法国号演奏家、多乐器演奏家和社会记录者的生涯。

大卫·阿姆拉姆：

要是你跟杰克一起搭地铁，或者一起走在街上，杰克会跟任何人说话，待所有人都很自然、很真实。我们以前常常在纽约的街上散步，一散步就好几个小时。有一次，我们跟艾伦·金斯堡在一起闲逛，我们在包厘街遇见了一个人。他是"全职的"酒鬼，名叫酒鬼巴迪。"一起来吧，我们要去艾伦家，我们大家都会朗诵诗歌。"我就听着。我没有带任何乐器，我很开心就当个听众。于是我就去了，一晚上就听杰克、艾伦和酒鬼巴迪说话。杰克手头有《墨西哥城布鲁斯》，整齐地打印在一大卷搁架纸上。朗诵持续了整个晚上。艾伦会读一首诗歌，在喝酒的巴迪会说："是啊，相当不错，我能理解。非常好，非常不错。"然后，当杰克读他的诗歌时，巴迪会高兴得发疯，大笑着尖叫、拍打他的膝盖，狂笑着跌倒在地上。他也喜欢艾伦的诗歌，但他真正认同的是杰克的。艾伦在朗诵诗歌时，杰克轻声地说："我从这些人身上获得了很多灵感，学习了很多。他们是真正的街头诗人。"他说那话的样子，不是像社会学家说的："现在我要深入低层次的人群里，去记录下层阶级那些逃避社会的人使用的最原始的言语类型。"他说这话是真心的，他其实能看透所有的悲惨、堕落和苦难，因为他自己也有喝酒的习惯，他能看到灵魂、悲剧和一些人真正具备的诗性想象力——仿佛他们在与这伟大的福光接触。

杰克的意思并不是说，所有人都应该躺在包厘街喝斯特诺，以便成为一个更优秀的作家。他说这话不是这个意思，他从来不想鼓励人们这么做。他希望他可以过更稳定的生活,保持清醒,不要喝这么多酒,虽然他喜欢喝酒。他喝醉时很快乐。但是,他知道这会要了他的命,这样不好,他这么做是因为他很害羞,因为喝酒能壮胆,能缓解他的痛苦。讽刺的是,他的痛苦和压力与受挫的英语专业学生的典型症状如出一辙,是被毫无诗意的生活方式气成了这样。

人们会过来用各种方式对他恶意中伤。《在路上》出来后,我记得在格林威治村的谢里登广场碰见一个人,他留着毕林普上校那种大胡子。我猜此人年近五十,在一家超级常春藤联盟的广告公司工作,穿着体面的呢大衣,那种牛津灰裤子,脚上穿的乐福鞋擦得亮闪闪的,上面还挂着流苏,穿的袜子多半得二十五美元一双。非常高贵,看着像昔日《时尚先生》杂志上的经理。他说:"那个该死的杰克·凯鲁亚克在哪里?我想会一会那个混蛋。他不会写作。那种烂货不叫写作。任何一个初中生……妈的,他都不加标点符号。那个该死的混蛋。我要会一会那个笨蛋。"那个人像疯子一样胡言乱语,希望谢里登广场上有人可以把他介绍给杰克·凯鲁亚克,这样的话他就能来一场精彩的、欧内斯特·海明威式的三日文学斗殴。讽刺的是,杰克其实是个文学修养很好的人。他对塞利纳、兰波、各种各样的诗人、法国历史和音乐都很了解。他什么都了解。他出奇地聪明,有文学修养,很重视精神生活。并且他不认为,文学修养好就得假装拥有文学原子弹的秘密,或者如果他们靠你太近,想要找出你知道的东西,那些使你能把作品展现到大众面前的东西,就要把大家炸离地球表面。

杰克会告诉任何愿意听的人他所知道的写作知识。杰克以前常常对我说,作家应该像阴凉儿,就像阴凉儿一样成为人行道的一部分。他说那话是在1957年12月,我们在中环广场剧院第一次朗诵爵士乐诗歌后的第二天,那天下午,我们沿着麦克杜格尔街的阴凉儿散步。

他通常会避开麻烦，但有时候也会跟一些不那么正派的人在一起。我记得他被人打了一拳，因为他跟一个非常讨厌的人在一起，此人因为跟杰克在一起而表现得尤其讨厌，杰克不想站在一边，让那个喝得酩酊大醉的人被人打。他非常忠实地对待这个人，可这个人害了他，他想当和事佬，最后替朋友挨了几拳。不过，那种事只有他喝醉时才会发生，而他只要来纽约，大部分时候都会喝酒。

在先锋村时，他变得非常内向。要他在那儿读诗歌是很困难的。如果你从来没有在纽约演出过，那么先锋村是一个你很难在那儿工作的地方。我在那儿演奏，喜欢那儿，但是我花了二十五年、三十年时间，才学会怎么在那样的地方感到自在、玩得愉快。那是一种特殊的艺术。就像是拳击手，要能享受在健身房里锻炼。你得适应那种氛围，跟着它走。但是如果你一进来，不知道在发生什么事，你就会犯幽闭恐惧症，感觉掉进了某个坑里。先锋村有着19世纪巴黎的某种疯狂的地下环境，那是绝无仅有的。

杰克简直被吓坏了，他开始喝很多酒，变得很局促。他在先锋村演奏的一个月前，我们在那儿朗诵爵士乐诗歌，菲利普·拉曼提亚、霍华德·哈特和一帮朋友以前常常一起出去，在中场休息时喝那种"雷鸟"酒，喝得酩酊大醉。中场休息时，我会坐在中环广场剧院的门厅里弹钢琴，人们会出去想办法跟杰克说说话。然后他们会再回来，大声地喊杰克读点什么。有一半时候，他要半个小时后才会进来。那时候，我开始学着用观众给的提示即兴创作曲子，就是为了避免冷场。

一天晚上，灯光设计师过来说："需要我做些什么吗？杰克上台时你想要什么样的灯光？他需要来点不同的灯光吗？"霍华德·哈特说："就按你的心情来吧。"于是灯光设计师高兴坏了。那是他平生第一次做他心目中的那种爵士乐即兴灯光秀。不再有灯光提示。这是他纵情展示的好机会。他们会朗诵那些疯狂的诗歌,然后会有疯狂的灯光。那时候迷幻灯光或闪光灯还没有发明出来。不仅有频闪灯与机场和马路上的远光灯打在观众的脸上,还有各种激动的脸庞、旅行雾灯和探照灯。那是他头一遭有机会表现自己,他的表演是如此疯狂,我们会用声音去配合灯光。有一半的东西是即兴创作的,杰克会开始拟声吟唱。真的非常精彩。那简直是对观众的袭击,但总是有着无尽的幽默感。

人们会高声尖叫着对他说话,他会以一种超级纯朴热情的派对风格来回应。这跟文学界的鸡尾酒派对那种阴森森的气氛形成了鲜明对比。1957年的社会还是相当保守的,我们用在先锋村的具体行动跟那一年道了别。

吕西安·卡尔:

杰克真他妈是个土包子……就像他在先锋村时那样。史蒂夫·艾伦对杰克很关心,对吧?哦老天,但是史蒂夫·艾伦突然间变成了很了不起、很棒的人。于是杰克就在先锋村朗诵诗歌,史蒂夫·艾伦弹钢琴伴奏。这是非常糟糕的组合。他们配合得不太好,不过让杰克很来劲的是这位头号百万富翁为他伴奏……他坐在那儿弹钢琴,杰克在朗诵。他们一开始时可能有二十个人,结束时只有十个了。

我每晚都会去。我说:"让我们来瞧瞧今晚会发生什么,杰克。"他非常尴尬,说:"我的鞋子还没有穿上,我的手指动不了了,读这种狗屎……"超级害羞。史蒂夫·艾伦会说:"加油,杰克!"

我真心以为,他们两人之间存在某种真正的感情,但是杰克在胡扯吹牛方面远远不行——杰克不擅长吹牛。他每次一吹牛,就要连续三天想着这事。

我告诉你，你永远找不到一个像他那么单纯的人。

杰克之前没有告诉过爱琳，《地下人》将在1958年出版。一年前，她签过一份协议，同意杰克将故事登在一份文学杂志上，但是她并未听到更多与此故事有关的消息，公众已经忘了它，她对此很满意。现在，她即将成为一位畅销书作家下一部作品的主人公。

奇怪的是，1957年9月，就在《在路上》的一篇充满赞美之词的书评出现在《纽约时报》上的前一晚，她梦见了杰克，于是她就跟他联系。尽管发生了那么多事，爱琳还是为他高兴。后来在秋天，他们约好要见面，一起庆祝他获得成功。

"爱琳·梅"：

杰克过来，我们出去喝了杯。他说："我在跟一个跳芭蕾舞的姑娘交往。"我说："不错啊，你为什么不给她打个电话请她过来呢？我想认识她。"

我们一起去了先锋村。杰克在台上讲话，他喝醉了——你懂的，爵士乐诗歌。吉米·鲍德温在一篇文章中写道："任何一位爵士音乐家听到杰克朗诵爵士乐诗歌，都会用石头把他砸死。"它完全偏离了正路，很可怕。

我们回到我的住处，杰克和他的女友起了一点小争执。他喝得很醉，她站在那儿跟他理论："你不能这么对我，不能这样，不能那样。"我觉得那一幕非常动人，有人愿意花这么多时间跟杰克说话，再次解释给他听他可以做什么、不可以做什么。

第四章 重访城市

就是在那天晚上,他告诉我《地下人》要出版了。我问:"是哪个杂志?"他说:"不是杂志,是书。"他原先说的是有一本杂志要登,现在他告诉我是一本书。

我说:"你说会登在西海岸的一本杂志上。"

他说:"那是你愿意听到的。"

这件事就这么不了了之。

后来,不知道是 50 年代末还是 60 年代初,我问杰克:"那个,你是怎么看待名声的?"他说:"名声就像是沿着布利克街吹去的旧报纸。"

50 年代初,大家都感觉到有事情要发生——等着某个人行动。但是发生了什么呢?我觉得大家都没有预料到。

现在到了 1957 年,我心想:"事情要发生了,全新的一代人要诞生了,但他们其实不应该以这种方式存在的,其中一部分纯粹是媒体炒作。"

大家都还没有准备好,这一切就这么发生了:《在路上》,吸大麻,致幻剂,咖啡馆开张了,诗歌朗诵会开始了。突然间,地球上多出了几百万人,他们都往格林威治村赶来。我感觉到这儿的状况有一点儿失控了。这个巨大的媒体无底洞,还有几百万年轻人。三个,四个,一百个,没关系。但是几百万呢?太让人惊讶了。我想有许多人是这样的感觉。就是那么多人——搞得一团糟,整场游戏,一切都变了。

我只记得自己彻底被吓呆了,想要紧紧抓住某个内在现实,不被卷走。

那年 10 月,当维京出版《达摩流浪者》时,金斯堡以此为契机,为《村声》写了篇书评,他更多时候不是在评价书本身,而是想把杰克从关于他本人的宣传报道中拯救出来。艾伦发现,这是一本现在"对世界和语言感到疲倦"的人写的书。艾伦的文章写得像是一份电报,开头说,"我要用几个细节来澄清许多胡话",然后准确地解释了杰克的困境。但是,这可是《村声》啊。《时代周刊》及其姊妹刊发觉,垮掉派好比是有趣的穿插表演。不久后,用黑色光面墙装饰的咖啡馆与名叫"地窖"的酒吧在密尔沃基和沃斯堡这样的地方开张了。贝雷帽回来了。艾伦没有办法阻止以他三年前精心编排的旧金山情景为开端的这一系列进程。米尔斯坦在一篇书评的第一段里曾说,《在路上》的出版是一次历史性事件,"因为一件纯正艺术品的出现是一个时代的重要时刻,在这个时代,时尚的金章玉句(靠着通信的速度和巨大影响而百万倍地增加)使公众的注意力碎片化,让他们的情感变得麻木"。时尚赢得了胜利。

杰克的自我辩护则显得怨气满满。"我是个技巧不凡的讲故事的人,继承了伟大的法国叙事传统的作家,而不是百万恶棍的'代言人'。"他在与史蒂夫·艾伦同出的专辑的封套说明文字里这么写道。有时候,他玩弄起名声来,仿佛它是个玩具。在与吕西安夫妇去北部地区旅行时,杰克和艾伦·金斯堡在一家服务站里让两个大学生年纪的女孩吓了一跳。"我是杰克·凯鲁亚克。""我是艾伦·金斯堡。"他们停在瓦萨学院附近,这两个年轻女孩的表情很清楚地说明,她们从未听说过这两个人,他们只好悻悻地退下。

酒吧对杰克而言是愉快和轻松的社交场所,但是在纽约城的酒吧里,他不一会儿就会被人认出来。他现在可是"垮掉派之王",但他恨透了这个称谓,有些人眼红这个位置,会继续要求与他比武决胜负。现在他一直是醉醺醺的王。过度饮酒一开始是为了轻度麻醉,或为了醉酒后有勇气面对先锋村的群众。然而没过多久,他就像聪明的酒鬼那样,带着动机和精确性喝酒,每一个堕落的时刻都成了他超凡记忆里永恒的条目。

约翰·克莱伦·霍尔姆斯:

他真的在逃离"垮掉派之王"这个对他而言有如怪物的形象。他要逃离,他想从公众视野中消失,这个时候他就开始酗酒。他总是喝得大醉,总是喝得太多。我们大家都喝酒,有一些人现在依然喝,但杰克是认真地喝酒。也就是说,他不只是随便喝喝,他喝酒是有理由的。

吕西安·卡尔:

杰克在亲爱的母校哥伦比亚大学参加橄榄球队时,他们所有人一起去格林威治村,整个橄榄球队一起,去做橄榄球队员不相互虐待时通常会做的事。他们把一个带着小提琴的人逼退到一条巷子里——他们三四个人——然后把小提琴砸在那人的头上。那件事永远没能从杰克的脑海里抹去。那是他唯一感到愧疚的事——他唯一做过的。他跟攻击后卫、左边锋之类的人,把那个可怜虫逼到巷子里,把他的小提琴砸在他的头上。不,那件事永远都没能让杰克释怀——施加在他人身上的暴力——他以前喝醉后常说:"我们本不该打那个带着小提琴的人的。"

我们会走进一家酒吧,我正要跟某个人说话,下一秒就发现一群人打起来了。我会站在那儿,凯鲁亚克则在打一个人,而我会踩在另一个人的背上,凯鲁亚克得把那个人打倒,我再把他的眼睛抠出来。

我会说:"好了,好了——他们都走了,是吧?"杰克会说:"你为什么爬到那个人背上抓他的眼睛?"我会说:"呃,要么抓眼睛,要么掐喉咙,兄弟。"

如果你伤害了他的自尊,他会退缩。如果你伸手戳他的眼睛,他会退缩——但是他不会想到他应该打回去。

在后来的日子里,他常常喝醉,几乎昏倒。我会说:"杰克,你得起来。"我会试着拉他起来,我会再试一次。我会踢他,拉他起来之类的,喝醉了,拉他起来,拉他起来,让他站起来,然后用力打他几下,然后——你懂的,他会……但是他不会怀恨在心。他这人不懂得恨——不懂得恨。

心碎?才不会呢……心脏坚强得像条汉子。

格里高利·科尔索:

我印象中的他从来不会去伤另一个人。即使有人伤他,他也不会伤对方。我见过一次可怕的场景,有人在路边打他的头。我疯了似的朝那个人大喊:"住手!住手!"

那是在一个酒吧里,我们在喝酒,杰克喝酒时嗓门就会特别大,但从来没有吵闹。但是那儿有个讨厌的人以为他在骂人之类的。他在人行道上打杰克的头,那场景非常吓人,我就大叫,然后就结束了。那个人停手了,然后就结束了。我不知道后来发生了什么。我不知道,但那是我见过的最可怕的事之一——有人的头被那样打。

后来发生的事就是杰克被送去了医院。他的母亲和情人吓坏了。加布丽埃勒1958年时有六十四岁了,她近来与宁和宁的家人住在奥兰多,感觉很舒适,但是杰克现在需要她。他依然坚守着自己要赡养她的誓言,书出版后他有钱了。乔伊思意识到,杰克与其说像丈夫,不如说像儿子,她建议他们找个住处一起搬过去。

乔伊思·格拉斯曼：

他一直跟他的朋友亨利·克鲁一起住（在纽约城），然后他说想让他母亲搬到靠近纽约的地方住，但不是住在城里。他想住在城外，他想要一座真正的房子。

我认识的一个人是在长岛的诺斯波特长大的，关于那个地方我听说过很多，就像是一个渔村，非常有意思。那儿有人捕蚌蛤，有点儿像新英格兰。

于是，我和杰克还有罗伯特·弗兰克挑了一天开车去诺斯波特，看了下环境，杰克去跟几个房地产经纪人见面，租下了这栋棕色墙面板的房子。

然后他跟他母亲搬去了那儿，他不怎么来城里，变得相当内向，融入了诺斯波特当地的生活。那儿的人把他当名人一样捧着，尤其是所有的年轻人。他经常跟那些高中生一起玩。

最后，他邀请我过去玩。我心里不太舒服，因为我们联络得不多。我去看他。那是一个周日，我搭上长岛的火车，在诺斯波特站下车，那儿有公交车。我坐上公交车，车上全是拎着小纸袋的中年人。公交车开了，不停地开啊开，穿过一个看着像庄园的地方的大门，然后停了下来，那儿有很多走来走去看着非常困扰的人。我意识到我到了一个精神病院。我感觉非常怪异。

我等了等，坐了另一辆公交车回去，然后到了诺斯波特，找到了杰克的家。我走进他家时，里面全是年轻人。我是说，我二十二岁，但是房子里的那些人只有十六七岁，那些长岛的孩子。他们带杰克去游泳，去某人的海滨别墅玩。我跟着去了，这个海滨别墅建在水上，有金色的地毯,所有那些晒得黝黑的年轻人站在周围,杰克绝对是昏了头,不知道自己在哪里。年轻人问我:"住在城里是什么样的感觉?"仿佛我是个老太太一样。

然后我们回到杰克家,他的母亲做了很多菜,除了杰克外大家都在吃。杰克一头倒在餐盘上。我去楼上,我们聊了一会儿。他感觉住在他母亲家非常不自在。

迈克尔·麦克卢尔:

他的母亲是一个非常有保护欲的人。我从来没见过他的母亲,但是我见过一张超级漂亮的照片,是杰克和他母亲的合照。太不可思议了!我见过支配欲很强的猴妈妈和它们的雄性后代,在那种情况下叫"王子"。那是一张支配欲很强的雌性类人猿和她的王子的照片。他们的脸如此相像。那是你在非常专业的灵长目行为学的书上会看到的那种照片。我说这话并没有讽刺的意思,我是说照片很美——是非常典型的情景。典型的,并非人类才有,而是类人猿的典型——灵长目的典型情景。

加布丽埃勒成了杰克家的守卫者,他的信件、电话都要一一审查,他的钱也交由她管。他重新装修了间书房,很像是僧侣的小屋。从加州来的一个朋友去看望他,记下了房间的摆设:书桌上放着一台电动打字机,一张椅子,一卷电传纸塞在打字机里,一盏台灯对着书桌,一个十字架。

如同十年前那样,杰克现在也是轮番住在加布丽埃勒家和城里的朋友家。1948年那会儿,他正忙着写他的第一部小说,并且为第二部小说《在路上》准备素材。但现在没有什么任务摆在他的面前。

1959年1月,罗伯特·弗兰克和阿尔弗雷德·莱斯利聘请杰克制作一部黑白的短电影,用电影来表述垮掉派的现象。情节剧本基于杰克放弃了的戏剧《垮掉的一代》的第三幕,在那之前,他一直觉得那部戏剧不适合制作出来。

在电影的成品中,杰克向观众解释他们看到的场景时,就如讲解一部自制影片一样。杰克戏剧的最后一幕描述了一个真实的事件——一位开明的牧师去卡萨迪在圣何塞的家里拜访。牧师完全没有准备好要怎么应对尼尔和他的朋友们。艾伦和格里高利分别扮演自己。艺术家拉里·里弗斯为尼尔作了画像《米洛》。大卫·阿姆拉姆也参与了演出,为杰克、艾伦和尼尔1949年合写的一首诗创作了一曲美妙的音乐。《拔出雏菊》是一首影射性爱的打油诗,成了电影的主题曲和标题。

大卫·阿姆拉姆:

阿尔弗雷德·莱斯利喊我去第三大道上的一间阁楼。我想那是阿尔弗雷德的住处。罗伯特·弗兰克在那里,弗朗兹·克兰[1]也在那里。克兰告诉阿尔弗雷德、艾伦·金斯堡和其他一些人,很多人也许要花一点儿时间才能得到别人的认可。即使你确实被认可了,这认可来得快去得也快。被认可根本不是事情的关键,关键在于做好工作,做出成绩,做得足够好,让你所做的在他人的灵魂中实现超越。大家都在听他说,因为弗朗兹·克兰很受大家的认可。

---

[1] 弗朗兹·克兰(Franz Kline,1910—1962),纽约派抽象表现主义画家。

弗兰克在那儿，克兰在那儿——还有我的一个叫丹·考恩的朋友，他是演奏法国号的，以前常常来参加杰克的派对，然后拉中提琴。他就是那种真正的纽约皇后区人，哲学家、天才、伴奏者。一个桀骜不驯的家伙，他会跟不同的交响乐团合作，靠演出谋生，但你总是会发现他其余时间都在读先锋派文学，或者画画，或者读诗歌。

所有这些人聚在一起真的是很壮观的场景。就这么发生了，因为大家常常一起玩。那不是记者在开一场发布会，说"我们现在要把先锋派的牛人聚到一起"，因为所有事都是私下进行[1]的。

没有人想当先锋派，但是事情就这么发生了。不管你想不想，你都是先锋派。你也知道，这没有什么好骄傲的。有成千上万的人是这样的。也有很多人根本不是艺术家，从来也没称自己是。大家只是混在一起玩。他们或多或少处境相同，不是什么审美家。大部分人没有工作。我猜你会称他们是离经叛道者。他们高中没毕业。他们只会说："老兄，我想放松下，找到生命的意义。"他们是街头哲学家，不同类型的离经叛道者。以前，我从来没有听过这种说法——"离经叛道者"。我不觉得他们离经叛道。我觉得其实是他们决定不再挤破头皮去争。这就是事情的真相。他们不再像拳击手那样出击。他们说："老兄，我们甚至不想努力去适应这种破事。"他们不需要发泄的途径，也没有梦想。他们没有集体感，除了像我们这样散乱的群体。这就是为什么我们中存活下来且继续追寻梦想的人现在很开心，冷眼旁观那些怀旧的商人。50年代真是"乏味透顶"。

要是你把什么东西卖了，大家会觉得你是在出卖自己。依然有很

---

[1] 原文中"underground"是一语双关，既意指"先锋派、标新立异"，又意指"秘密的、地下的"。

多人相信,所有优秀的艺术家都必须每时每刻经受折磨。那是我这一代人需要克服的最大问题,包括我自己:首先要意识到,如果你做的事不能让你变成百万富翁,那并不是什么羞耻的事;但另一方面,你应该尽最大努力照顾好自己,这样一来你能活久一点并做成事。艺术家饿死然后成为英雄,这样的想法就像是19世纪遗留下来的超级变态的观点,在那个年代,艺术家是某个特定的阶层,他们为另一个阶层的人提供娱乐,拍他们的马屁。在美国宣扬以上观念的人是那些相信阶层体系,但自己又不属于某一个阶层的人!

杰克经常跟我说起他对写作及纽约整个文学圈的看法。他的书不被人理睬,被斥为无足轻重而放到一边,这让他非常难受。套在他头上的这个"垮掉派之王"的称呼,是人为制造的标签,用来批评那些不想与艾森豪威尔的孙辈结成良缘的人。垮掉派的标签跟他和我们中的任何一个人都没有关系。那个词是在我们形成自己的生活方式后很久才进入词库的。

不管怎样,我们坐在第三大道上的一个阁楼里。杰克制作过一盘《拔出雏菊》的磁带,关于他讲的发生在某个人家里——其实是在尼尔·卡萨迪的家——的一个荒诞的故事,非常有意思,听起来就像是他的一个幻想故事。我们正听着,罗伯特·弗兰克说:"你觉得怎么样?"我说:"呃,还不错。"这不是很确切的回答,但是我也不知道说什么好。杰克只不过喝醉了,编了这个他去探险的疯狂故事。但是他经常这么干,反响总是不错。

罗伯特·弗兰克说:"我们要把它做成一部电影。"我说:"不是开玩笑吧?"他说:"当然不是,你来演梅茨·麦吉利卡迪。"然后他递给我一个剧本,那是听着杰克的即兴讲述打出来的。我现在还保留着一本。

真的非常怪异,因为这成了电影的剧本。接着,直到电影几乎拍完,杰克都没怎么出现。制作《拔出雏菊》就像是我们的爵士乐诗歌朗诵会,太疯狂了。一天十二个小时,大家都在吹牛,哈哈大笑,喝得醉醺醺的,抽大麻,还要即兴创作。阿尔弗雷德·莱斯利开始试着指挥大家,大家不停地胡闹,做各种各样的蠢事。没有人付我们工资。当他们打开摄影机的闪光灯时,阿尔弗雷德·莱斯利工作室的灯光就不停地熄灭。于是他就在保险丝盒里放上小金属块,以前下东区的人常这么干。这么做几乎让整座大楼都断了电,但是它能让自己家的灯亮着,因为阿尔弗雷德这个爬满蟑螂的工作室没有灯光的话就像个地窖。每过一会儿,罗伯特·弗兰克就会开始哈哈大笑,以至于三脚架都在抖。他一边说话一边拍静态照时,你会听到咔嚓声!他在掌握时机方面就跟穆罕默德·阿里一样准。叭—扑!他知道什么时候按下快门,因为他真的能看见。他是一个感知力超强的人,是《拔出雏菊》的灵魂人物。阿尔弗雷德·莱斯利有一个了不起的本事,他知道怎么让大家兴奋起来。虽然他的行为可能会让1959年寻常的电影制作人觉得太过疯狂,但是后来事实证明,那是我参与制作过的最有意思的电影。现在,它被认为是那个时代的宣言。我们玩得很开心。杰克来过一两次。

三十小时被编辑成二十分钟后,我们去了杰里·纽曼的工作室。20世纪40年代,杰里用一台家用录像机在明顿[1]录制了迪兹·吉莱斯皮[2]和塞隆尼斯·蒙克[3]。他把一首曲子称作《凯鲁亚克》。曲子用

---

[1] 明顿是爵士乐俱乐部和酒吧。

[2] 迪兹·吉莱斯皮(Dizzy Gillespie,1917—1993),美国音乐人,是对博普爵士乐贡献最大的人之一。

[3] 塞隆尼斯·蒙克(Thelonious Monk,1917—1982),美国爵士乐作曲家、钢琴家。博普爵士乐创始人之一。

第四章 重访城市

了标准的转调,但是他们不想付作者和出版商版税,所以杰里就把它叫作《凯鲁亚克》。我们为《拔出雏菊》录旁白时戴上耳机,我在杰克身后弹钢琴,不过这没有出现在画面中。他想要什么都是即兴的。我说:"不行,老兄。对于一部电影来说,更好的做法是——其他东西都是如此凌乱——做你该做的,然后一切都会连起来,我会在你做的事后面做点合适的,并不会干扰你做的事。"杰克也认为这个做法更好。他录完旁白后,我把钢琴音乐剪掉,用无声来替代,这样你就能听清楚他说的是什么。有音乐的地方就会有弦外之音。我创作了直到今天依然让我引以为傲的音乐。我跟杰克合作过很多次,知道何时何处需要弹,何时不用弹,让他的朗诵声来说明一切。

电影里有一部分应该是拉里·里弗斯在演奏萨克斯。他在表演。我们录下了沙希布·谢哈布一边看着拉里一边吹中音萨克斯的镜头,他在第一个镜头中演奏得很完美,阿瑟·菲普斯与"三博一普"乐队(Three Bips and a Bop)合奏,巴布斯·冈萨雷斯拉低音提琴,为他们伴奏。还有一个巴松管,由简·泰勒演奏——这位巴松管女演奏家非常理解杰克的书。阿尔·海伍德打鼓,迈扎特·塞尔巴格拉中提琴,罗尼·罗斯曼吹双簧管,他现在是纽约爱乐乐团的双簧管独奏。我吹法国号和弹钢琴,安妮塔·埃利斯演唱。

我们在杰里·纽曼那儿录原始的旁白时,开了这场大型的派对,最后大家在那儿待了差不多有一天一夜。杰克在那里,我们最终录好了音乐和旁白。然后我们又创作了几首歌,杰里录了下来。有人手头有这盘磁带。但是没关系,我们有那经历就足够了。杰克的旁白非常精彩,全都是临场发挥的。我在那儿叮叮咚咚。他全是即兴创作的。阿尔弗雷德和罗伯特完全改变了他的戏剧。电影很棒,但是跟他原来想的一点儿关系也没有。所以他看了看电影,当场创作了不同的旁

275

白,但是同样漂亮。杰克就是那样的人。

《纽约时报》星期日版的书评人曾警告说,杰克在《在路上》中走过的路只能走一次,随着杰克的书一本本出来,评论家们证实了他们这位同事的论断。《泰晤士报》批评《萨克斯博士》"精神错乱",然后又喊来肯尼斯·雷克斯罗斯斥责《墨西哥城布鲁斯》。雷克斯罗斯想写一篇八股文,为痛斥他人定下新的基准,但是怒气冲昏了他的头脑。

等到杰克手头不剩多少没有出版的作品时,斯特林·洛德给他找了份杂志的工作。凯鲁亚克开始在《恶作剧》上写每月专栏,那是早年一份模仿《花花公子》的杂志,里面横跨两版篇幅的裸体像之间穿插着独具纽约情感的文章。替杂志写文章意味着杰克、"妈妈"和他们的猫泰克会有稳定的收入来源。让读者读到他的"一本大书"这一愿景无法实现了。

杰克从诺斯波特搭火车把文章带进城里,像吕西安那样的朋友看在眼里觉得很伤心。

吕西安·卡尔:

我觉得随着事态的发展,杰克的语言变得廉价了,我说的"廉价",意思是容易到手。我不是在说小说,我只是说他的语言。变得越来越廉价,真是件羞愧的事。我是说,他热爱英语里的每一个词,热爱程度超过我对我父亲的爱……对这样的人来说,它变成了不真实的废话。

我没有指任何一本特定的书。我心里想得更多的是凯鲁亚克一路往前走会说些什么,从他嘴里出来的词。

杰克写的大部分文章谈的都是政治和时事，但那些主题是他最不在行的。比方说，他无法像诺曼·梅勒一样，把新闻写作发展成艺术，梅勒后来会详细地描写那些重大事件对他个人生活的影响。《恶作剧》上有一篇关于战争蠢行的文章，清楚地展示了凯鲁亚克对历史精髓的把握，但是文章里表达佛教寓意的字句，可能更适合一篇一神教的布道文。他对柏林危机的理解基本准确，当时俄国想要以平等的身份与美国谈判，他努力地在同一个专栏里为苏联主席赫鲁晓夫和乔·麦卡锡辩护，指责媒体歪曲了两人的行为。

他几乎与世界没有接触。仰慕他的年轻人继续来骚扰他。一群年轻孩子一度穿着背后印有"达摩流浪者"字样的俱乐部夹克衫出现在他家门口。"妈妈"把他们堵在门口，他们就爬上屋檐进他的房间，他们把他的笔记本偷走当纪念品。时不时地，比如当"妈妈"定期去佛罗里达看望宁和保罗时，杰克会跟这些年轻人一道，坐在他们的车里，一边在诺斯波特兜风一边喝酒，他是一个羞涩的同伴。

他每回到城里玩，都成为令艾伦及其他人尴尬和烦心的负担。他喝得太醉进不了城时，或是"妈妈"不给他钱时，他就等到她看完电视上床睡觉后，再打电话给他们。

彼得·奥尔洛夫斯基：

我刚刚吸完海洛因，服用了止咳糖浆，所以他总是醉醺醺的样子会让我非常恼火，我会担心他酗酒。我想让他规规矩矩地生活，但是我这么做时经常让自己气疯，或是让他满肚子怨气，我没有温柔亲切地待他，没有体贴他。

他以前常常给我打电话。我们有两部电话机，所以我和艾伦能同时接电话。他会从长岛打电话来,一聊就是好几个小时。他会说起他跟一群去长岛看望他的年轻人出去玩。他们会开车去餐馆或是咖啡店。他们会光着身子从车上跑下来,站在咖啡店里,然后跑回车上开走。也许是为了让他了解最近好玩的事都有哪些,最新的恶作剧。

他也会聊到政治。肯尼迪要上台了,他会跟我聊选举。

艾伦一连好几个小时地煲电话粥。艾伦努力啊努力,艾伦非常有耐心。当某个人喝高了,跟他对话就很难。他们根本不听。

他过段时间就会来城里,我们会碰面,不过他不怎么愿意来,因为他觉得他会长时间地喝醉酒,身体不舒服,然后晕过去。他会出毛病,会生病,身上会出疹子,他的腿有静脉炎。于是他就经常待在家里喝个大醉。

每当电话费超过预留的钱时,"妈妈"就把电话线从墙上拔下来,让杰克完全没法与人联系。

在余生的十年里,他会再一次踏上旅途。但是,1960年夏天他计划的那趟旅程是他与家的决裂。他想要走远一点——没有家牵绊他——去思考他身上到底发生了什么事。他会去西部,去加州,去找尼尔。

第五章　大瑟尔

聪明人发了疯。

　　——艾伦·金斯堡

促使杰克最终崩溃的是一个叫大瑟尔的地方，那是旧金山与洛杉矶中间位于加利福尼亚海滨的一片荒野。当地的居民和许多其他人都认为它有着全世界最美丽的海岸线，随便哪个季节，从北冰洋刮来太平洋的巨大风暴都会打破它被雾气笼罩的静谧。峭壁的两旁屹立着柏树，与峭壁相间的峡谷里掩蔽着两岸长满蕨类植物的溪流和隐秘的瀑布。整片风景据说是远古时期从中国相应的海岸上用力撕扯下来的。除去有钱人紧挨着上面峭壁的临时小屋和一两个徒步游客的身影以外，它的空寂与迷人的荒凉同样惹人注目。对杰克而言，这儿与世隔绝，正合他的心意。

杰克的笔停了下来。1960年7月，杰克发现自小说《在路上》出版以来，他无法再把发生在自己身上的事写出来，尚未出版的小说库存越来越少。要是他忠实于自己定下的"一本大书"的目标，那么他就得讲述这样的故事：一个男人无法应对自己的成功，无法建立自己的家庭，无法找到平静，无法料理好自己的艺术。

不出一年，杰克就会开始创作他的扛鼎之作《大瑟尔》，这本书标志着他人生传奇在时间线上的终点。他会写更多的书：《经过》是他在霍佐敏山下当火灾警戒员时开始写的那部小说的姊妹篇，会跟早年写的《荒凉天使》一起出版；旅游小说《巴黎之悟》；不带感情地重新审视他的童年和青年时期的《杜洛兹的虚荣》。但是，《大瑟尔》是唯一一部讲述成名效应是如何摧毁他的书，提笔之前，他得先跌落谷底，要先劫后逃生，才能继续写，如同斯科特·菲茨杰拉德先得历经《崩溃》，才找得到力量完成《夜色温柔》或提笔写《最后的大亨》。

1960年6月，米高梅推出了电影《地下人》，这是唯一一部由凯鲁亚克的书改编成的电影。音乐剧制片人阿瑟·弗里德把它当成艺术电影来做，一部会忠实于原作的黑白片。米高梅公司急着想靠垮掉派引起的狂热挣钱，它的管理部门指定用新艺综合体[1]和都市色彩[2]，否决了原本是小说主题的跨种族爱情，让纯白肤色的莱斯利·卡侬出演玛尔杜，与演凯鲁亚克那个角色——利奥·佩瑟皮耶——的乔治·佩帕德（他的举手投足与外形和杰克非常相似）演对手戏。电影对不得志作家利奥与他专横母亲的争吵的描述几近准确，但很少着墨于杰克对加布丽埃勒的温柔关怀。有趣的是，佩瑟皮耶太太和她儿子之间的场景呼应了《在路上》原稿的开头，1948年，杰克给约翰·克莱伦·霍尔姆斯看过这个开头后就把它丢弃了。

制片人弗里德和他在米高梅公司的同事付了一笔一万五千美元的固定费用，便拿下了《地下人》的拍摄权，高兴得举杯庆祝，但是电影的评论一片惨淡，差点儿没能挣回制作成本。这部电影真正揭示的，是好莱坞意图廉价地劫掠凯鲁亚克的神话，而不是关注它买来的这个故事里巨大的戏剧价值。

1　新艺综合体是一种电影制片方法，是使用变形镜头的宽银幕系统。
2　"都市色彩"是米高梅为他们实验室生产的电影拟定的商标名。

第五章 大瑟尔

米高梅请了安德烈·普列文和一套优秀的音乐家班底(杰瑞·穆勒根、卡门·麦克蕾、谢利、梅恩、雷德、米切尔、阿尔特·法玛尔)来负责爵士乐背景音。但是,剧作家罗伯特·托姆为玛尔杜编了怀孕和大团圆的结局:佩瑟皮耶回到她的身边,为他们的孩子起了跟他一样的名字。罗迪·麦杜华演格里高利,吉姆·哈顿演艾伦,偏离原作最厉害的演员是矮个子喜剧演员阿尔特·约翰逊,由他出演阿利亚尔·拉瓦里纳,这个人物的原型是个子高且优雅的戈尔·维达尔。

电影跟随着小说事件切换场景,从格林威治村到旧金山的北滩,场景布置几乎跟原作一样朴实,临时演员也不比真实北滩上的人更夸张。费林盖蒂一直在亲自进行爵士乐和诗歌的实验。每天晚上,一车接一车的游客涌到城市之光书店旁的人行道上,去亲身感受新的波希米亚文化。

尼尔没有在场景里出现。杰克一炮走红仅仅几个月后,卡萨迪在一桩布局抓他的交易里诈骗了两个贩毒经纪人。警察很了解他是《在路上》里的迪安·莫里亚蒂的原型。紧接着"垮掉派大案"的是几个月的沉寂,然后尼尔就被逮捕了,他虽然否认了指控,但仍被判处在圣昆丁监狱服刑二至五年。

尼尔对监狱的恐惧和仇恨,与十一年前露安娜幻想警察来了、他吓得连夜跑路那会儿一样强烈。在圣昆丁监狱里,他继续读凯西和其他神秘主义的书,他以前的天主教信仰全部回来了。他进行连续九天的祷告,祈祷被提前释放。

杰克和尼尔密集的邮件往来中断了。尼尔在监狱里给一个记者写道:"……我对杰克的书和所有那些伪造的垮掉派内容或刺激都不感兴趣……我和杰克,我们这么多年来渐渐疏远了。他成了佛教徒,而我是凯西的信徒。是啊,他很喜欢我,让我们瞧瞧他是否喜欢到给我寄一台打字机来。"两人互不理解对方身处的囚笼。

艾伦寄了一封申诉信到加利福尼亚成人教管所，指出卡罗琳和三个孩子被迫靠社会福利金生活。他说阿尔·欣克尔会给尼尔再找一份铁路上的工作。新方向出版公司的詹姆斯·拉夫林和旧金山州立大学诗歌中心的露丝·维特-迪亚芒写信去。还有劳伦斯·费林盖蒂，他主动提出出版尼尔的自传片段《前三》。卡萨迪被描述成一位重要的文学人物，是近来所有著名诗歌和散文的先驱，在某种程度上他确实是。1959年秋，尼尔在"监狱里坐满整整七百八十七天"后被提前释放。

《前三》最终于1971年由城市之光出版，如今依然在售。1958年，杰克和费林盖蒂开始正儿八经地通信，讨论城市之光有没有可能出版凯鲁亚克旅行全集的剩余作品。到那时为止，费林盖蒂巨大的成就在于出版了"口袋诗人"系列，包括金斯堡、科尔索等人的作品，都是方形版式的小开本，售价为一美元或一美元以内。

劳伦斯·费林盖蒂：

在很长时间里，我真的没有机会出版凯鲁亚克的小说。很久以后，我本来能出版《尼尔的幻象》的，但是我们出版社的规模太小，没有资金推出那么一本大书。我感觉那真的超出了我们的能力。

不过杰克更愿意在纽约出书。我们只是一家二毛五分的诗歌出版社，只会印一千册或一千五百册的小诗集。我读过《墨西哥城布鲁斯》的原稿，《旧金山布鲁斯》的原稿也读过。现在回头看，我发现我们是有很多机会成为大型出版社的，但是我们当时正努力地经营一家书店。

第五章 大瑟尔

我以前并不觉得杰克的诗歌有多棒。我手头有《墨西哥城布鲁斯》的原稿，本来可以出版的，但我就是不怎么喜欢它。我也不知道为什么。我不怎么喜欢他的声音。现在我能明白他的作品里都是同一个声音。我觉得比起诗人来，他更是个优秀的小说家。我这么说是因为，在我看来，他的作品全是同一类，不管是写诗歌还是写散文，都是同一种写作。要是我们把他的作品大声读出来，听起来是一样的。它既是诗歌，也是散文。在他的作品里，诗歌和散文的界限被打破了。

金斯堡也是如此。在《美国的衰落》手稿中——我当时正在编辑——艾伦写道："这些诗歌中有没有哪一首让你感觉到它作为诗歌不像其他诗歌那么好，一些诗歌比其他诗歌要差？"我在回信中说："艾伦，一旦读者开始理解你的声音，不管从你嘴里出来的是什么，它都会跟其他的一样好，因为出来的是你的声音。如果思维是美丽的，那么想出来的任何东西都会是美丽的。"如果思维是有趣的，那么想出来的任何东西都是有趣的。跟金斯堡学习诗歌创作的很多诗人，他们的问题是不具备有趣的思维，所以想出来的东西是无聊的。

后来我更喜欢杰克的声音了，不管他说什么或写什么，合在一起都不错，听起来也不错。

费林盖蒂在与杰克的书信往来中，感受到了杰克在诺斯波特的痛苦与不适，便主动提出把自己在比克斯比峡谷的小木屋借给他用，木屋在大瑟尔荒野北端附近的一座壮观的拱桥下面。他的那一举动既出于商业考量，也出于同志情谊。杰克随时可以去北面见尼尔和城里的朋友们，他和劳伦斯则会讨论城市之光感兴趣的文稿。然而，他主要还是想让杰克戒酒，在没人打扰的环境下着手创作一部新的小说。

杰克立刻就接受了，"妈妈"帮他收拾好西去的行囊，他会坐火车的头等车厢去，而不是搭便车。

劳伦斯·费林盖蒂：

我要去跟他碰头，直接带他去大瑟尔，因为他不想有人知道他在那儿。他不想跟朋友联络，在旧金山喝酒。但是等我发现时，他已经到了书店。他没有按照原先的计划，偷偷地告诉我他到达的时间。等我反应过来时，他已经在维苏威酒吧喝酒了，那是午后不久。他说："我想立刻出城去。"于是我们就在那儿打电话。我们之前约好跟亨利·米勒碰面吃饭的。我们本来应该跟米勒在大瑟尔吃饭的同一天，他到了旧金山，米勒到了伊弗雷姆·多纳的家。

多纳住在卡梅尔高地，米勒从帕廷顿里奇过去吃饭。我们下午五点左右打电话说："我们准备出发了，七点前能到。"然后时间一点点过去，杰克还在喝酒。六点左右，我们打电话去，杰克还在维苏威酒吧。"哦，我们现在出发了，就要出发了。"等到七八点，他还在打电话，米勒和多纳在等我们吃饭。那天晚上，他后来就没去成。

于是我出发去大瑟尔。我及时到了那儿，后来在小木屋里睡了一夜。第二天早上，我们发现凯鲁亚克睡在开阔的草地上。他没能找到小木屋。他带着当司闸员时用的提灯乘出租车到了比克斯比峡谷，峡谷在卡梅尔往南十八英里处。

然后我们就留他一个人在小木屋。他本来会独自待在那儿几个星期的，但是他只待了几天就去洛斯加托斯找卡萨迪了。我的小木屋当时还没有通电，窗户也没有玻璃，只有木制的大百叶窗，所以要是天冷的话，你必须把百叶窗关上。然后里面会很暗，你只有一盏煤油灯。大瑟尔的雾气很重，有时雾降在峡谷几天不退，非常阴暗。所以春天

第五章 大瑟尔

和秋天待在那儿真的很令人沮丧。到1月才放晴些。

不管怎样,那儿经常下雨,杰克就坐在小木屋里,所以他没有待很久就走了。我记得他说他出现了幻觉,甚至在旧金山时去大瑟尔前他就这样了。接着他回到城里,到了旧金山,他喝很多酒,什么也不吃,他说他要去找精神病医生看看。

菲尔·惠伦当时告诉他:"杰克,你不需要看精神病医生。你只是血液里糖分太高了,你好几天没吃东西,只喝了些甜酒。"他以前常喝托卡伊白葡萄酒,像是在贫民窟一样。我常常冲他大喊,让他别喝了:"你是哪门子法国人啊,喝这种酒?"菲尔·惠伦告诉他:"你不需要看精神病大夫,你只需要让胃里有点东西,那样就不会出现幻觉了。"

在《大瑟尔》里,杰克·杜洛兹第一次在小木屋待了三个星期。如果小说是对那段时光的精确记录的话,那么,杰克一会儿在窗户关住以遮挡湿气的黑黢黢的小屋里坐上很长一段时间,一会儿又沿着汇入大海的小溪漫步,穿过一个树木茂密得晴天的阳光也洒不下来的小峡谷。他想象着树木跟他说话,岩石在讨论它们的祖先。最后,他听到大海说:"去寻找你的欲望吧,别在这儿晃悠了。"他就照办了。

与尼尔小聚后,他回到了旧金山,住进一家只比廉价旅馆好一点的老式旅馆。那儿清静的环境他更能驾驭一些。他可以在诺布山搭城市铁路去北滩,或者去看望住在早期公社里的文友,比如东西屋,也就是西增区的老宅,菲尔·惠伦和卢·韦尔奇在那儿安了家。

然而,只要手边有酒,杰克的社交聚会经常会变成开怀痛饮,叫他的朋友们痛苦得看不下去。几天后,他突然想到:为何不请朋友与他一同去比克斯比峡谷的小木屋呢?那样的话荒野就不那么冷清了。

跟他同去的人之一是陌生人——当时年近三十的黄自强,他是唐人街一个家族的长子的长子的长子,这个家族曾与孙中山和蒋介石走得很近。当费林盖蒂把他介绍给杰克时,黄生活在仅有一巷之隔的两个世界里——唐人街和北滩。

黄自强:

当垮掉派现象发生时,我已经在从事艺术工作了,想好好锻炼下我的感知力。有一天,费林盖蒂说:"想要认识我的一个朋友吗?叫凯鲁亚克。"

我从来没有读过费林盖蒂读的那些书和诗歌。要是我得读的话,我会去听朗诵会,听人们说话,观察他们说话声调的变化。但是我还没有读过,不想读。

我跟着劳伦斯去了日本城,去了那个地方,在二楼的后面。在那里,凯鲁亚克、韦尔奇和惠伦正围坐在一张厨房餐桌旁,一边聊天一边喝托卡伊白葡萄酒。你也知道,凯鲁亚克不喜欢毒品,甚至啤酒也不喜欢。他喜欢麝香葡萄酒,托卡伊——像那样的酒。

接着有人说:"我们走吧。"我跟着他们去了大瑟尔,立刻就去了。我随手带了衬衫、内裤和我搞艺术的工具。我说:"我们要怎么睡觉呢?"费林盖蒂说:"别担心,我有很多毛毯,还有壁炉。"

我们在尼尔·卡萨迪的家短暂停了下。他超会调节气氛,一刻不停地说话。晚上,我们抵达大瑟尔。尼尔也跟着一道来了。菲尔已经在那里了。有一个青年名叫保罗·史密斯——白肤金发的小伙子,是个音乐家。我后来再也没有见过他。还有迈克尔·麦克卢尔,他刚刚开始写作。

整个场景让我大为吃惊。我感觉自己像是摄影师。这些人对我而言不太真实,但是不知为何,凯鲁亚克很真实。

他周围的所有人都在讲话,他就坐在那里。我有一次问他,他是不是不舒服。他说:"我只是没什么可讲。"

他正经历一段悲惨的时光。他成了名人。《地下人》那部电影出来了。他上了《时代周刊》。这让他非常惊恐,就好像:"现在我是个大人物了,我要怎样才会写出我不是名人时写的那些东西呢?你期待我写出同样好的东西?"所以他呆住了。

他回到旧金山,我想他是要开足马力再去小说世界闯荡。我们谈到生活被扰乱。我说:"既然你觉得再次创作很难,为什么不回到童年,找找克服障碍的方法呢?去洛厄尔?"他说那是一个让人非常沮丧的小镇,他觉得自己不可以再回去了。

他总是背个巨大的背包,像是装五百磅土豆的袋子。他从来没有给人看过里面装的是什么,但是我留意到他有一大沓卡片,用一根橡皮筋捆着。他有两个球队,一个是美国联盟,另一个是全国联盟。他喜欢棒球,会编各种各样的比赛。他画了张表,一年一年、一季一季地回溯过去,还有所有虚构的球员。我说:"你怎么玩这个游戏呢?"他说:"都在我的脑子里。你知道,谁来击球,他击到了什么,投手什么的。"

那天夜里,我们生了壁炉,然后开始喝酒。

迈克尔·麦克卢尔:

大家都闲坐着,开始聊天。"你读过这本书吗?""你读过那本书吗?"那是当时流行的游戏。"你读过《恶心》吗?""没有,你读过……"

杰克说:"这是知识分子的自淫。'你读过这本书吗?''你读过那本书吗？'类似这种玩意儿。你要做点有建设意义的事。你不能问问题，然后用这种方式抬高自己。你必须教人些知识。不管那个人读没读过你问他的那本书，都不要紧，要紧的是你把你的感想传给另一个人。譬如，你可以说：'我最近跟威廉·巴勒斯聊天，他告诉我他读了一本关于捕鲸业的小说，写于19世纪下半叶，作者是一个叫赫尔曼·麦尔维尔的人。书讲的是一个只有一条腿的捕鲸船老船长，他有一个偏执的念头，认为一条名叫莫比·迪克的白鲸是邪恶的化身，他的欲望是冲破现实的面具，找到背后的巨大力量，他把白鲸看成现实的其中一个面具。'这样说比你们问'你读过《白鲸》吗'好多少？"

黄自强：

　　大家喝酒时，杰克从背包里拿出来一本书，开始大声朗读。我说："你到底在读什么啊？"他说："我在读《化身博士》呢。"

　　但是过了一会儿，我说："你并没有照着那本书读。"他没有。他是一边读一边在编。太不可思议了。

　　于是我就开始跟着他一起编，天越来越黑，大家慢慢睡着了，就剩下我俩。出于某种原因，房间里有一种气氛。我们读啊读。他会造一句话，我再造一句话。一直这么进行着，直到我撑不住睡着了。也许在梦里，我还听见他在读。过后，我在他的小说《大瑟尔》里读到了所有事。我不知道他是怎么记住所有事的。

　　有趣的是，我以前从来没有做过这种事。也许那就是他的伟大之处，他能从人们身上把创造力吸出来。他一直在这么做。

第五章 大瑟尔

迈克尔·麦克卢尔：

杰克不喜欢听年轻的保罗·史密斯说话，他喜欢听尼尔说话。很有意思，不过杰克身边还有一位滔滔不绝的说话人，杰克不喜欢这个人说的话。他喜欢尼尔。

尼尔破产了，杰克显然感觉自己对尼尔的破产有一些责任，因为他在为《恶作剧》写的一篇文章里谈到了尼尔做的事。他刚刚把尼尔从监狱里接出来，他感觉自己对尼尔坐牢这件事有一些责任。我有两三年没见到尼尔了。

我觉得杰克在尼尔身边时就会把手缩到袖子里，仿佛成了小弟弟，像是漫画《花生》里的人物。他真的很崇拜尼尔，相当怪异。到那时，杰克也已经因为酗酒而失去了一些个人风度。我不是说他的写作能力，我只是说一个人的走路姿势啊，站立姿势啊，对自己与世界的关系的看法之类的。杰克变得不那么有魅力、不那么优雅了。他开始发福。

黄自强：

有时候杰克非常鲁莽。有一天，我们在大瑟尔沿着山路开车，我坐在中间，他坐在我的右手边，卢·韦尔奇在开车。菲尔坐在后面。杰克和卢两个人开始争论。"啊，你这个狗娘养的……"他们真的吵开了，当时我们正开在山路上。他们没有喝醉，只是发生了口角，就像是小孩子拌嘴，不过他们当时真的很激动，冲对方大喊大叫。

卢说："真该死，我们现在就把话说清楚了。"他刚刚开到转弯处，拉了手刹，然后他们下车了。幸亏那个年代路上没有很多车。他们跪下来，分别在白线两侧面对着对方，开始相互祷告。他们做出祈祷的手势,把事情摆平后回到车里,车才开走。但是且慢,要是那会儿有车开过来,我们所有人都会送命。我当时说:"老天,他们不能那么做啊!"菲尔在后面说:"随他们去吧,他们没事的。"我说:"噢,该死,不,不,不,不。"我真的吓坏了。不过他还是那么做了,从来都不会出什么幺蛾子。

一天,我们去大瑟尔的一家酒吧餐馆,坐在太阳下喝酒。在那样的时候,我对杰克很好奇,因为他非常安静。麦克卢尔过来问了他关于某首诗歌的问题,杰克像是很生气,仿佛在说:"我自己都搞不定,又怎么能告诉你你应该写什么?"不过重要的是,那天晚上我们大家都开始喝酒了。

半夜里,他们说:"我们走去海滩吧。"我们得穿过丛林、小溪之类的地方,但是我们大家都莫名地来了精神。大家排成一路纵队朝海边走去。我们都是男人,成年男人,只是发了疯。成年男人不会那么干的,真的很丢脸。他们都回到了童年,回到了童年最美好的时候,并不是发疯。

不知怎的,我不知道——我觉得当时连月亮都没有——我们是怎么扶着彼此的肩、互相搀着跌跌撞撞往下走的,一路走到了海边。当然,到海浪边上时,天色已亮了很多。他们在石头上念诗歌给彼此听。

保罗·史密斯披着个斗篷,他念了哈姆雷特的独白之类的。

我们从大瑟尔回来后,杰克就不见了人影。我们都找不到他,大约有一周时间没见到他。当时我对劳伦斯说:"他到底躲哪儿去了?"劳伦斯说:"我猜他又狂饮去了。"

凯鲁亚克的策略奏效了,他享受了几天的欢乐。当风从海上刮来、吹得树叶沙沙响时,他身边有朋友陪着,但是,他们一个接一个地被城市召唤回去，人越来越少，杰克没有一个人待着，他跟着他们回了城。

回到旧金山后没几天，杰克开始了他以往的套路，找熟人跟他一起喝酒去。杰克喝了一杯又一杯后，可能会当着一酒吧的陌生人宣布，他是著名的小说家。"我是杰克·凯鲁亚克！"他会大喊道。

露安娜·亨德森：

在格兰特大道上，我最后一次见到他。我有点儿惊讶，他变得非常爱与人争吵。随着天色越来越黑，他一直在喝酒，这根本不像是杰克的作风。他一开始压根儿就不是酒鬼，他也从来不喜欢与人争吵。现在他就是个讨厌鬼，脾气臭。

有一回，菲尔·惠伦看见杰克面色苍黄，就劝他去北滩的华盛顿广场公园散散步，两人可以坐在太阳下聊聊天。杰克带了一加仑大的酒壶，里面装着托卡伊白葡萄酒，自己喝得不省人事。惠伦怎么劝阻都没用。

凯鲁亚克有一天去看望费林盖蒂，费林盖蒂收到了加布丽埃勒写的信，信上说杰克的猫泰克死了。费林盖蒂尽量温柔地把消息告诉杰克，但是他不知道杰克对这只宠物的深厚感情，也不知道那些感情与三十年前吉拉德之死的联系。凯鲁亚克的反应让他吓了一跳：杰克消失在霍华德街的酒吧里。

黄自强：

他们在一家廉价旅馆找到了他，劳伦斯把他带去了自己的住处。过后他来找我说："你知道，我现在的状态非常糟糕，我需要找个睿智的人聊一聊。我能跟你父亲聊聊吗？"

我心里想："妈的，这个家伙一直喝酒，身上穿的衣服不成样子，胡子也没刮。我父亲会说什么呢？"我生活的世界与他的很不一样，如此不同，虽然它就在离这儿不远的拐角处。

于是我就告诉劳伦斯，我们想了个办法。我记得我有一件褐红色的开司米毛衣，上面有一个个小洞，但是不怎么看得见。劳伦斯帮杰克刮了胡子，或者是他自己刮的。然后我们帮他穿了件衬衫和毛衣。

我父亲在杰克逊街上的店里，一家杂货店，但是里面有点儿脏。没有人进去买东西，因为它其实不是杂货店，而是我父亲的政务办公室，像是芝加哥的那些个区役所。里间有一盏十五瓦的灯挂在上面，罩着灯罩，所以只有坐在灯前面的那个人才照得到光。不过里面有一张长沙发椅，人们可以进去坐着说话。

于是我们让杰克刮好胡子，喷了点香水，漱了漱口，然后他走了进去，不过脸依然红红的。显然他一直在喝酒。随后他坐在那张给所有政客坐的长沙发椅上。我父亲用中文问我："怎么回事？"我说："这位是很有名的诗人，是个文人，他对英语文学的通晓程度就跟你对中文文学差不多。"他说："你为什么带他来这里？"所有这些话都是用中文说的。

与此同时，凯鲁亚克坐在那里，不知道该做些什么。

于是我就说："来，跟他聊聊。他遇到麻烦了，他需要从中文里学点睿智的东西。"

我父亲转过身，背对着杰克，回去写他的书法。持续了大概十分钟。十分钟没人说话是很长的一段时间。我说:"呃,我要保持冷静。要是我说了什么,肯定会延长这该死的沉默。"气氛会变得太尴尬,那样我们就不得不离开了。

于是我就看着凯鲁亚克,他没有看我。他只看着我父亲的后背。

最后我父亲转过身来,用他蹩脚的英文跟杰克说:"你想要什么?"

凯鲁亚克说:"我的状态不好,我遇到麻烦了。"

我父亲说:"你是做什么的?"

他说:"我写诗歌。"

就这样,他们你一句我一句地聊着,不过最后我父亲对他说:"显然你喜欢喝酒。"

他说:"是的,当然。"

我父亲说:"你知道,你应该像日本的僧侣那样,那些禅僧。你应该去山里,喝个痛快,然后写诗。"

从1956年娜塔莉·杰克逊的"死亡一跃"到他去坐牢前的那段时间里,尼尔结交的城市女友是杰姬·吉布森,她在50年代初就是北滩的常客。她是商业艺术家,有一个年纪尚幼的儿子。她参加吠陀学会的聚会,对佛教的经文和观念也有着真挚的兴趣。

自打尼尔从圣昆丁监狱被放出来后,杰姬就逼着卡萨迪离开卡罗琳与她在一起。那年夏天,杰克到了西海岸,这让尼尔来了劲,他想试试以前用过的计划。甚至在杰克到达之前,尼尔就开始把他的信读给杰姬听,告诉她,她与杰克有很多共同之处。

多年来,杰姬与杰克不断地错过彼此。有一天,杰克去了她的公寓,当时她在外面。20世纪50年代中期,她去过不止一场派对,别人都告诉她,杰克刚刚离开不久。

1960年，尼尔介绍两人认识后就走开，他俩发现彼此有很多共同点，就开始做朋友，几个星期后，两人都觉得发展成恋人也不错。她的公寓成了杰克白天的一个藏身之处，她每天从画室回来后，杰克继续待在那儿也很自然。他们讨论过结婚，如果说私奔去墨西哥这一想法在杰克眼里只是幻想的话，那么对杰姬而言却很现实。两人的障碍是她的儿子艾瑞克，他虽然只有四岁，却为母亲制定了严格的交友标准。他觉得杰克不适合当他父亲，并且这么说出来了。

杰姬告诉她的老板，她要嫁给杰克·凯鲁亚克。这个秘密借由旧金山那些竞争激烈的日常八卦专栏——赫伯·卡恩的专栏和杰克·罗森鲍姆的专栏——不胫而走。

每次聊到结婚，杰克就会提出待在加州，把艾瑞克送去东部与他母亲同住，孩子很清楚这点，并且大声地阻止了这个想法。

为了厘清头绪，杰克计划第三次去费林盖蒂在大瑟尔的小木屋。杰姬和小艾瑞克会与他同去。与他们做伴的还有诗人卢·韦尔奇，此人也是个大酒鬼，曾经的职业是广告作家，还有韦尔奇的女朋友勒诺·坎德尔，她不久后会在《爱之书》的诗歌中以直白的情色描写激怒伯克利的才女们。

勒诺·坎德尔：

我一直以来都当自己是作家。我记得有一次在聚会中突然有了一个灵感。我朝四周望了望，每个人都是作家。我心想："这个房间里的每个人都会从房里出去，以自己的版本写下这场聚会。"这个感觉如此超现实。任何发生过的事都会以它发生时的样子被人回忆。

1960年夏天，我来到旧金山，认识了卢。我这人总是什么书都读，

第五章 大瑟尔

我读过杰克的书,包括第一本,那本由"约翰·凯鲁亚克"写的书。呃,我之前在纽约,与一个朋友一起开车去洛杉矶。我一直很想来旧金山,决定上这儿待一个周末,我没有再回去。在那趟旅途中,我认识了卢和其他人。杰克来城里后,我们大家都去了大瑟尔。

他的状态非常糟糕,他去那里是为了让脑袋清醒下。不过,大瑟尔真的是一个充满自然力的地方,也真的很热。我觉得那有点儿像是迷幻之旅,有着非常浓重的现实感。

他一直住在那个奇怪的旅馆里,那算是他的疗养地,在米慎街之类的地方。我们在那里接他,后来又把他送到了那里。他不想让其他人知道那个地方,但是我确定其他人都知道。

他也跟我们建议,说那个地方不错,说你们可以躲在那儿,然后写东西。我的意思是,考虑到他的背景,他居然会去旅馆写作!他写了做了那么多前卫的事,但他的心里依然有这个保守的——几乎是偷偷摸摸的——地方。倒不是偷偷摸摸,只不过你写作时得脱离社会,而不是在社会里。他的内心肯定有过许多挣扎。

去大瑟尔那回,真的是趟很不错的旅途。卢是个优秀的司机,很会聊天,是我认识的最会聊天的人。即使偏离事实,那些故事也很棒。他不停地说,杰克不停地说,我们所有人都在唱歌。

但是他交往的那位女士完全处于混乱中。我的意思是,他把自己的混乱带来了,那是城市的混乱,他把混乱带进了一个将他卷入其中的具有强大自然力的地方。

她一直坐在后面,像是睡着了。我想她要是能跟我们处得再久一点,会更多地参与进来。但是杰克出于自己的某些需要,更愿意相信她真的想坐在后面。我们另外三个人一路上都在说、唱、喝、玩。

她把她的小儿子也带上了。我不记得她的名字了,但是她的脸蛋很美。我记得她的脸。

杰姬·吉布森：

我和杰克计划结婚。我们都收拾好了行李，买了车票。那些人会跟我们一起去，去墨西哥。

你瞧，你得理解杰克和尼尔的关系。还记得米高梅以前的电影吗？杰克和尼尔就是以他们看过的电影为基础，来发展他们认为合理的关系的。兄弟，好哥们，什么都搞得定的机灵的美国人。

我和尼尔的关系正变得岌岌可危。其实那会儿，我们的关系快要结束了。尼尔不知道怎么做，就把杰克叫来，类似于把我转交给他。主要是因为我想结婚。既然他不想，那我不妨嫁给杰克。

杰克赞成，我某种程度上也赞成。见面很愉快。当时的场景真的很酷。人们之间有很多交流——大家相互认同。那是一个很公社化的时代，一个非常易于接受他人的时代。

我们其实觉得，我们会解决世上所有的问题，觉得那是个黄金时代之类的。当大家渐渐明白，并不是这么回事，大家都有各自的问题，绕不过去，那真是很让人失望，每个人的应对方式都不一样。

去大瑟尔时，我们已经决定不结婚了。杰克喝了很多很多酒，在我们去之前真的是在放纵地喝。去的路上，我们在尼尔的家停留。我觉得杰克想要我和卡罗琳在同一个屋檐下碰面。

第五章 大瑟尔

卡罗琳·卡萨迪：

卢、勒诺·坎德尔、杰克和杰姬顺道来了。杰姬的孩子在车里睡觉，他们进来时就把杰姬留在车里。我最终发现后说："别开玩笑了，让他们进来。"当然，杰克喝醉了，不过他表现得非常局促。

所以当时卢就说："嗬我的乖乖，我去拿奶油碟。嗬嗬嗬。"我说："你们这些人怎么回事？你们觉得我们会怎么做？相互扯头发？太可笑了。"于是她进门来了。

我很惊讶，卢居然以为一个情敌立刻会让你红了眼。我是说，这种观点太古板、太传统，而这些人不是很前卫吗？他们以为，显然跟电影里一样，我们会撕了对方。

我坐在那儿，她坐在那儿，我们聊了聊家长里短，聊了聊孩子之类的事。然后尼尔开始急得跳上跳下。在《大瑟尔》里，你会读到一段解释尼尔行为的文字，其实压根儿就不是那样的。杰克坐在这里，当着她的面请我跟他一起走，直截了当地说。他真是让我厌恶。我是说，这儿坐着的可是他的女友，而且，杰克无疑有很长一段时间与我没有暧昧关系了，所以他的行为很粗鲁。尼尔跳上跳下的，杰克在《大瑟尔》里解释说，尼尔因为某些事在生他的气。

事实是尼尔因为杰姬在吃醋。跟杰克邀请我一点儿关系也没有，问题在杰姬身上。他想在杰姬面前表现。尼尔这么做是因为他的原则是：以前是他的，就一直是他的。

杰克没有得手，压根儿就没有得手，因为这是尼尔要回他送出去的姑娘的典型做法。在露安娜的身上他试过百来回，有一半是他把露安娜抛弃后说，"别再来烦我"，然后露安娜对另一个人有了兴趣。然后他会上演这么个大型的吃醋秀，把你抢回来。他对我与杰克也这么做过。

所以我知道他在干吗。我不清楚其他人有没有听说过杰克与我的关系,因为他觉得他真的做得超级隐晦了,但是至于他们知不知道,我就不知道了。

他们间的关系就是这样。也许没有这另一个人,就没有这个天才。我不知道。至少他们教会我如何置身事外。现在大家都可以做自己想做的,由我来决定是接受还是离开。我学会了这一点。如果你纠结太多,你会很受伤,你也可以选择不受伤。这是他们的问题,真的不是你的。他们让我吸取了这个教训。

后来我再也没有见过杰克。

杰姬·吉布森:

事情进展得还行。尼尔有一点儿不开心,但是我没有很不开心。我觉得卡罗琳也没有很不开心。我记得我们差点儿因为某件事争论,我和卡罗琳,而杰克觉得很棒。他显然很享受,所以我们就冷静下来。我猜这让尼尔不开心了,因为他不知道会发生什么事。

我们到大瑟尔后,状态还可以。

然后他开始大喝特喝——但是其实他在那儿喝得并不比在城里多。

在他看来,我们离开城里时并没有下定决心不结婚,所以我们只是去大瑟尔放松一段时间,然后再回城里。对于下定决心结婚、当父亲、当丈夫这些事,他还是觉得很有压力。

下定决心后,他就不想再待在那里了。我们在那里的最后一晚,他一夜没睡,第二天,他真的很想回去。在那之前,情况还不错。我们

第五章 大瑟尔

去了海边,去钓鱼,我们还煮了鱼。

勒诺·坎德尔:

我们到达的那天夜里,杰克就想着出门。他爬进了他的睡袋。她立刻也爬了进去。我看着他俩躺在这同一个睡袋里,杰克只想睡觉。他累了。她爬了进去,把她儿子给忘了。他们不该这么轻率行事的,于是我和卢就把她儿子哄去睡觉了。

我觉得那头一个晚上真的很诡异。第二天,卢想去钓鱼,我们就带他去了海边。很奇怪,杰克有时候很适应那个地方。他自己虽然很混乱,但真的体贴其他人,尽他所能。

很多事情真的在杰克的掌控范围内,发生的很多事。他并没有多说什么,但是我们感觉到了。

他喝了很多酒,却不吃东西。卢也经常喝酒不吃东西,以前肝病频繁发作,他得躺在床上,吃牛奶吐司。他对杰克当时的状况非常敏感。

卢试着照顾他,比如他钓到一条很大的鱼,非常细心地煮,每一步都很小心,他们不可思议地借着鱼聊了起来。卢想让杰克把鱼吃掉。当时杰克心想:"整个过程计划得太细心了。"

他开始纳闷:"这背后是不是有什么目的啊?"他面对的所有现实都变得很可疑。他经常靠直觉,然后他感觉到他的直觉变得很奇怪。

他不想有这种疑神疑鬼的感觉,这让他受不了。他听见大海的声音,里面有讯息,有恐惧。他喜欢卢——他俩的感情很深——但是,他发觉自己怀疑所有人的动机。

我猜他对我也起了疑心。比如,他似乎有一种朴实的感觉,仿佛我是一个温暖的、很会关心别人的人。然后他就开始纳闷：那是不是有什么目的？是像他所接受的那样吗？还是说背后有原因？还是说他发疯了，以为背后有原因？

你瞧，他以他考虑问题的细致程度，开始分析这些层次。要是你曾经意识到或亲身做过那样的事，要是你坐在那儿，开始分析问题的不同层次，你就会把自己逼得神经错乱。

他热心地关爱别人，不管是谁碰巧在那儿。这至少跟他的多疑症一样，都是他性格的一部分。但是当苦恼变得更强烈时，它就会成为你的一部分。要把它与真实的部分区分开来非常困难。它们都是他的一部分。

对任何创作者或传递者而言，都存在一条非常奇怪的界线。你得非常敏感。你不能在自己身边围个障碍物。你得敞开自己，让东西进来与出去，有时候，进来的东西会击垮你。

他在大瑟尔时，我想就是那种敏感——他与所遇之人在一起时展现的敏锐听力——让他感受到了大海与大地的沉重氛围。那是个非常荒凉的地方，把他击倒了。

跟他一起的那位女士状况非常混乱。还有她的那个小男孩。他们谁都没有能力应付这个情况。

杰姬·吉布森：

我不知道他是不是觉得我想把他逼疯，还是说我正在把他逼疯。《大瑟尔》写了出来，就像是有人图谋让他精神错乱。根本没有那样的事。他在书里说，他觉得艾瑞克是个小巫师。

四岁的孩子在大人身边时，会非常有洞察力。杰克跟小孩子处不

第五章 大瑟尔

来,就是这样。他最想做的事就是把艾瑞克送到他母亲那里。那是其中一个原因,我们无法处理的一个局面。艾瑞克不肯去,杰克就说他可以去寄宿学校,艾瑞克也不肯去。

杰克对他非常直白,这是一个很大的错误。如果要说那样的事,最好背着孩子说,因为艾瑞克无法忍受他。艾瑞克做了些过分的事,不过他只是对杰克很生气,不想跟他有什么瓜葛。他觉得杰克是硬闯进来的,想接管他。

杰克把他的母亲理想化了。她是非常虔诚的天主教徒,我觉得那束缚了他。我觉得他喜欢跟母亲在一起,那儿有他的根,那儿才是家。那其实是他唯一有过的家。我觉得他没能真正建立自己的家。我觉得他没有感觉他与人建立了很好的关系。他感觉他的婚姻一直是个很大的失败,他不确定女儿是不是自己的,所有这些事,这仅仅是他头脑中的幻想。他需要母亲来稳住他自己的方向感。

当他下定决心时,我想他不愿意继续待在那里了。我们还走不了,于是在大瑟尔度过了平静的两天。

与杰姬、她儿子、韦尔奇,还有坎德尔在小木屋度过的最后一个夜晚,杰克一夜没有合眼,那是小说《大瑟尔》的高潮部分。整整一年以后,他坐在奥兰多宁家的厨房里,用了十个晚上的时间,在一卷电传纸上写下了这本书。虽然他在经历这些的时候,精神越来越不正常,但他对那个可怕夜晚的回忆是靠精确完整的记忆展开的。

不绝于耳的声音(当他想听清具体说了什么时,它们却被淹没在附近溪流传来的声音里)建议杜洛兹,说街坊邻里用煤油污染了蒙桑托(费林盖蒂)的小屋旁边的小河,戴夫·韦恩(卢·韦尔奇)和罗曼娜(坎德尔)故意抢了他在软沙滩上最喜欢的睡觉地儿,现在正醒着躺在那儿,等着他死呢。

"有没有可能这一切都是戴夫·韦恩通过科迪让我跟比莉(杰姬)认识,把我逼疯,现在他们逮到我一个人在小树林里,今晚要给我吃最终的毒药,让我完全失控,这样一来,明早我就会被送去医院,永远不会再写作了?——戴夫·韦恩嫉妒我,因为我写了十部小说?——比莉是科迪派来让我跟她结婚的,这样他就能继承我所有的财产?"

杜洛兹和比莉几次挪动他们的临时床,但他就是睡不着。他一闭上眼睛,地狱里的面孔就出现了。

"——妈说得没错,所有这些都会把我逼疯,现在已成定局——我要跟她说什么呢?——她自己会吓坏,然后发疯的——噢泰,泰克,帮帮我——我刚刚吃过鱼,没有脸面再去找泰克兄了——"

突然间,声音消失了,杜洛兹看见了十字架的幻象。夜里,一次又一次,每当声音变成无法忍受的咆哮时,十字架就出现了。杜洛兹把自己想象成天使与恶魔战斗的奖品。有声音向他吐露,小埃利奥特(艾瑞克)是个绊脚石,可当杜洛兹去小木屋跟折磨他的人对峙时,他只看见一个把毯子蹬了的小孩子。他温柔地把毯子盖在睡着的小孩身上。有三次,杜洛兹快要睡着了,每一次都是那个睡着的孩子重重地踢了他的脚,把他弄醒。

"凌晨是最恐怖的",凯鲁亚克写道,那时杜洛兹的朋友们忙着清理蒙桑托的小木屋。比莉为垃圾挖了个坑——"尺寸刚好适合放埃利奥特的小尸体"。杜洛兹冲着比莉大叫:"你为什么要挖得像个坟墓?……"比莉带着同样平和的笑容说:"噢,你真是他妈的神经过敏啊。"

杜洛兹坐在走廊上的一张藤椅里,闭上眼睛,只有那么一两分钟的时间,他陷入了沉睡。当他醒来时,比莉和罗曼娜正呆呆地站在一旁,她们惊讶地发现他非常平静。"那一刻,神圣的宽慰来到了我身边。"

杰姬·吉布森:

回程很顺利。他与卢轻松地交谈。我想你可以说他的精气神又回来了。他们聊了很多。

我当时已经被冷落了。到那时候,他已经让艾瑞克安静了。他坚持要求去酒吧。我们都不怎么会喝,回去的一路上,他坚持要求去酒吧,在酒吧里坐坐,我不愿意去。我不会带孩子去那种高速公路上的酒吧。所以一路上,大部分时候我都在看书。

一行人到达圣何塞附近通往旧金山的岔道时,杰克坚持要求卢再往前开几英里,去海伦和阿尔·欣克尔当时住的地区住宅。

海伦·欣克尔:

我最后一次见到他,是他带着一行人到我家。他摔倒在厨房的地板上,抬头看了看说:"这是哪里?"然后他说:"我要尿尿。"于是我就带他去外面,扶着他尿尿。

阿尔·欣克尔:

当时他读了诗歌《大瑟尔》。

海伦·欣克尔：

噢,老天,很棒的诗歌。听起来非常美。

阿尔·欣克尔：

即使是喝醉酒的人读,也很美。

海伦·欣克尔：

甚至不是美能形容的。它绝对动人。大海的声音。

第六章　阴郁的书式电影

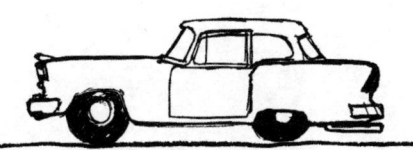

加里说:"你这个兔崽子,你临死时会要求用天主教仪式的。"我说:"你怎么知道,亲爱的？莫非你不知道我是个世俗耶稣会信徒?"他对我很恼怒。

——凯鲁亚克写给安·查特斯的信

第六章 制度的生死法

在大瑟尔经历精神崩溃后，杰克飞回了纽约。他重新回到诺斯波特的家，努力地恢复健康，像运动员准备一项重要赛事那样锻炼。一年后，他恢复了体力，这才动笔写《大瑟尔》。

加布丽埃勒已经回到宁在佛罗里达的家，她觉得那儿才是她的家。杰克去墨西哥城短暂旅行，创作《荒凉天使》的全新的第二部分，想超越他在1956年写的初稿，还有就是喝酒。

1962年9月，法勒、斯特劳斯和库达希出版社出版《大瑟尔》，小说收到了精彩的书评，也许是因为它刻画了处于低谷的"垮掉派之王"，也许是因为它骇人的诚实。不像之前出版的那些书，这本书里的杜洛兹是既会感受也会观察的主人公。

杰克跟宁和她丈夫在一起时从来没有觉得自在过。那年10月，当他的思绪转向洛厄尔时，他决定是时候再回新英格兰住一阵了。

约翰·克莱伦·霍尔姆斯：

《大瑟尔》出来后，"妈妈"给我们写了封信。她从没见过我太太雪莉,但她还是给我们写了封信。杰克碰到麻烦了,他们在佛罗里达,杰克喝了太多酒。"妈妈"其实手写了封信给我们,说:"请帮杰克在康涅狄格州找个住处吧。"我们回信说:"老天,当然没问题,要是他需要的话。"大概三天后,杰克搭火车来了。

杰克到达时是一个周日的深夜,他完全清醒。他来这儿找个房子,让"妈妈"搬进去住。他是独自一人来的,他有钱,执意要找到合适的房子。

我说:"好啊,杰克,我开车带你转转。"我们尽量多研究些地方。

我有一两年没见到他了——我们只打过电话——所以他到后就开始一杯接一杯地喝,我也一杯接一杯地喝,我们感觉很开心,往事也浮上心头。

一个星期后——仅仅一个星期后——计划被他抛到了脑后。我们整天坐着,没有人比杰克·凯鲁亚克更适合聊天了,不管他喝醉了还是醒着。他每天喝一夸脱白兰地,幸亏雪莉给他送食物,他才保住了小命。

然后周六到了,我说:"瞧,杰克,真该死,我们去帮你找房子吧。你母亲亲自给我写信,说'救救我儿子'。她在信里说:'救救杰克,请救救他。他的命快保不住了。'"所以那天我就说:"瞧,杰克。我们今天就喝啤酒,然后做正事吧。"

他照做了。他第一次把胡子刮干净,还洗了个澡,看上去很帅气,跟平时一样,即使他状态不好也很帅。

于是我们就去了迪普里弗,开着车到处看房子。我能看见他坐在车的后排满头大汗,喝醉酒出的虚汗,他像条汉子一样拼命地忍住。

诸事不顺。我们什么房子也没有找到。我们出手太晚了,这项计划让人有一种宿命感,注定成不了。

于是我就带他去埃塞克斯的一家酒吧,我们喝了点啤酒,他变得非常好斗,开始跟酒保争论。他只喝了啤酒,开始变得多疑、爱吵架,那个计划(摆脱显然让他们俩很烦恼的佛罗里达的狀況)从他的脑海里消失了。

我们回到家,闲坐着,雪莉在准备正餐,然后他就开始喝烈酒。他看了看我——用那种严肃的目光——说:"我得离开这儿。"我说:"你想干吗?"他说:"开车送我去洛厄尔。"我说:"杰克,我不会开车送你去洛厄尔的。我会为你做任何事,但是我不能开车去洛厄尔。我的驾驶水平没那么好,我不喜欢开那么远,得有一百英里……"

他退缩了。我心想:"噢,他肯定要说'你不是我哥们,你不爱我',类似这样的话。"但是他来这儿后的一周,我累极了,我不想让步,因为很简单,这会毁了我的生活。

然后他像平常那样笑笑,说:"也许我可以打个车去。"我说:"杰克,八十英里你打车?你脑子坏了吧,老兄?"雪莉那时候正好进来,然后明白了状况(雪莉非常敏感,雪莉非常非常了解杰克,很爱他),她说:"你是认真的吗?"杰克是认真的。

有时候他不得不换地方,他得从某个地方离开,他忍受不了。于是雪莉进来给新伦敦的某个人打电话,说:"我们这里有一个人想去马萨诸塞州的洛厄尔。你能……?"当时杰克有很多钱,所以我们就给他找了辆出租车。出租车从新伦敦过来,我们替杰克料理好。我给他准备了世界上最大瓶的酒。我给了他一个一夸脱的罐子,储藏罐,给他准备好了可以喝一路的白兰地和苏打水。

出租车司机来了,他朝杰克看了一眼,脸唰地白了,因为杰克那时已经喝醉了——也就是说,他不喝啤酒,改喝烈酒了。我把出租车司机拉到外面的走廊里说:"不用担心这个家伙。他没问题的。他会喝一路,但不会给你惹麻烦的。他会啰唆到你耳朵起茧子,但不会闹事的。"

于是我们让杰克坐在出租车里,带着他的一夸脱白兰地和苏打水,他喋喋不休,说个没完。我说:"送这个人到洛厄尔,送到那里,不用担心他。"他要回洛厄尔去看看G. J.,当时G. J.没准儿都不在那里了。我不知道。

虽然他的脑子里一片混乱,但是他回到他觉得会让自己感到舒服的地方去了。

G. J. 阿波斯托洛斯:

他会在大冬天穿着球鞋回洛厄尔来,住在车站那儿的一个廉价旅馆里。他会在凌晨四点钟打电话来说:"我到了。"从早到晚,一直喝喝喝。

杰克是个很帅气的孩子。我们都很喜欢他。我不知道他发生了什么事。我无法把两个人联系起来,后来我不得不躲着他。我无法请一个星期的假。要是时光可以倒流,他回来时我会多跟他在一起。我跟不上他的节奏。但是如果时光可以倒流,我会多跟他在一起。

约翰·克莱伦·霍尔姆斯:

杰克一周后给我写信了。他在那里待了可能有三十六个小时,然后叫了个人送他去洛根机场,坐飞机回佛罗里达。他没有歇脚的地方。

第六章 阴郁的书式电影

杰克回到佛罗里达后,对于自己的处境很沮丧,大把大把的时间泡在酒吧里。失意与困惑的杰克和"妈妈"二人搬回了诺斯波特。在那儿,杰克与以前的一个熟人来往密切起来,就是画家斯坦利·特瓦尔多维奇,两人初次相识于1959年,在纽约城的画家们常常出没的雪松酒馆。凯鲁亚克管特瓦尔多维奇叫"斯塔修"。他与杰克一起在诺斯波特的冈瑟酒吧和渔人酒吧泡着,他是杰克既有男人味又有学识的朋友,杰克在佛罗里达时就缺这样的朋友。

"要是我可以再活一次,"杰克告诉斯坦利,"我会当画家。"杰克画的几幅画——其中一幅是《圣母怜子像》——依然挂在特瓦尔多维奇画室的墙上。

在特瓦尔多维奇的记忆里,杰克依然被"妈妈"严格限制活动自由,虽然他并没有过分反对。有一回,斯坦利帮杰克把一张五美元的支票换成了现金,那是"妈妈"给他的一周的零花钱。特瓦尔多维奇的画室成了杰克的避难所——年轻人仍然会上他家去看望写了《在路上》的垮掉派作家。他说服杰克捐赠了一本《镇与城》的原稿复印件给诺斯波特图书馆,并且接受了图书馆档案室的一次采访。

可杰克依然不快乐。虽然他让斯坦利当他的导游和保护人,但斯坦利并没有能力阻止杰克越来越严重的酗酒。就在他喝得醉醺醺的一个晚上,杰克躺在街车的轨道上不肯起来,决心被车碾过去。斯坦利搜肠刮肚,好不容易想到一个计策让杰克站起来。他说:"好吧,这位是杰克·凯鲁亚克,又回到了路上。"杰克听出了话里的幽默,这才从危险中爬起身来。

两三年后,杰克会去欧洲旅行,研究他的家族身世——后来写成了小说《巴黎之悟》——在这之前,杰克想争取说服特瓦尔多维奇跟他一起去,甚至安排格罗夫出版社(他们为《常青评论》向杰克约了一系列稿件)负责两人的旅行开销。但是,特瓦尔多维奇在出发前拒绝了他的邀请。"我不能去,杰克非常失望,但他需要的是个保姆,某个照顾他的人,确保他不会丢钱包,被人打,跌在阴沟里。那样的旅行我不能去。"

杰克仍然会偶尔冲进城去,看望还在城里的艾伦、吕西安和其他人。

乔伊思·格拉斯曼:

我遇见过他几次,有时候在雪松酒馆,他总是很友好。

我是在1963年秋天结婚的。婚后的一天夜里,我接到一个电话说是杰克,他来城里了,他真的很想见我。他在朋友家,问我能不能去见见他。我说:"呃,你知道,我现在结婚了。我能带我老公去吗?"他说:"噢,当然可以。带你的小老公来吧。"(他根本就不小。)

我跟他说过杰克,他愿意一起去,我们就去了,场面很可怕。他的朋友醉得很难看。杰克也醉了。那个人用香烟烫杰克。场面真的很恐怖,让人很沮丧。杰克看上去发胖了。

我老公几个月后在一场事故中去世了,我搬去我母亲家住了几个月。我已经准备好去欧洲。我接到杰克打来的电话,仿佛他不记得我结婚了之类的事。我都不知道他是怎么找到我的。这么些年过去了,我突然间觉得那个电话非常伤感。

他说:"你从来没有想过从我这里拿走什么。你是唯一一个。你从来就不要裘皮大衣。"我说:"裘皮大衣?"他说:"你要的仅仅是一碗豌豆汤。"如此等等。那不是我唯一要的东西,但这话听起来还是很伤感、很感人。我试着解释给他听,我最近发生了什么事。不知为何,他就是听不懂,那是我最后一次跟他说话。

"爱琳·梅":

我见到他是在肯尼迪被刺杀后。我们朝着第九圈[1]走去。他说:"走这么远,我得喝杯酒。"我问:"为什么?"

"因为我出了身汗,我得再喝杯酒。"

彼得·奥尔洛夫斯基:

一天夜里,杰克喝得烂醉如泥,我和艾伦试着让他振作起来,就都帮他口交。他说:"你们想干吗?我不是同性恋,我不搞男同。"我说:"我们只是想让你开心,杰克。"他甚至都不能勃起,因为他喝得太醉了。

杰克和"妈妈"继续搬家。1964年夏末,他们回到了宁在佛罗里达的家。杰克在坦帕买了栋房子,等他离开后,房子里乱涂乱画的墙被那些日子里他结交的食客们拆得四分五裂。

杰克在佛罗里达的常居生活被《巴黎之悟》里记载的那趟法国之旅给打断了,那是一趟孤单徒劳的旅行,没有什么价值。杰克整天喝得醉醺醺的,(他觉得)法国出版商待他很恶劣。他从出租车司机雷蒙德·巴耶那儿收获了"悟",或者叫启蒙,就是那个急匆匆地载着他去赶回程飞机的司机。巴耶带给他的启发跟那趟旅行的价值一样捉摸

---

1 纽约的一家同性恋酒吧。

不定——杰克不仅没能寻宗问祖,他在书里也没能讲清楚巴耶到底说了什么让他大受启发。那趟旅行持续了十天。

9月,杰克的姐姐宁在奥兰多去世。凯鲁亚克家余下的成员——也就是泰·琼[1]和"妈妈"——搬家北上,这次搬去了科德角的海恩尼斯。

小说家罗伯特·博尔斯就是在那儿认识杰克的。他还记得,杰克严词谴责米高梅为电影《地下人》编造了一幕,让利奥扇了玛尔杜巴掌;杰克还痛骂电视连续剧《66号公路》的制作人,觉得他们窃取了《在路上》的核心构思(两个男人在一辆车里),没有向他支付费用。

博尔斯与住在附近的巴恩斯特布尔的小库尔特·冯内古特约好见面。杰克到达时已经喝醉了,他与冯内古特和其他人一起玩扑克牌,玩21点(虽然那不是游戏),把其他玩家的牌扔得满屋子都是。

那时,杰克与五六十年代结交的那帮老朋友联络得很少。越南战争正变成一个公众事件,迷幻药正变成年轻一代和/或媒体不久后所称的"反文化"中更具冒险精神的人日常饮食的补充剂。

杰克嗜酒如命,不过他也不会排斥偶尔尝一尝金斯堡或科尔索带来的灵丹妙药。

格里高利·科尔索:

噢,他可能会注射一针吗啡,不过之后那东西想必让他很亢奋,他会提笔描述感受。我觉得他胆子小,不会上瘾的。他从来不上瘾。显然,他对酒精上瘾,就是那个要了他的命。他喜欢安非他命,因为要写

---

[1] 应该是猫的名字。

作。吸食安非他命，写起来就飞快。不是那种吸食安非他命上瘾的场面，他不会注射梅太德林之类的东西，而是服用药丸。许多人会吃颗药丸踢球；许多人会吃颗药丸，驾驶大货车跑全国。他绝对没有药物上瘾，酒精上瘾倒是真的。

他吃佩奥特碱。早在踢球那会儿他就吃了，他也不上瘾，这样很好。他应付得很棒，老兄。早年他踢球时，还没有人知道那玩意儿是什么，他那时就在吃了。

60年代初，记者丹·韦克菲尔德采访了蒂姆·利里，后者刚刚出了《迷幻剂评论》的第一期，成立了"精神探索联盟"。在金斯堡的公寓里，利里告诉韦克菲尔德，即使是像杰克·凯鲁亚克那样顽强的酒吧斗士和酒鬼，也服用赛洛西宾，并找到了平静和写诗的灵感。

就在那时，杰克冲了进来，问利里要更多的药。利里反倒是建议杰克用药物来创作。他给凯鲁亚克一支笔和一张纸。杰克草草地画了个大大的X。"现在，"他告诉利里，"再给我些赛洛西宾。"在金斯堡的记忆中，杰克服用了利里的赛洛西宾后，确实有过一个灵感，就是那句常被人引用的话："水上行走不是一日之功。"

杰克从来不把致幻药或任何毒品当作解决问题的答案。四五十年代，他见多了毒品带来的伤害；在他的眼里，它和大多数事物一样，直接与死亡、与濒死相连。到60年代，死亡近在眼前，他心知肚明。

格里高利·科尔索：

我待在艾伦家，正在吸毒，情绪非常低落，杰克过来了。那时候我的孩子刚刚出生，杰克说："我带了些让他去死的东西。"他还说，我娶的那个女人,她要的只是我的一个复制品。那是他的看法。我以前常常在脑海里跟这个想法斗争。我说了类似这样的话:"你是什么意思?你这话是什么意思?等一等。我养了个孩子不是让他去死的。"

不过这话也没有完全说错。他用沉重的真相给了我一击。你养个孩子让他等死。那是他看待这事的方式。

等到民众起来积极抗议越南战争时,杰克几乎完全从公众生活里消失了。艾伦和彼得比任何时候都积极地参与反战运动,虽然杰克总是坚持一般意义上的非暴力哲学(他尤其喜欢格里高利的诗歌《炸弹》),但是,当他看到抗议者们痛骂美国——他们的祖国时,他退缩了。他无法容忍他们表面上的无礼,他厌恶他们对语言的亵渎,他订阅小威廉·F. 巴克利的《国家评论》。杰克终日借酒浇愁,咒骂新浪潮,咒骂看不到他天赋的批评家,还有把他忘了的老朋友们。他跟以往一样孤独、恐惧,不过现在他还很尖酸刻薄,结局开始上演。

彼得·奥尔洛夫斯基:

有一回,我和艾伦去他家——我们去了两三次——我们进不去,他也不出来。有一次是在60年代初,1964年或1965年,我自己去看他。我留着长发,他的母亲来开门,她不肯让我进去,因为我留着长发。她知道我是谁,她以前很喜欢我,但是她不肯让我进去。

我应该把头发剪了的。

60年代他喝得烂醉如泥时,我如果不那么教条,不是总执着于让他放下酒瓶子就好了。我本可以换一种更温柔、更幽默的方式去处理,而不是一副发愁或提心吊胆的样子。然后我们参与了政治,我和艾伦支持左派,他支持右派。杰克支持红脖子[1]们。

威廉·巴勒斯:

大家通常认为,杰克经历了某种变化,变得更保守了。但是他其实一直都这么保守。那些想法从来没有变过。他总是那副样子。那是一种双重思维。一方面,他是佛教徒,观点很膨胀;另一方面,他的政治立场是最保守的。他是艾森豪威尔那种人,相信老式的美德,相信美国,觉得欧洲人很堕落腐化。那些没有改变。那并不是他后来才有的想法,那些想法他一直有,我认识他这么久,他从来没有变过。它们与他其余的生活方式并不一致,但是它们确实存在。

1966年秋,"妈妈"经历了严重的中风,失去了部分行动能力。杰克当时需要人帮助,不仅帮他自己,也帮他母亲。

他打电话给斯特拉·桑帕斯,他老朋友萨米的妹妹。她在洛厄尔做过他的女朋友,很短的时间。这么多年来,他常跟朋友们提到她,说她在等他。那年11月,他们结婚了,婚后几乎立刻搬回了洛厄尔,回到了波塔基特维尔村。

约翰·克莱伦·霍尔姆斯:

杰克在结婚的当晚从海恩尼斯给我们打电话。那是1966年11月。我们当时还从来没见过斯特拉。在他们的婚礼上他给我们打电

---

[1] 在美国,"红脖子"这一称呼是北方人用来攻击南方保守白人的,尤其是劳动阶层和乡下的白人,后来专指南方支持共和党的白人,广义上成为一种文化标签,泛指一切立场偏保守的人。

话,换斯特拉接电话。我从没见过斯特拉——当然是知道她的——他喝醉了,很开心。他的声音听起来很开心。

从跟他做朋友起,我就知道斯特拉。在我看来,这就像是注定的。她是他朋友的妹妹。他以前常说:"她想嫁给我,她会等我的。"

这对杰克很好。他做对了。当时,他母亲中风了,他的生活变得非常非常棘手。我不是说那是他娶斯特拉的理由,但这当然是其中一部分原因。斯特拉非常能干,显然,凯鲁亚克这艘船需要有人来掌舵。她接手时当然表现得很出色。我觉得她很有天赋。

斯特拉·桑帕斯·凯鲁亚克:

杰克第一次叫我嫁给他,是在他娶第二任妻子琼之前。但是我不能。我有一个家要养。我总是关注着杰克的动向,他的书一出来我就读了——你知道,在洛厄尔是没有人看书的。我会说:"看看杰克·凯鲁亚克的新书。"他们会看看封面,随手翻一翻,说:"很不错。"

杰克很爱洛厄尔。我们在洛厄尔时,会去穆迪街边上的河畔,在洛厄尔这一边的低岸上——不是波塔基特维尔——杰克会冲向河里,看着水流打转。我们大家以前常常去那条河里游泳。有时候我们会开车去森特勒尔维尔,那是杰克出生的地方。在卢派路上,我们还会去法国圣路易教堂,那是他受洗的地方。其他时候,他会去圣让-巴蒂斯特教堂。

但是他不喜欢路上这么多车。他喜欢散步,他必须散步,这么多车让他很生气。我们上次在那里时,他步行去商店,回来后说他差点儿被撞死。你不再能步行去任何地方,这让他很生气。

杰克在洛厄尔过得很快乐。他真的过得很好,喝得也不多。他每隔两三周才去一趟我兄弟尼克的酒吧。他很尊敬尼克,尼克也照顾他。他跟我所有的兄弟处得都不错。有一回,他夜里跟一群老朋友出去,玩得很愉快。第二天,他们去的那家酒吧的老板回来了——他前一晚不在——发现有个男人在头顶上方晃着一个酒瓶,嘴里大喊:"哈哈哈!"他走到电话机旁报警。那个人开始大叫:"斯特拉·桑帕斯,斯特拉·桑帕斯。"于是他就拨了我家的号码,告诉我:"这里有个发疯的酒鬼,肯定是夜里破门进来的,不停地喊你的名字。你最好来看看,把他带走。"于是我的兄弟们就去了,把杰克带了出来。他玩得太开心了。

我们一度请了治疗师给"妈妈"治疗,一个很壮的女人和一个男人,他们会来家里帮她活动活动四肢。我站在"妈妈"身后推着轮椅,以防她要用,他们搀着她在家里"走来走去",说:"瞧,瞧,她在走了,恢复得不错。看看她!"杰克正坐着,瞪着眼看,他指着"妈妈"说:"她晕了,她晕了——"果然如此,他们看了看"妈妈"——我在后面看不到——她已经昏过去了。他们只是拖着她在房里走。那是我们最后一次请治疗师。

住在佛罗里达让杰克觉得很糟糕。他没有真正的朋友。

杰克在洛厄尔基本上与他在佛罗里达时一样孤独,虽然"妈妈"因为中风行走不便,但他仍然活在她严厉的目光下。1967年,杰克在诺斯波特的老友斯坦利·特瓦尔多维奇与他约好,去缅因州的路上过来看看他。特瓦尔多维奇会带他的新女友一起来,杰克很高兴,让他到家里来住一夜再走。

特瓦尔多维奇和杰克像以前那样聊着,凯鲁亚克显然很开心有人做伴。斯特拉当好女主人,跟斯坦利的女朋友拉拉家常,拿点小吃出来。"妈妈"依然不见人影,在她的房里看电视。那一天,杰克领着斯坦利走马观花地游览了一遍洛厄尔,带他看了德雷克特老虎队的球场、巴特利特初中、岩洞、纺织午餐馆,都是"杜洛兹传奇"的地标建筑。

但是那天晚上到了睡觉的时间,特瓦尔多维奇发现,杰克安排自己与女友睡在不同的房间。斯坦利不同意,杰克解释说,这是他母亲的家——未婚的情侣在加布丽埃勒家不能睡在一起。特瓦尔多维奇怒气冲冲地出去了,大声说没问题,他们会睡在车道上他的大众野营车里。

杰克难受极了,夜里出去了好几次,猛敲野营车的一侧,大叫道:"出来,别操那个金发女!出来喝杯酒!"早上,特瓦尔多维奇和他女友与杰克和斯特拉共进早餐,杰克不停地道歉。斯坦利说他理解,让杰克别放在心上,没有关系的。那天早上,他们继续驱车前往缅因州,那是特瓦尔多维奇最后一次见到杰克。

那一年,杰克写了《杜洛兹的虚荣》,把《镇与城》里涉及的那些年重新描述了一番。小说的风格更平常、更温和(像是一封写给斯特拉的信,书的内容就是写给她的),缺乏早期作品里的激情与胆量,但是"真实地"刻画了事件,填补了早年虚构性更强的叙事里的一些空白。他曾向吕西安·卡尔保证,永远不把大卫·卡默勒被杀一事写进小说,但是他在《杜洛兹的虚荣》里写了,并且几乎对事实不加掩饰。他也借机在小说中痛骂嬉皮士和致幻药,抱怨说再也没有人双手插在口袋里走在街边,随便吹着口哨。这是一本感伤、固执和自辩的书,不过也走红了一阵子。正如艾伦·金斯堡所说的:"书里有一种甜美的智慧。"

在《杜洛兹的虚荣》里,杰克没有把尼尔写进他实际参与的事件中。自《镇与城》以来,杰克还是头一次这么做。1964 年,尼尔与肯·

克西还有"欢乐搞怪族"[1]抵达纽约,他们与杰克的会面被"搞怪族"录在电影和磁带上,以纪念旧秩序与新秩序的相会。一面美国国旗铺在沙发上,但是杰克拿了下来,仔细地叠好,放回沙发上。杰克觉得克西毁了尼尔,他不再像以前那样了解卡萨迪了,这场会面并不愉快。自此以后,杰克与尼尔就断了联系。

然而,艾伦当然与尼尔一直有联系,知道正在发生什么事。卡萨迪从监狱出来后便与卡罗琳离了婚——杰克与卡罗琳长途通话时,他不肯相信这个事实,恳求她"让老尼尔接电话"。尼尔去了拉洪达,与克西他们一群人住在小村落里,过量服用迷幻药和安非他命。1967年,从华盛顿州的贝灵厄姆到旧金山长途旅行后,尼尔和艾伦在范尼斯大道上的一家汽车旅馆里一起过夜——与尼尔当时的女朋友一起。艾伦说尼尔的皮肤"冰凉,满是汗,像尸体一般——是好几周过量服用化学制剂安非他命所致——",说尼尔"非常狂躁,我想那是我第一次",艾伦说,"自愿从尼尔的床上起来,最后我自己也很绝望,我沿着街道走,思考死亡宿命的奇迹是如何碾碎我年轻时对他怀有的理想主义爱恋的"。

但是杰克对此一无所知,或者说他不愿意相信。他宁愿记着40年代的尼尔,"尼尔看上去很好",正如吕西安所说。

艾伦·金斯堡:

50年代初,我和杰克抱怨尼尔没声音了,虽然他一直与克西打得

---

[1] "欢乐搞怪族"(Merry Pranksters)是指美国作家肯·克西(Ken Kesey,1935—1990)的一群追随者。克西因著有《飞越疯人院》等一系列作品而出名。

火热，一直到 1965 年、1968 年。只是一个阶段而已。青春不再，开始走向死亡和沉寂。

露安娜·亨德森：

这么多年来，我看着尼尔，我们一路聊，一年年过去，他似乎越来越疲惫，越来越疲惫。他装出若无其事的样子，他只是在伪装，他其实很累。他真的累了。

这在他跟我说话时也看得出来。有两三次，我和克西还有他们大家坐在"欢乐搞怪族"的车上，但是我并不与他们一样乐在其中。而尼尔只是在表演。他必须一直演，他那翻转榔头的绝活，还有他的缎子衬衫。我们单独在一起时，他会把榔头扔一边，好像只是累了。他一直在表演，每一年我看到他，他的速度似乎都更快了。他的身体在走下坡路，在我看来，每年他都更累。每次我见到他，他看上去都更绝望了。

我最后一次见到他，是他去墨西哥之前，他去世之前。我一生中从来没见过尼尔那个样子。那次会面真的让人很难受。我和尼尔见过一千次，说过一千次再见，但是那次，我们去一家餐馆，喝了杯咖啡，他握住我的手说："我要去哪里啊？"他说："我真的累得不行了，不想去任何地方。"

尼尔从来不那样讲话，或者说好多年不那样了。他总是在路上奔波。尼尔是个天生的速度狂[1]，他不需要吃什么毒品。但是当然，他吃

---

[1] 原文"speed-freak"字面意思是速度狂，在俚语中则是瘾君子的意思。这里类似于文字游戏，取字面意思。

了。有很长很长的时间,我没有见他如此安静、如此忧郁。有时候,我们单独在一块儿会说说话,但是从来不像那样子。然后他告诉我:"那个,至少我做了一件事。"他刚刚去见过他的第三代——凯茜的宝宝,见到宝宝他超级开心。

但是他——他说话的样子就像是他不再有兴趣了。我不知道该怎么形容。我试着说给艾伦听,告诉他我最后一次见到尼尔的情景,告诉他尼尔的状态非常不好。

我们的人生走到那一步,已经不像以前那样亲密了,但我们还是极其亲密。我们总是可以聊天。但是我往这里走,有我自己的问题要面对,尼尔往那里走,我除了跟他说我一直都在这里,他知道我一直在,我真的帮不了他太多。

我不能说:"我们私奔吧。"我肯定这对他也没有吸引力。这会带来更多的问题。也没法让他对某样东西感兴趣,以前我试过。

尼尔总是以人生苦短的方式生活。人生总是太短了。从我认识他开始,他就觉得时光匆匆不够用。

1968年2月,卡罗琳打电话告诉杰克,尼尔死在了墨西哥。尼尔当时待在圣米格尔德阿连德,被人发现躺在城外的铁轨旁,失去了意识。不久后,他在当地的医院里去世,死因被认定是受寒导致的心力衰竭。"时间不多了!"他曾告诉杰克。尽管尼尔嗑药、酗酒,时间最终还是轻松地吞噬了他,正如他轻松地浪费时间一般,这样的结局也不可谓不公平。

此后,杰克喜欢装作并不真的相信尼尔已死,他甚至告诉《巴黎评论》的采访人,说尼尔某一天会再次出现,让大家吃一惊。从他们第一次一起上路算起,时间已过去二十余年。对杰克来说,尼尔的幻象不可能消失——他依然在那儿,丹佛的阿多尼斯,驱车穿越雨夜神话的裹尸布。

尼尔去世后不久,杰克上了小威廉·F. 巴克利的电视节目《火线》。凯鲁亚克发胖得厉害,而且明显喝得很醉,他受到了巴克利挖苦且傲慢的对待。巴克利提及,最近出版的《杜洛兹的虚荣》有可能是杰克最优秀的小说。凯鲁亚克开始羞辱其他嘉宾,包括诗人兼音乐家埃德·桑德斯。桑德斯告诉杰克,《在路上》预言和激励了嬉皮士运动。凯鲁亚克却回应道:"正如佛陀所说,'祸哉,那些朝着风吐痰的人,风会把痰吹回来'。"还有社会学家刘易斯·亚布隆斯基,凯鲁亚克称他为"戈德斯坦",对于这个"失误",凯鲁亚克过后漫不经心地想解释,亚布隆斯基却当成对他的严重侮辱。"别对我摆出反犹那一套,凯鲁亚克!"他大叫道。杰克灵光一闪,跟跟跄跄地站起身,唱了一句斯利姆·盖拉德的歌词,"平足弗鲁基,患了花柳病",然后猛地坐回到椅子上。

年末,洛厄尔一个叫乔·查普特的老朋友开车把杰克、斯特拉和"妈妈"从洛厄尔送到佛罗里达的圣彼得堡市,那里的气候更有利于"妈妈"的状况。现在,洛厄尔的寒冬对她来说太难熬了,杰克虽然不喜欢在佛罗里达的西海岸生活,但跟往常一样答应了"妈妈"。

杰克总是会突然打电话与老朋友和老情人联系,要说有什么不同的话,那就是在佛罗里达打的电话多了起来。

约翰·克莱伦·霍尔姆斯:

他以前常常从佛罗里达给我打电话,但是我从来没有南下去看他。

他在那儿孤独得要命,孤独得可悲,因此产生了各种各样的麻烦。一个人能怎么办呢?一个人能怎么办呢?

他以前常给我打电话,说:"真该死,快坐飞机过来!"我不能去。我有自己的生活。但是,我真应该听出他说话声里的绝望。

他打电话给大约五个人。他打给卡罗琳,他打给艾伦——要是他能找到艾伦的话——他打给吕西安,他打给我。他觉得孤单时,会一直一直说话。他会在电话里聊两个小时。

我不知道他打电话要花多少钱,但他就是不肯挂。我会说:"听着,杰克。好了,我明天给你写信。"但是不行,他要聊天,就要聊天。他很孤单。他坐在那里。我能想象出来那个房间的样子,因为我至少见过他在长岛的家的客厅。他母亲去睡觉了,大电视机的音量调得很低,但是画面还在放,他坐在那里。做什么好呢?喝醉吧。喝酒让你觉得你拥有某种力量,但其实你并没有,他觉得没人理他。他有珍惜的人、想见的人,总是那些老朋友,虽然他也有许多新朋友。不管他去哪里,他都会交到新朋友,但是他从来不给他们打电话。

艾伦·金斯堡:

很长、很怪异、很美的对话。很伤人的对话,有点儿像十二金刚。他说着各种各样恶毒的反犹言论,直到我意识到,他这么做只是为了踩到我的痛点,看看我会有什么反应,看看我最终会不会跳起来反击。所以最后我说:"噢,操你妈的,凯鲁亚克,你妈的阴道里全是屎,你吃那屎。"他开始哈哈大笑。你知道,他只是在逗我,看看我被人侮辱时有没有自尊。最终他踩到了我的痛点,我突然意识到:"我这么当真干吗?"我意识到这其实很好笑,我一本正经想着怎么理性地应付,而不是像十二金刚一样跳起来。你懂的,意指的猴子[1]……

G. J. 阿波斯托洛斯:

你回不去了。托马斯·沃尔夫说的。你回不去了,无法回到我们身边,无法回到玛丽·卡尼身边,甚至无法回到当年的风景里。但是夜里会有他的电话打来。总是在下雪,很冷。我们让他失望了,他的老伙计们让他失望了,但是我们又能做什么呢?

在佛罗里达的最后一年,杰克写得很少。他的手头越来越紧。为了给圣彼得堡市的一套房子付首付款,杰克同意从一个出版商那里拿一笔预付金,写一本他还没有进行任何构思的书,这种事他以前从来没有干过。艾伦说服了他,说这是一个很糟糕的想法,帮他卖了一些信件给哥伦比亚大学和得克萨斯大学奥斯丁分校,换些现金用用。虽然《在路上》依然卖得很好,但是赡养"妈妈"、按揭、供自己痛快喝酒,这些需要很多钱。杰克要求法勒、斯特劳斯和吉鲁出版社以正午系列平装本出版《杜洛兹的虚荣》,被罗伯特·吉鲁拒绝了。此后,斯特拉不得不找一份缝纫的工作干。吉鲁反倒是给杰克寄来一本肯·克西的最新小说,仿佛在暗示——这是杰克的理解——克西是新宠,而杰克是旧欢。

关于下一本书应该写什么,他有两个想法。他经常对在佛罗里达新认识的朋友说,他想写一本小说,涵盖《在路上》出版后十年里他的

---

[1] 意指的猴子(Signifying Monkey)是非裔美国人民间传说中的一个形象。小亨利·路易斯·盖茨著有相关研究《意指的猴子》。

生活。他对斯特拉说,下一本书会介于《吉拉德的幻象》和《萨克斯博士》之间,讲一个主要发生在利奥印刷店里的故事。就在去世前几晚,他决定为下一本书起名为《聚光灯下的印刷》。

由于需要钱,杰克把《皮克》重新拿了出来,那是关于一个黑人男孩在南方的虚构故事。杰克把它扩充到中篇小说的长度,卖给了格罗夫出版社。斯特拉和"妈妈"劝他放弃原来的结尾,也就是叙述者黑人男孩跟迪安·莫里亚蒂和萨尔·帕拉迪塞碰到一起。杰克把打字机拿到加布丽埃勒的床边,她帮他写完了最后的场景:一个神父把男孩从在路上浪费生命的行为中救了出来。

杰克靠写作获得的最后一笔收入,来自一篇名为《我死之后,管它洪水滔天》的可怕冗长的文章——自然是很严肃的——攻击当时已经根深蒂固的反文化运动,公开表示他忠于小威廉·F. 巴克利的观点。

杰克几乎不怎么出门。除了斯特拉和"妈妈",他没有人可以说话。他把百叶窗拉上,好挡住佛罗里达的太阳,看着静音的电视,在电唱机上放亨德尔的《弥赛亚》,声音开得震天响。他四十七岁了。

斯特拉·桑帕斯·凯鲁亚克:

要不是"妈妈"想留在佛罗里达,杰克肯定会去洛厄尔的。他想在死前回去。他进去告诉"妈妈",她说不行,她不去。另外,冬天快来了,对她来说那儿太冷了,于是杰克说,好吧,他会等,到了春天我们就回去。"谁说你不能再回家?"他说。几个星期后,他去世了。

他去世的当天,我们一夜没睡。上午大约十点半时,我们在看电视,《嘉乐宾美食》。我刚刚照料好"妈妈",正准备去给杰克弄些吃的,但是他不让我去。他让我坐下,他自己去开了一罐金枪鱼。

他把整罐都吃了,然后去了卫生间。我听见一些声音,就去看看怎么了。

杰克在里面,马桶里全是血。"我大出血了,"他说,"我大出血了。"

杰克不想去医院。他想让医生来,但我还是打了急救电话。杰克坚持说他不愿意去,可他还是去了。

G. J. 阿波斯托洛斯:

葬礼上的人我几乎都不认识。

斯考蒂·比利:

杰克的守灵夜一团乱,全是嬉皮士和一群又说又笑的人。太挤了,太吵了,你甚至都没法靠近他的棺材,安安静静地向他告别。我和G. J. 想,也许我们会被叫去扶灵,但我们决定什么也不说,除非有人叫我们去。我们没有被叫去。我们待了一会儿,但是因为人太多了,我们就没有去参加下葬仪式。

格里高利·科尔索:

我去参加他的葬礼时,斯特拉说:"格里高利,你一定知道他很想见你。他活着的时候你为什么不来呢?"我告诉她:"那个,我不知道他会死啊。我不知道他什么时候会死。"

当我在灵堂里看到杰克时,大家都在与他道别,我突然想把他的尸体拎起来，扔到房间的另一头。我想那有可能是他领会的什么禅宗。因为他不在这里，这只是尸体而已。于是：扑通！我不知道他们会怎么处理我，也许会把我关进疯人院这样的地方吧，因为正常人是不会干这种事的。不会的。

我很高兴我没有这么做。我并没有那么冲动，但那的确是我脑子里闪过的一个想法——打破它。

"打破它，格里高利。打破葬礼这骗人的虚伪。人们哀悼的是些并不在这里的东西。"

这是我与我朋友最后的出击，只不过他已经不在了。

艾伦写信给卡罗琳："杰克的葬礼非常隆重。我是跟彼得、格里高利、约翰·霍尔姆斯一起坐霍尔姆斯的车去的，在波塔基特维尔圣洛厄尔的阿桑宝特殡仪馆见到了躺在棺材里的杰克……灵柩在圣让-巴蒂斯特教堂伴着大弥撒缓缓前行。棺材里的杰克看着头特别大，嘴唇没有血色，头骨上开始出现小小的秃斑，但是头发依旧很黑、很软，若用手指触碰他的额头，会感到他冰冷的皮肤渗出一股寒气，他的手指起了皱纹，汗毛浓密的双手从运动夹克衫里伸出来捧着念珠，鲜花摆满了棺材的四周，还有我们熟悉的布满凹凸皱纹的额头，他的眼睛紧闭着，是中年人的忧郁，看上去就像早年梦境里他父亲的模样。刚开始看见他躺在剧场般光亮的棺材间里，我们都震惊了，他仿佛是摆出圆寂姿态的佛陀，来这里只为留下幻象消逝的讯息，并留下他的躯体。"

尾　声

露安娜·亨德森：

当我发现《在路上》成了年轻人模仿的对象时，我有点儿震惊。

我有一个朋友，我猜二十二岁左右，是一个男孩，他带着两个大概十八岁——将近二十岁的女孩从洛杉矶过来，男孩的朋友中有一个女人曾跟我合住过。她告诉了他《在路上》的内容，还有其他事。我从来没有跟他说过，但是他把整个故事说给这些女孩听了，她们要见我，于是他就把她们带来了我家。

他们正要去丹佛，去重新经历那段回纽约的旅程，我不敢相信。怎么会有人这么做？在我看来太愚蠢了。你知道，这两个年轻女孩穿着体面，来自中上阶层的家庭，口袋里揣着钞票，穿着漂亮的衣服，她们要去丹佛，经历书中所讲的那一切。我不管他们做了什么，但我就是不敢相信，年轻人竟然想要重新体验书里讲的那些东西。看到杰克的书对年轻一代产生了很大的影响，我很震惊。

当然，我喜欢他的那本书，但是我想作为亲历者，跟杰克、艾伦和所有其他人在一起，我并不把那些经历看作书的素材。大家都觉得，约翰（霍尔姆斯）会写完他的书，因为他们所有人都非常热爱写作，非常自律。他们绝对不是不靠谱的人，你知道，跑来跑去什么也做不成的那种。我从来没有把杰克或者艾伦当名人看待。我们只不过是做了一件事，仅此而已。

马尔科姆·考利：

我想，杰克去过的地方的大部分人都会支持《在路上》，美国文学史上会留下这么一笔，说他揭露了真相——有全新的一代人在秘密地活动着，他们有着一套全新的观念标准。当然，他是20世纪60年代那场革命的先驱。吊诡的是，60年代的那场革命已经退潮，但《在路上》还是不断有人读。

约翰·克莱伦·霍尔姆斯：

悲剧——我本不应该这么说的——但讽刺的是，他非常努力地想要展现，想要写在纸上，展现给世界一种想象，他自己的想象。其他人会决定他的这一想象多么具有普遍性，多么包罗万象。他真的非常无私地用他的才华把它写下来。然后，当它回到他身边时，当它被人们以——在他看来——错误的理由接受时，他不知道如何应对。

如果你受得住名声，那你就配得上它，我不确定到底是不是这样。他配得上名声，是因为他在我眼里是一位伟大的作家，但他的个性是承受不来的，他没法理性地对待名声，没法说："那个，我理解他们不是对我说的，他们是对他们想象中的我说的。"那是他的伟大之处。

杰克在很多方面——我不愿意称之为无知，不过确实是无知。但那是他伟大的地方。

如果他知道这个世界是怎么运作的,那么他是永远也不会为它伤心的。

吕西安·卡尔:

对我而言,他根本就没有死。我是认真的,说的不仅是他作为一个人,还有作为一个不断写、不断写的写手、作家。杰克对我来说很重要,他现在跟以前一样是活蹦乱跳的。不幸的是他不能来这里,与我们做伴红尘。

老兄,你看到有一棵植物在你面前生长,绝对会爱上它。杰克是,杰克是——就像是你很高兴生而为人,你很高兴能活着!

杰克是否可能过一种没有瑕疵的人生呢?不,他必须按照既定的样子生活。他父母,利奥和"妈妈",他们真正追求的只有金钱、名声和荣耀,都是些身外之物,没有意义的身外之物。他怎么可能脱离那样的家庭呢?

杰克被这个世界腐化了。他是一个不停奔波的男人。可怜的人儿!没有什么方法,没有该死的方法,没有方法跟着凯鲁亚克,没有方法去爱凯鲁亚克。他必须要从那座从来不是为他而建的山上下来。

他爬上了书和名声的山,然后他得从那座山上下来——从那座山上下来……理由呢?为什么呢?因为媒体强迫他变成了他不想成为的人。他真正想成为的是他父亲那种人,就是那样的人。他想坐在山顶,说他就是那样的人,说"我认识这个富翁",说"那是我的好兄弟"。

不仅如此,他还想成为尼尔那样的人。

我从第一次见到凯鲁亚克,到最后一次见他,都对他这样说:"你

尾 声

有许多许多苹果,但里面有一些是烂的,你这狗娘养的。你在毁掉自己的灵魂。"他就是那么干的。老天爷啊!

一个人能为另一个人做什么呢?一个人能为他兄弟做什么?一个人能为爱做什么?什么也做不了。什么也不行。

你家里有那样的母亲、那样的父亲,拼命想要把你塞进橄榄球队,或者把你塞进这个那个的——或者死于癌症,这真的很糟糕。我跟你们说,先生们,我不应该去坐牢的,我应该在杰克身边帮他。我是说,我坐牢是浪费时间。我本来应该做得更好。我本来应该救他一命的。

我真希望自己去了欧松公园,对他的父母说:"啊,我来了,很高兴来到你们家——啊,'妈妈',哦,利奥,哦是啊,利奥——非常好,我给你们带来了这份礼物,让杰克自由的礼物!"

"杜洛兹传奇"人物表

丹·韦克菲尔德曾写道,杰克为书中人物所选的名字就像是"滑稽的帽子"。大部分时候,它们要么很少遮掩,所以熟悉书中有关场景的人一眼就能认出来,要么利用某人个性里一个或多个在杰克看来显著的特征。

杰克的整个创作生涯中,出版商们很是担心,他虚构的人物在真实生活中的原型会基于小说内容提起控诉。(没有人这么干。)有些时候(譬如说卡萨迪家的孩子,或是纽约和旧金山的一些诗人与音乐家),人名代表的是以龙套角色的身份进入小说的真实人物,就像是电影导演可能会请朋友演个没有台词的人物一样。(然而,关于他们客串的小角色,作家并不一定咨询过这些朋友。)其他时候,当杰克开始把他的人生变为虚构故事时,一些真实的人物对他而言非常重要,尤其是那些以各种化名反复出现的人物,他们是必不可少的。在这后一种情况里,以这种方式被写进书里的朋友和爱人相当于是股份公司里的演员。虚构的幻影既有台词也有动作,只不过是按照杰克为他们设计的、符合他艺术目的的方式进行。要是大家理解这一点,那么他在每一部小说前写的标准免责声明就是完全准确的。出于同样的原因,下面的人名表并不是要把下列真实人物完全等同于凯鲁亚克书中具有某些令人难忘的相同特征与行为的人物。此外,我们也不是在暗示,杰克笔下人物的原型真的像他描述的虚构人物那样行事。

书名中英文与缩略语对照表

《巴黎之悟》	*Satori in Paris*（SP）
《达摩流浪者》	*The Dharma Bums*（DB）
《大瑟尔》	*Big Sur*（BS）
《地下人》	*The Subterraneans*（SUB）
《杜洛兹的虚荣》	*Vanity of Duluoz*（VD）
《孤独旅者》	*Lonesome Traveler*（LT）
《荒凉天使》	*Desolation Angels*（DA）
《吉拉德的幻象》	*Visions of Gerard*（VG）
《科迪的幻象》	*Visions of Cody*（VC）
《玛吉·卡西迪》	*Maggie Cassidy*（MC）
《梦之书》	*Book of Dreams*（BD）
《萨克斯博士》	*Doctor Sax*（DS）
《特丽丝苔莎》	*Tristessa*（T）
《在路上》	*On The Road*（OR）
《镇与城》	*The Town and the City*（TC）

人物对照表[1]

乔治·阿波斯托洛斯(杰克儿时的好友)= G. J. 里格洛庞罗斯(VD), G. J. 里格庞罗斯(DS)(MC), 丹尼·"D. J."·马尔维希尔

乔治·阿瓦基安(音乐学家与唱片制作人,杰克在霍瑞斯曼的朋友)= 查克·德鲁尼亚(VD)

安妮(SUB)= 露安娜·亨德森

安热(DS)(VD)= 加布丽埃勒·莱韦克·凯鲁亚克

艾伦·安森(杰克在纽约的诗人朋友)= 奥斯丁·布隆伯格(SUB),罗洛·格雷布(OR),欧文·斯温森(BD)(VC)

凯尔·埃尔金(VD)= 凯尔斯·艾尔温斯

凯尔斯·艾尔温斯(威廉·巴勒斯在圣路易斯,以及后来在哈佛时的朋友)= 凯尔·埃尔金(VD)

艾丽(VC)= 伊迪·帕克

海伦·埃利奥特(海伦·韦弗的室友)= 露丝·艾瑞克森(DA)

露丝·艾瑞克森(DA)= 海伦·埃利奥特

吉姆·奥戴(杰克儿时的朋友,1942年,他们一起搭便车从洛厄尔去波士顿参加海军)= 提米·克兰西(VD),吉米·麦克菲(MC)

彼得·奥尔洛夫斯基(诗人,艾伦·金斯堡的长期伴侣,著有《干净屁眼诗》和《微笑蔬菜歌》)= 西蒙·达洛夫斯基(BD)(DA),乔治(DB)

拉法卡迪奥·奥尔洛夫斯基(彼得之兄)= 拉夫卡迪奥·达洛夫

---

[1] 在此对照表中,凯鲁亚克笔下的虚构人物与相应的人物原型可以对照检索,虚构人物后面的括号内标明了出场作品首字母缩略语。为便于检索,中译本对照表按等号左侧人物的姓氏拼音首字母排列,没有姓氏时按名字拼音首字母排列。

"杜洛兹传奇"人物表

斯基(DA)

拉里·奥哈拉(与杰里·纽曼合体)(SUB)＝ 劳伦斯·费林盖蒂

拉里·奥哈拉(与劳伦斯·费林盖蒂合体)(SUB)＝ 杰里·纽曼

亚历克斯·奥姆斯(DA)＝ 艾伦·沃茨

埃德·巴克尔(DB)＝ 阿尔·欣克尔

海伦·巴克尔(VC)＝ 海伦·欣克尔

斯利姆·巴克尔(VC)＝ 阿尔·欣克尔

小威廉·F. 巴克利(杰克在霍瑞斯曼的同学)＝ 雷·奥姆斯特德(VD),小威廉·F. 巴克利(VD)

琼·沃尔默·亚当斯·巴勒斯(威廉·S. 巴勒斯的妻子)＝ 玛丽·德尼森(TC),简(OR)(SUB),朱恩(VD)

威廉·S. 巴勒斯(小说家,著有《裸体午餐》《柔软机器》《新星快车》等)＝ 威尔·德尼森(TC),布尔·哈伯德(BD)(DA),威尔森·霍尔姆斯·"威尔"·哈伯德(VD),弗兰克·卡莫迪(SUB),老布尔·李(OR)

小威廉·巴勒斯(琼和威廉·S. 巴勒斯之子)＝ 雷(OR)

朱莉·巴勒斯(琼·巴勒斯之女)＝ 多迪(OR)

乔治·巴索(BS)＝ 阿尔伯特·西条

伯尼·拜尔斯(杰克在霍佐敏山当警戒员时,他是华盛顿州马布尔芒特林业站的主管)＝ 布莱基·布莱克(DA)

雷米·帮库尔(OR)＝ 亨利·克鲁

保罗(DA)＝ 克劳德·达伦伯格

迪克·贝克(BD)＝ 比尔·凯克

欧内斯特·贝洛(TC)＝ 弗雷德·伯特兰

罗杰·贝洛特(SUB)＝艾伦·伊格

查理·贝热拉克(DS)＝里奥纳·"里奥"·伯特兰

拉奇·贝热拉克(DS)＝哈比·伯特兰

温尼·贝热拉克(DS)(MC)＝弗雷德·伯特兰

亨利·比利(杰克儿时的好友)＝保罗·"斯考蒂"·博尔迪尤(DS)，斯考奇·博尔迪尤(VD)，斯考奇·鲁洛(TC)

吉米·比索内特(MC)＝查理·莫利塞特

保罗·"斯考蒂"·博尔迪尤(DS)＝亨利·比利

斯考奇·博尔迪尤(VD)＝亨利·比利

鲍勃·伯福德(杰克在丹佛的朋友，《新故事杂志》的前编辑)＝比夫·布福德，雷·罗林斯(OR)

比弗莉·伯福德(鲍勃·伯福德的妹妹，她在旧金山和丹佛结识了杰克)＝巴贝·罗林斯(OR)

彼得·勃朗宁(BS)＝罗伯特·拉维涅

查尔斯·伯纳德(SUB)＝埃德·斯特林厄姆

大卫·伯内特(惠特·伯内特的儿子，杰克在纽约的一个朋友)＝沃尔特·菲茨帕特里克(SUB)

惠特·伯内特(诗人，和玛莎·福力同为《故事》杂志的编辑)＝贝内特·菲茨帕特里克(SUB)

弗雷德·伯特兰(杰克儿时的好友)＝温尼·贝热拉克(DS)(MC)，欧内斯特·贝洛(TC)

哈比·伯特兰(弗雷德·伯特兰的父亲)＝拉奇·贝热拉克(DS)

里奥纳·"里奥"·伯特兰(弗雷德·伯特兰的母亲)＝查理·贝热拉克(DS)

比夫·布福德(VC)＝鲍勃·伯福德

罗西·布坎南(DB)＝娜塔莉·杰克逊

保罗·布莱克(卡罗琳·凯鲁亚克的丈夫)＝大卢克(DB)

布莱基·布莱克(DA)＝伯尼·拜尔斯

卡罗琳·凯鲁亚克·布莱克(杰克的姐姐)＝凯瑟琳·"宁"·杜洛兹(DS),宁(DB)(MC)

罗恩·布莱克(BS)＝保罗·史密斯

小保罗·布莱克(保罗与卡罗琳·布莱克的儿子)＝小卢克(DB)

菲尔·布莱克曼(VC)＝菲尔·怀特

奥斯丁·布隆伯格(SUB)＝艾伦·安森

德尼·布洛(DA)(LT)(VC)(VD)＝亨利·克鲁

艾瑞丝·布洛迪(杰克在纽约的朋友)＝罗克萨娜(SUB)

哈尔·蔡斯(杰克在哥伦比亚大学和丹佛时的朋友)＝瓦尔·海斯(VC),查德·金(OR),瓦尔·金(VC)

查理(VC)＝查理·米悠

杰·查普曼(VC)＝杰·兰德斯曼

埃利奥特·达布尼(BS)＝艾瑞克·吉布森

维拉敏·"比莉"·达布尼(BS)＝杰姬·吉布森

大卫·达杰利(DA)＝菲利普·拉曼提亚

克劳德·达伦伯格(杰克在旧金山的朋友)＝保罗(DA),巴德·迪芬多夫(DB)

拉夫卡迪奥·达洛夫斯基(DA)＝拉法卡迪奥·奥尔洛夫斯基

西蒙·达洛夫斯基(BD)(DA)＝彼得·奥尔洛夫斯基

达米恩(OR)＝吕西安·卡尔

阿尔·达姆莱特(T)＝阿尔·萨布莱特

马尔·达姆莱特(BS)＝阿尔·萨布莱特

弗朗西斯·达·帕维亚(DB)＝菲利普·拉曼提亚

达斯提(VC)＝达斯提·莫兰德

戴夫(《库尔切》杂志故事里的"戴夫")＝大卫·特塞罗

大卫·戴蒙德(杰克在纽约的作曲家朋友)＝西尔维斯特·斯特劳斯

居伊·德·安古洛(摄影师和艺术家,人类学家詹美·德·安古洛的女儿)＝吉雅·瓦伦西亚(DA)

查克·德鲁尼亚(VD)＝乔治·阿瓦基安

克劳德·德·摩布理(VD)＝吕西安·卡尔

玛丽·德尼森(TC)＝琼·沃尔默·亚当斯·巴勒斯

威尔·德尼森(TC)＝威廉·S. 巴勒斯

埃德·邓坎尔(OR)＝阿尔·欣克尔

格拉迪亚·邓坎尔(OR)＝海伦·欣克尔

罗伯特·邓肯(诗人,著有《根与枝》《拉开弓》等诗集)＝杰弗里·唐纳德(DA)

狄安娜(VC)＝戴安娜·汉森

巴德·迪芬多夫(DB)＝克劳德·达伦伯格

理查德·迪·奇利(DA)＝彼得·杜·普鲁

鲍勃·东林(杰克在旧金山的朋友)＝罗布·多纳利(DA)

毒基(TC)＝赫伯特·洪克

埃米尔·"爸"·杜洛兹(DS)(MC)(VD)(VG)＝利奥·阿尔西德·凯鲁亚克

吉拉德·杜洛兹(DS)(VG)＝吉拉德·凯鲁亚克

凯瑟琳·"宁"·杜洛兹(DS)＝卡罗琳·凯鲁亚克·布莱克

彼得·杜·普鲁(杰克在旧金山的熟人)＝理查德·迪·奇利(DA)

多迪(OR)＝朱莉·巴勒斯

丹佛·D. 多尔(OR)＝贾斯丁·布赖尔利

罗布·多纳利(DA)＝鲍勃·东林

彼得·范·米特(杰克在纽约的朋友)＝帕迪·科多瓦(SUB)

贝内特·菲茨帕特里克(SUB)＝惠特·伯内特

沃尔特·菲茨帕特里克(SUB)＝大卫·伯内特

埃里克斯·菲尔布拉瑟(DA)＝约翰·蒙哥马利

本·费根(BS)＝菲利普·惠伦

劳伦斯·费林盖蒂(诗人、出版商,著有《康尼心灵之岛》《消失世界的图景》等)＝丹尼·里奇曼(BD)(VC),拉里·奥哈拉(与杰里·纽曼合体)(SUB),洛伦佐·蒙桑托(BS)

菲尼斯特拉(VC)＝比尔·坎纳斯特拉

贝亚·佛朗哥(杰克在加州的女友,"墨西哥女孩")＝特莉(OR)

玛尔杜·福克斯(SUB)＝"爱琳·梅"

老牛盖恩斯(DA)(T)＝比尔·加弗

阿尔瓦·戈尔德布克(DB)＝艾伦·金斯堡

乔伊思·格拉斯曼(杰克出版《在路上》时的纽约女友)＝阿丽丝·纽曼(DA)

埃德·格雷(VC)＝埃德·怀特

提姆·格雷(OR)＝埃德·怀特

罗洛·格雷布(OR)＝艾伦·安森

尤里·格利戈里奇(SUB)＝格里高利·科尔索

居伊·格林(BD)＝埃德·怀特

布鲁诺·格林冈斯(DS)＝杜克·齐尤冈斯

杜克·格林冈斯(VC)＝杜克·齐尤冈斯

塔里马克斯·格林冈斯(VD)＝杜克·齐尤冈斯

斯坦利·古尔德(杰克在纽约的朋友)＝谢利·利斯尔(BD),罗斯·沃伦斯坦(SUB)

布尔·哈伯德(BD)(DA)＝威廉·S.巴勒斯

威尔森·霍尔姆斯·"威尔"·哈伯德(VD)＝威廉·S.巴勒斯

琼·哈弗蒂(杰克的第二任妻子,他与她在纽约同居时写下了《在路上》)＝劳拉(OR)

瓦尔·哈弗斯(VC)＝哈尔·蔡斯

哈克(BD)(VC)＝赫伯特·洪克

艾伦·哈林顿(小说家、散文家,著有《永生者》等)＝哈尔·欣汉姆(OR)

哈普(VC)＝比尔·加弗

埃尔默·哈塞尔(OR)＝赫伯特·洪克

迪基·汉普西尔(DS)(TC)(VD)＝比利·钱德勒

戴安娜·汉森(尼尔在纽约的妻子)＝狄安娜(VC),伊内丝(OR)

露丝·赫普(DA)＝海伦·韦弗

露安娜·亨德森(尼尔的第一任妻子,和他与杰克一起上路)＝安妮(SUB),乔安娜·道森(VC),玛丽·娄(OR)

赫伯特·洪克(凯鲁亚克、巴勒斯、金斯堡等人早年在纽约的朋

友,著有《洪克的日记》)= 毒基(TC),哈克(BD)(VC),埃尔默·哈塞尔(OR)

西摩·怀斯(杰克在霍瑞斯曼中学的密友,他最先引起了杰克对爵士乐的兴趣)= 莱昂内尔·斯玛特(MC)(VC)(VD)

埃德·怀特(杰克在哥伦比亚大学的朋友,他引起了杰克对"速写"的兴趣)= 埃德·格雷(VC),提姆·格雷(OR),居伊·格林(BD)

黄自强(旧金山唐人街一位政客的儿子,陪同杰克去大瑟尔旅行)= 阿瑟·马(BS)

菲利普·惠伦(诗人、僧人,著有《熊头之上》《陌生人的和善》等)= 本·费根(BS),沃伦·科夫林(DB)

吉姆·霍尔姆斯(尼尔·卡萨迪早年在丹佛的朋友)= 汤姆·斯纳克(OR),汤姆·沃森(VC)

约翰·克莱伦·霍尔姆斯(小说家,著有《走》《法国号》《自由回家》)= 巴里欧尔·麦克琼斯(SUB),汤姆·塞布鲁克(OR),汤姆·威尔森(VC),詹姆斯·沃森(BD)

梅森·霍芬伯格(杰克在纽约的朋友,小说《糖果》的作者之一)= 杰克·斯提恩(SUB)

艾瑞克·吉布森(杰姬·吉布森之子)= 埃利奥特·达布尼(BS)

杰姬·吉布森(尼尔在旧金山的情妇,后来杰克在写作《大瑟尔》期间的女友)= 维拉敏·"比莉"·达布尼(BS)

艾迪·吉尔伯特(杰克在霍瑞斯曼中学的朋友,他后来挪用了一笔巨款,潜逃到巴西)= 吉米·温切尔(VD)

玛丽·吉尔胡利(TC)= 玛丽·卡尼

哈利·加登(BD)(BS)(DA)(VC)(VD)= 艾伦·金斯堡

威廉·加迪斯(小说家,著有《认可》和《小大亨》)＝ 哈罗德·桑德

比尔·加弗(巴勒斯在纽约和墨西哥城的朋友)＝ 老牛盖恩斯(DA)(T),哈普(VC)

兰德尔·贾雷尔(诗人、评论家,著有《诗歌及其时代》,格里高利·科尔索和凯鲁亚克暂住在他家时,他是华盛顿特区国会图书馆的驻馆诗人)＝ 瓦内姆·兰德姆(DA)

简(OR)(SUB)＝ 琼·沃尔默·亚当斯·巴勒斯

弗兰克·杰弗里斯(杰克在丹佛的朋友,他与杰克和尼尔一同从丹佛旅行到墨西哥城,《在路上》中有记录)＝ 戴夫·谢尔曼(VC),斯坦·谢泼德(OR)

杰克(BD)＝ 杰克·凯鲁亚克

杰克(TC)＝ 菲尔·怀特

娜塔莉·杰克逊(尼尔在旧金山的女友,她于1956年自杀,《达摩流浪者》中有记录)＝ 罗西·布坎南(DB),罗丝玛丽(BD)

查德·金(OR)＝ 哈尔·蔡斯

瓦尔·金(VC)＝ 哈尔·蔡斯

艾伦·金斯堡(诗人,著有《嚎叫》《卡第绪》等)＝ 阿尔瓦·戈尔德布克(DB),欧文·加登(BS)(BD)(DA)(VC)(VD),利昂·莱温斯基(TC),卡洛·马克斯(OR),亚当·穆拉德(SUB)

路易·金斯堡(艾伦·金斯堡之父)＝ 哈利·加登(DA)

吕西安·卡尔(巴勒斯在圣路易斯的朋友,巴勒斯、凯鲁亚克和金斯堡在哥伦比亚大学,以及后来在纽约城的朋友)＝ 达米恩(OR),朱利安·洛夫(BD)(VC),克劳德·德·摩布理(VD),山姆·维德(SUB),肯尼·伍德(TC)

"杜洛兹传奇"人物表

西塞·卡尔(吕西安·卡尔的妻子)＝ 尼塞(VC)

莱因霍尔德·卡科伊西斯(DB)＝ 肯尼斯·雷克斯罗斯

卡米尔(OR)＝ 卡罗琳·卡萨迪

弗兰克·卡莫迪(OR)＝ 威廉·S. 巴勒斯

大卫·卡默勒(巴勒斯和卡尔在圣路易斯与纽约的朋友)＝ 沃尔多·迈斯特(TC),弗朗兹·穆勒(VD),戴夫·斯特罗海姆(VC)

玛丽·卡尼(杰克高中时期的女友)＝ 玛丽·吉尔胡利(TC),玛吉·卡西迪(MC)(VD)

卡罗琳·卡萨迪(与尼尔·卡萨迪做了二十年的夫妻,毕业于本宁顿学院,著有《心的跳动:我与杰克和尼尔的人生》)＝ 卡米尔(OR),伊芙林(VC)

凯茜·卡萨迪(尼尔和卡罗琳·卡萨迪的女儿)＝ 艾米·莫里亚蒂(OR),艾米丽·庞姆瑞(VC)

尼尔·卡萨迪(《在路上》的主人公原型,铁路司闸员,"丹佛的阿多尼斯",自传体小说《前三》的作者)＝ 勒罗伊(SUB),迪安·莫里亚蒂(OR),科迪·庞姆瑞(BD)(BS)(DA)(DB)(VC)

约翰·艾伦·卡萨迪(尼尔和卡罗琳·卡萨迪的儿子,以杰克和艾伦的名字命名)＝ 提米·庞姆瑞(VC),提米·约翰·庞姆瑞(BS)

詹米·卡萨迪(尼尔和卡罗琳·卡萨迪的女儿)＝ 乔妮·莫里亚蒂(OR),盖比·庞姆瑞(VC)

玛吉·卡西迪(MC)(VD)＝ 玛丽·卡尼

约翰尼·卡扎拉奇(MC)(VD)＝ 约翰尼·库门扎利

比尔·凯克(杰克在纽约的朋友)＝ 迪克·贝克(BD),弗瑞兹·尼古拉斯(SUB)

吉拉德·凯鲁亚克(杰克之兄)＝ 吉拉德·杜洛兹(DS)(VG),朱

347

利安·马丁(TC)

加布丽埃勒·莱韦克·凯鲁亚克("妈妈",杰克的母亲)＝ 安热勒(DS)(VD),玛格丽特·库尔贝·马丁(TC),萨尔的姨妈(OR)

杰克·凯鲁亚克 ＝ 杰克·杜洛兹(BS)(DA)(MC)(SP)(T)(VC)(VG),杰克(BD),彼得·马丁(马丁家其他兄弟的个性元素也来自杰克)(TC),萨尔·帕拉迪塞(OR),利奥·佩瑟皮耶(SUB),雷·史密斯(DB)

利奥·阿尔西德·凯鲁亚克(杰克之父)＝ 埃米尔·"爸"·杜洛兹(DS)(MC)(VD)(VG),乔治·马丁(TC)

勒诺·坎德尔(诗人,著有《爱之书》《世界炼金术》等)＝ 罗曼娜·施华兹(BS)

比尔·坎纳斯特拉(杰克的律师朋友,在纽约地铁里撞掉了头颅)＝ 菲尼斯特拉(VC)

埃莉斯·考恩(乔伊思·格拉斯曼的朋友,艾伦·金斯堡50年代中期在纽约的女友)＝ 芭芭拉·里普(DA)

帕迪·科多瓦(SUB)＝ 彼得·范·米特

波琳·"莫伊"·科尔(MC)(VD)＝ 玛格丽特·科菲

格里高利·科尔索(诗人,著有《汽油》《人类万岁》《美国的哀伤情感》等)＝ 尤里·格利戈里奇(SUB),拉菲尔·尤索(BD)(DA)

玛格丽特·科菲(杰克高中时期的女友)＝ 波琳·"莫伊"·科尔(MC)(VD)

沃伦·科夫林(DB)＝ 菲利普·惠伦

提米·克兰西(VD)＝ 吉姆·奥戴

亨利·克鲁(杰克在霍瑞斯曼中学,以及后来在加州和纽约的朋友)＝ 雷米·帮库尔(OR),德尼·布洛(DA)(LT)(VC)(VD)

里奇·克缪卡(次中音萨克斯演奏家,本职工作是洛杉矶一家工作室的音乐家)= 里奇·科缪卡(SUB)

里奇·科缪卡(SUB)= 里奇·克缪卡

约翰尼·库门扎利(30 年代末洛厄尔中学的田径明星)= 约翰尼·卡扎拉奇(MC)(VD)

菲利普·拉曼提亚(诗人和超现实主义者,帕克·泰勒的杂志《观点》的副主编)= 大卫·达杰利(DA),弗朗西斯·达·帕维亚(DB)

阿利亚尔·拉瓦里纳(SUB)= 戈尔·维达尔

罗伯特·拉维涅(杰克在旧金山的艺术家朋友,他把艾伦·金斯堡介绍给了彼得·奥尔洛夫斯基)= 罗伯特·勃朗宁(BS),莱维斯克(DA)

露丝·怀斯·拉祖利(DA)= 露丝·维特-迪亚芒

贾菲·莱德(DB)= 加里·斯奈德

罗达·莱德(DB)= 西娅·斯奈德

莱维斯克(DA)= 罗伯特·拉维涅

利昂·莱温斯基(TC)= 艾伦·金斯堡

梅里尔·兰德尔(DA)= 詹姆斯·梅里尔

瓦内姆·兰德姆(DA)= 兰德尔·贾雷尔

杰·兰德斯曼(《神经机能病》杂志的编辑)= 杰·查普曼(VC)

劳拉(OR)= 琼·哈弗蒂

勒罗伊(SUB)= 尼尔·卡萨迪

雷(OR)= 小威廉·S. 巴勒斯

肯尼斯·雷克斯罗斯(诗人、散文家,著有《鉴定》《自然数》等,译有《中文诗歌一百首》《日文诗歌一百首》等)= 莱因霍尔德·卡科伊

西斯

　　老布尔·李(OR) = 威廉·S. 巴勒斯

　　卢·利波尔(MC)(VD) = 卢·利特尔

　　G. J. 里格洛庞罗斯(VD) = 乔治·阿波斯托洛斯

　　G. J. 里格庞罗斯(DS)(MC) = 乔治·阿波斯托洛斯

　　芭芭拉·里普(DA) = 埃莉斯·考恩

　　丹尼·里奇曼(BD)(VC) = 劳伦斯·费林盖蒂

　　谢利·利斯尔(BD) = 斯坦利·古尔德

　　卢·利特尔(杰克在哥伦比亚大学的橄榄球教练) = 卢·利波尔(MC)(VD)

　　玛丽·娄(OR) = 露安娜·亨德森

　　大卢克(DB) = 保罗·布莱克

　　小卢克(DB) = 小保罗·布莱克

　　斯考奇·鲁洛(TC) = 亨利·比利

　　维基·鲁塞尔(普莉西拉·阿明杰的化名,杰克在纽约的朋友) = 维基(VC)

　　朱利安·洛夫(BD)(VC) = 吕西安·卡尔

　　罗克萨娜(SUB) = 艾瑞丝·布罗迪

　　巴贝·罗林斯(OR) = 比弗莉·伯福德

　　雷·罗林斯(OR) = 鲍勃·伯福德

　　安东·罗森堡(杰克在纽约的朋友) = 吉拉德·罗斯(BD),朱利安·亚历山大(SUB)

　　乔伊·罗森堡(BS) = 桑迪·雅各布斯

　　吉拉德·罗斯(BD) = 安东·罗森堡

　　罗丝玛丽(BD) = 娜塔莉·约翰逊

"杜洛兹传奇"人物表

阿尔伯特·"讨厌鬼"·洛宗(DS)(MC)＝罗兰·萨尔瓦斯

阿瑟·马(BS)＝黄自强

彼得·马丁(以及马丁家其他兄弟的个性元素)(TC)＝杰克·凯鲁亚克

玛格丽特·库尔贝·马丁(TC)＝加布丽埃勒·莱韦克·凯鲁亚克

乔治·马丁(TC)＝利奥·阿尔西德·凯鲁亚克

朱利安·马丁(TC)＝吉拉德·凯鲁亚克

丹尼·"D. J."·马尔维希尔(TC)＝乔治·阿波斯托洛斯

哈维·马克(DA)＝诺曼·梅勒

卡洛·马克斯(OR)＝艾伦·金斯堡

吉米·麦克菲(MC)＝吉姆·奥戴

洛克·麦科克尔(加里·斯奈德在米尔谷的朋友,1956年,他把他家后面的小木屋租给了加里和杰克)＝凯文·麦克洛尔(DA),西恩·莫纳汉(DB)

帕特里克·麦克利尔(BS)(DA)＝迈克尔·麦克卢尔

迈克尔·麦克卢尔(诗人、小说家、散文家、戏剧家,著有《胡须》《九月的黑莓》等)＝帕特里克·麦克利尔(BS)(DA),伊克·欧夏(DB)

凯文·麦克洛尔(DA)＝洛克·麦科克尔

巴里欧尔·麦克琼斯(SUB)＝约翰·克莱伦·霍尔姆斯

沃尔多·迈斯特(TC)＝大卫·卡默勒

贾斯丁·曼内利(VC)＝贾斯丁·布赖尔利

"爱琳·梅"(《地下人》中女主人公的原型,杰克1953年在纽约的

女友)＝玛尔杜·福克斯(SUB)，爱琳·梅(BD)

罗兰·梅杰(OR)＝艾伦·特姆科

诺曼·梅勒(小说家、散文家，著有《裸者与死者》等，曾与阿黛尔·莫拉斯是夫妻，后者是杰克的前女友)＝哈维·马克(DA)

詹姆斯·梅里尔(诗人、小说家，著有《迪布洛斯笔记》)＝梅里尔·兰德尔

罗纳德·梅西(BD)＝埃德·斯特林厄姆

约翰·蒙哥马利(诗人、时事评论家，著有《凯鲁亚克西海岸》)＝埃里克斯·菲尔布拉瑟(DA)，亨利·莫利(DB)

洛伦佐·蒙桑托(BS)＝劳伦斯·费林盖蒂

查理·米悠(尼尔和杰克在旧金山的朋友)＝查理(VC)

艾伦·敏科(VC)＝艾伦·特姆科

欧文·敏科(BD)＝艾伦·特姆科

布鲁·摩尔(博普萨克斯演奏家，主要在西海岸活动)＝布洛·摩尔(DA)

布洛·摩尔(DA)＝布鲁·摩尔

达斯提·莫兰德(杰克和艾伦在纽约的朋友，艾伦经常说她是"伊格努"，即智商超群的人)＝达斯提(VC)

亨利·莫利(DB)＝约翰·蒙哥马利

查理·莫利塞特(杰克在洛厄尔的朋友，卡罗琳·凯鲁亚克的第一任丈夫)＝吉米·比索内特(MC)

艾米·莫里亚蒂(OR)＝凯茜·卡萨迪

迪安·莫里亚蒂(OR)＝尼尔·卡萨迪

乔妮·莫里亚蒂(OR)＝詹米·卡萨迪

西恩·莫纳汉(BD)＝洛克·麦科克尔

亚当·穆拉德(SUB)＝艾伦·金斯堡

弗朗兹·穆勒(VD)＝大卫·卡默勒

弗瑞兹·尼古拉斯(SUB)＝比尔·凯克

尼塞(VC)＝西塞·卡尔

宁(DB)(MC)＝卡罗琳·凯鲁亚克·布莱克

阿丽丝·纽曼(DA)＝乔伊丝·格拉斯曼

杰里·纽曼(杰克在纽约的唱片制作人朋友)＝拉里·奥哈拉(与劳伦斯·费林盖蒂合体)(SUB)

奥玛·诺埃尔/吉恩·富赫谢特(杰克儿时的朋友,据说他为了取悦好朋友们,当着他们的面手淫)＝扎扎·沃里塞尔(MC),阿里·扎扎(DS),佐佐(TC)

伊克·欧夏(DB)＝迈克尔·麦克卢尔

埃德娜·"乔妮"·帕尔默(VD)＝伊迪·帕克

伊迪·帕克(杰克在哥伦比亚大学的女友,当杰克作为一桩谋杀案的事后从犯被关押在布朗克斯监狱时,两人结了婚)＝艾丽(VC),埃德娜·"乔妮"·帕尔默(VD),朱迪·史密斯(TC)

萨尔·帕拉迪塞(OR)＝杰克·凯鲁亚克

亚历克斯·帕诺斯(TC)＝萨米·桑帕斯

艾米丽·庞姆瑞(VC)＝凯茜·卡萨迪

盖比·庞姆瑞(VC)＝詹米·卡萨迪

科迪·庞姆瑞(BD)(BS)(DA)(DB)(VC)＝尼尔·卡萨迪

提米·庞姆瑞(VC)＝约翰·艾伦·卡萨迪

提米·约翰·庞姆瑞(BS)＝约翰·艾伦·卡萨迪

詹米·佩皮尼昂(尼尔在旧金山的朋友)＝佩里·伊特比德(BS)

利奥·佩瑟皮耶(SUB)＝杰克·凯鲁亚克

杜克·齐尤冈斯(杰克高中时期一起踢球的朋友)＝布鲁诺·格林冈斯(DS),杜克·格林冈斯(VC),塔里马克斯·格林冈斯(VD)

比利·钱德勒(杰克儿时的朋友,死于"二战")＝迪基·汉普西尔(DS)(TC)(VD)

乔安娜(VC)＝露安娜·亨德森

乔治（DB)＝彼得·奥尔洛夫斯基

阿尔·萨布莱特(杰克在旧金山的朋友)＝阿尔·达姆莱特(T),马尔·达姆莱特(BS)

罗兰·萨尔瓦斯(杰克儿时的朋友)＝阿尔伯特·"讨厌鬼"·洛宗(DS)(MC)

萨比·萨瓦基斯(VD)＝萨米·桑帕斯

斯塔芙鲁拉·萨瓦基斯(VD)＝斯特拉·桑帕斯

汤姆·塞布鲁克(OR)＝约翰·克莱伦·霍尔姆斯

塞西里(VD)＝赛琳·扬格

哈罗德·桑德(SUB)＝威廉·加迪斯

查理·桑帕斯(萨米与斯特拉·桑帕斯的兄弟,《洛厄尔太阳报》专栏作家)＝詹姆斯·G. 桑托斯(MC)

萨米·桑帕斯(杰克早年的重要朋友,对杰克产生了重要影响,杰克第三任妻子斯特拉·桑帕斯的兄弟,在"二战"中死于安齐奥)＝亚历克斯·帕诺斯(TC),萨比·萨瓦基斯(VD)

"杜洛兹传奇"人物表

斯特拉·桑帕斯(杰克的第三任也是最后一任妻子,萨米·桑帕斯的妹妹)= 斯塔芙鲁拉·萨瓦基斯(VD)

詹姆斯·G. 桑托斯(MC)= 查尔斯·桑帕斯

怀蒂·圣·克莱尔(MC)= 瑞德·圣·路易

瑞德·圣·路易(杰克儿时的朋友,他把杰克介绍给了玛丽·卡尼)= 怀蒂·圣·克莱尔(MC)

罗曼娜·施华兹(BS)= 勒诺·坎德尔

保罗·史密斯(1960年于大瑟尔,他在费林盖蒂的小木屋里与凯鲁亚克共度了几天)= 罗恩·布莱克(BS)

雷·史密斯(DB)= 杰克·凯鲁亚克

朱迪·史密斯(TC)= 伊迪·帕克

莱昂内尔·斯玛特(MC)(VC)(VD)= 西摩·怀斯

汤姆·斯纳克(OR)= 吉姆·霍尔姆斯

加里·斯奈德(《达摩流浪者》主人公的原型,诗人、散文家,著有《神话与文本》《大地家族》《龟岛》等)= 贾菲·莱德(DB),加里·斯奈德(VD),雅里·瓦格纳(DA)

西娅·斯奈德(加里·斯奈德的妹妹)= 罗达·莱德(DB)

西尔维斯特·斯特劳斯(SUB)= 大卫·戴蒙德

埃德·斯特林厄姆(杰克在纽约为《纽约客》杂志写作时的朋友)= 查尔斯·伯纳德(SUB),罗纳德·梅西(BD)

戴夫·斯特罗海姆(VC)= 大卫·卡默勒

杰克·斯提恩(SUB)= 梅森·霍芬伯格

欧文·斯温森(BD)(VC)= 艾伦·安森

比尔·汤姆森(尼尔在丹佛和旧金山的朋友,他把尼尔介绍给了

卡罗琳)＝厄尔·约翰逊(VC)，罗伊·约翰逊(OR)

多萝西·汤姆森(比尔·汤姆森之妻)＝海伦·约翰逊(VC)

杰弗里·唐纳德(DA)＝罗伯特·邓肯

特里(OR)＝贝亚·佛朗哥

特丽丝苔莎(T)＝埃斯佩兰萨·维拉努埃瓦

艾伦·特姆科(建筑评论家、教授，杰克在纽约和丹佛的朋友)＝罗兰·梅杰(OR)，艾伦·敏科(VC)，欧文·敏科(BD)

大卫·特塞罗(墨西哥城的毒贩子)＝戴夫(《库尔切》杂志故事里的"戴夫")

雅里·瓦格纳(DA)＝加里·斯奈德

吉雅·瓦伦西亚(DA)＝居伊·德·安古洛

戈尔·维达尔(小说家、散文家、剧作家，著有《伯尔》《城市与梁柱》《迈拉·布雷肯里奇》等)＝阿利亚尔·拉瓦里纳(SUB)

山姆·维德(SUB)＝吕西安·卡尔

阿瑟·韦恩(BS)＝艾伦·沃茨

戴夫·韦恩(BS)＝卢·韦尔奇

埃德·威尔(VC)＝唐·乌尔

卢·韦尔奇(诗人，著有《身为诗人的我如何工作》等，与凯鲁亚克和阿尔伯特·西条合著《旅行陷阱》)＝戴夫·韦恩

海伦·韦弗(杰克在纽约的女友)＝露丝·赫普(DA)

维基(VC)＝维基·鲁塞尔

埃斯佩兰萨·维拉努埃瓦(巴勒斯和凯鲁亚克在墨西哥城的朋友)＝特丽丝苔莎(T)

威廉·卡洛斯·威廉斯(诗人、小说家)＝威廉斯医生(DA)

"杜洛兹传奇"人物表

威廉斯医生(DA)＝威廉·卡洛斯·威廉斯

露丝·维特-迪亚芒(旧金山诗歌中心前主任)＝露丝·怀斯·拉祖利(DA)

吉米·温切尔(VD)＝艾迪·吉尔伯特

艾伦·沃茨(神学家,著有《禅道》等)＝亚历克斯·奥姆斯(DA),阿瑟·韦恩(BS)

埃德·沃尔(OR)＝唐·乌尔

扎扎·沃里塞尔(MC)＝奥玛·诺埃尔/吉恩·富赫谢特

罗斯·沃伦斯坦(SUB)＝斯坦利·古尔德

汤姆·沃森(VC)＝吉姆·霍尔姆斯

詹姆斯·沃森(BD)＝约翰·克莱伦·霍尔姆斯

肯尼·伍德(TC)＝吕西安·卡尔

唐·乌尔(尼尔在科罗拉多的朋友)＝埃德·威尔(VC),埃德·沃尔(OR)

阿尔伯特·西条(杰克在旧金山的朋友,1959年,他和杰克还有卢·韦尔奇从旧金山旅行去纽约)＝乔治·巴索(BS)

戴夫·谢尔曼(VC)＝弗兰克·杰弗里斯

斯坦·谢泼德(OR)＝弗兰克·杰弗里斯

阿尔·欣汉姆(OR)＝艾伦·哈林顿

阿尔·欣克尔(尼尔在丹佛和旧金山的朋友,他陪同杰克旅行穿越整个国家,同行的还有尼尔和露安娜·亨德森)＝埃德·巴克尔(BD),斯利姆·巴克尔(VC),埃德·邓坎尔(OR)

海伦·欣克尔(阿尔·欣克尔的妻子,她也与杰克、尼尔和露安娜一同旅行,于巴勒斯夫妇在新奥尔良的家中度过了一个月)＝海伦·

巴克尔(VC),格拉迪亚·邓坎尔(OR)

  桑迪·雅各布斯(杰克在旧金山的女友)＝乔伊·罗森堡(BS)

  朱利安·亚历山大(SUB)＝安东·罗森堡

  赛琳·扬格(吕西安·卡尔在哥伦比亚大学的女友)＝塞西里(VD),珍妮(TC)

  伊芙琳(VC)＝卡罗琳·卡萨迪

  艾伦·伊格(次中音萨克斯演奏家,著名的博普音乐家)＝罗杰·贝洛特(SUB)

  伊内丝(OR)＝戴安娜·汉森

  佩里·伊特比德(BS)＝詹米·佩皮尼昂

  拉菲尔·尤索(BD)(DA)＝格里高利·科尔索

  厄尔·约翰逊(VC)＝比尔·汤姆森

  海伦·约翰逊(VC)＝多萝西·汤姆森

  罗伊·约翰逊(OR)＝比尔·汤姆森

  阿里·扎扎(DS)＝奥玛·诺埃尔/吉恩·富赫谢特

  珍妮(TC)＝赛琳·扬格

  朱恩(VD)＝琼·沃尔默·亚当斯·巴勒斯

  佐佐(TC)＝奥玛·诺埃尔/吉恩·富赫谢特

补笔

  加布丽埃勒·凯鲁亚克——"妈妈"——于1972年去世,那一年她的儿子杰克要是还活着,就五十岁了。

"杜洛兹传奇"书目

书　名	出版商	创作时间 出版时间	所记载时间与地点
《吉拉德的幻象》	纽约:法勒、斯特劳斯和吉鲁出版社	1956年1月 1963年	1922—1926年 马萨诸塞州洛厄尔
《萨克斯博士》	纽约:格罗夫出版社	1952年7月 1959年	1930—1936年 马萨诸塞州洛厄尔
《玛吉·卡西迪》	纽约:埃文图书公司	1953年 1959年	1938—1939年 马萨诸塞州洛厄尔
《镇与城》	纽约:哈考特、布雷斯与世界图书公司	1946—1949年 1950年	1935—1946年 洛厄尔、纽约
《杜洛兹的虚荣》	纽约:科沃德-麦卡恩出版社	1968年 1968年	1939—1946年 洛厄尔、纽约
《在路上》	纽约:维京出版社	1948—1956年 1957年	1946—1950年 纽约、丹佛、旧金山、新奥尔良、墨西哥,以及美国各地

书　名	出版商	创作时间 出版时间	所记载时间与地点
《科迪的幻象》	纽约:新方向出版公司 纽约:麦格劳希尔出版社	1951—1952年 1960年、1972年	1946—1952年 纽约、旧金山、丹佛，以及美国各地
《地下人》	纽约:格罗夫出版社	1953年10月 1958年	1953年夏 纽约
《特丽丝苔莎》	纽约:埃文图书公司	1955—1956年 1960年	1955—1956年 墨西哥
《达摩流浪者》	纽约:维京出版社	1957年11月 1958年	1955—1956年 西海岸、北卡罗来纳
《荒凉天使》	纽约:科沃德-麦卡恩出版社	1956年、1961年 1965年	1956—1957年 西海岸、墨西哥、丹吉尔、欧洲、纽约
《大瑟尔》	纽约:格罗夫出版社	1961年10月 1962年	1960年 旧金山、大瑟尔
《巴黎之悟》	纽约:格罗夫出版社	1965年 1966年	1965年6月 巴黎、布列塔尼
《墨西哥城布鲁斯》	纽约:格罗夫出版社	1955年8月 1959年	
《金色永恒经文》	纽约:图腾出版社	1956年5月 1960年	
《拔出雏菊》	纽约:格罗夫出版社	1959年3月 1961年	
《梦之书》	旧金山:城市之光书店	1952—1960年 1960年	
《孤独旅者》	纽约:麦格劳希尔出版社	1960年汇编 1960年	
《皮克》	纽约:格罗夫出版社	1951年、1969年 1971年	

书　　名	出版商	创作时间 出版时间	所记载时间与地点
《散落的诗歌》	旧金山:城市之光书店	1945—1968年 1971年	
《早期故事两则》	纽约:芦荟版	1939—1940年 1973年	
《老天使午夜》	伦敦:布克莱格/阿尔比恩	1956年 1973年	
《旅行陷阱》	博利纳斯:灰狐出版社	1959年 1973年	
《天堂及其他诗歌》	博利纳斯:灰狐出版社	1957—1962年 1977年	
《旧金山布鲁斯》		1954年4月 未出版	
《一些佛法》		1954—1955年 未出版	
《多样的诗歌》		1960年汇编 未出版[1]	

1　《杰克之书》原版书中,最后三本书均标记的是未出版。

中英文人名对照表

阿波斯托洛斯,乔治·J.	Apostolos, George J.
阿米契,唐	Ameche, Don
阿明杰,普莉西拉	Arminger, Priscilla
阿姆拉姆,大卫	Amram, David
阿瓦基安,乔治	Avakian, George
埃尔金,凯尔	Elgins, Kyles
艾尔温斯,凯尔斯	Elvins, Kells
埃利奥特,海伦	Elliot, Helen
埃利斯,安妮塔	Ellis, Anita
埃利斯,唐	Ellis, Don
艾伦,唐	Allen, Don
艾伦,史蒂夫	Allen, Steve
艾瑞克森,露丝	Erickson, Ruth
艾森豪威尔,德怀特	Eisenhower, Dwight
安德森,肯	Anderson, Ken
安德森,托尼	Anderson, Tony

安森,艾伦	Ansen, Alan
奥戴,吉姆	O'Day, Jim
奥尔森,查尔斯	Olson, Charles
奥尔洛夫斯基,彼得	Orlovsky, Peter
奥尔洛夫斯基,拉法卡迪奥	Orlovsky, Lafacadio
奥哈拉,拉里	O'Hara, Larry
奥利弗,劳伦斯	Olivier, Laurence
奥姆斯,亚历克斯	Aums, Alex
奥姆斯特德,雷	Olmsted, Ray
巴克尔,埃德	Buckle, Ed
巴克尔,海伦	Buckle, Helen
巴克尔,斯利姆	Buckle, Slim
巴克利,小威廉·F.	Buckley, William F., Jr.
巴勒斯,朱莉	Burroughs, Julie
巴勒斯,威廉	Burroughs, William
巴索,乔治	Baso, George
巴特勒,尼古拉斯·默里	Butler, Nicholas Murray
巴耶,雷蒙德	Baillet, Raymond
拜尔斯,伯尼	Byers, Bernie
白兰度,马龙	Brando, Marlon
帮库尔,雷米	Boncoeur, Remi
鲍德温,吉米	Baldwin, Jimmy
鲍尔,哈里	Bauer, Harry
鲍嘉,亨弗莱	Bogart, Humphrey

贝尔菲尔德,杰克	Barefield, Jack
贝克,迪克	Beck, Dick
贝洛,欧内斯特	Berlot, Ernest
贝洛特,罗杰	Beloit, Roger
贝热拉克,查理	Bergerac, Charlie
贝热拉克,拉奇	Bergerac, Lucky
贝热拉克,温尼	Bergerac, Vinny
比格伊戈尔,杜安	BigEagle, Duane
比利,约瑟夫·亨利·"斯考蒂"	Beaulieu, Joseph Henry "Scotty"
比索内特,吉米	Bisonette, Jimmy
伯德金,莫德	Bodkin, Maud
博尔迪尤,保罗·"斯考蒂"	Boldieu, Paul "Scotty"
博尔迪尤,斯考奇	Boldieu, Scotcho
博尔斯,罗伯特	Boles, Robert
伯福德,鲍勃	Burford, Bob
伯福德,比弗莉	Burford, Beverly
伯格曼,路易斯	Bergman, Louis
勃朗宁,彼得	Browning, Peter
勃郎宁,罗伯特	Browning, Robert
波默罗伊,沃德尔	Pomeroy, Wardell
伯纳德,查尔斯	Bernard, Charles
伯内特,大卫	Burnett, David
伯内特,惠特	Burnett, Whit
波特,阿拉贝拉	Porter, Arabelle
伯特兰,弗雷德	Bertrand, Fred

伯特兰，哈比	Bertrand, Happy
伯特兰，里奥纳·"里奥"	Bertrand, Leona "Leo"
布福德，比夫	Buferd, Biff
布坎南，罗西	Buchanan, Rosie
布赖尔利，贾斯丁	Brierly, Justin
布莱克，保罗	Blake, Paul
布莱克，布莱基	Blake, Blacky
布莱克，卡罗琳·凯鲁亚克	Blake, Caroline Kerouac
布莱克，罗恩	Blake, Ron
布莱克曼，菲尔	Blackman, Phil
布朗，亨利	Browne, Henry
布劳顿，吉米	Broughton, Jimmy
布隆伯格，奥斯丁	Bromberg, Austin
布鲁克斯，尤金	Brooks, Eugene
布洛，德尼	Bleu, Deni
布罗迪，艾瑞丝	Brodie, Iris
蔡斯，哈尔东	Chase, Haldon
查普曼，杰	Chapman, Jay
查普特，乔	Chaput, Joe
查特斯，安	Charters, Ann
茨威格，阿诺德	Zweig, Arnold
达布尼，埃利奥特	Dabney, Elliot
达布尼，维拉敏·"比莉"	Dabney, Willamine "Billie"

达杰利,大卫	D'Angeli, David
达伦伯格,克劳德	Dahlenburg, Claude
达洛夫斯基,拉夫卡迪奥	Darlovsky, Lafcadio
达洛夫斯基,西蒙	Darlovsky, Simon
达姆莱特,阿尔	Damlette, Al
达姆莱特,马尔	Damlette, Mal
达·帕维亚,弗朗西斯	Da Pavia, Francis
戴蒙德,大卫	Diamond, David
戴维斯,比蒂·G.	Davies, Beattie G.
戴维斯,迈尔斯	Davis, Miles
道森,乔安娜	Dawson, Joanna
德·安古洛,居伊	De Angulo, Gui
德·安古洛,詹美	De Angulo, Jaime
德·摩布理,克劳德	De Maubris, Claude
德安吉利斯,保罗	DeAngelis, Paul
德拉尼,丽兹	Delaney, Liz
德拉尼,帕特	Delaney, Pat
德鲁尼亚,查克	Derounian, Chuck
德尼森,玛丽	Dennison, Mary
德尼森,威尔	Dennison, Will
邓肯,艾莎道拉	Duncan, Isadora
邓肯,罗伯特	Duncan, Robert
邓坎尔,埃德	Dunkel, Ed
邓坎尔,格拉迪亚	Dunkel, Galatea
迪·奇利,理查德	Di Chili, Richard

迪芬多夫,巴德	Diefendorf, Bud
东林,鲍勃	Donlin, Bob
多尔,丹佛·D.	Doll, Denver D.
多纳,伊弗雷姆	Doner, Ephraim
多纳利,罗布	Donnelly, Rob
多恩,埃德	Dorn, Ed
杜·普鲁,彼得	Du Peru, Peter
杜洛兹,埃米尔·"爸"	Duluoz, Emil "Pop"
杜洛兹,吉拉德	Duluoz, Gerard
杜洛兹,杰基	Duluoz, Jacky
杜洛兹,凯瑟琳·"宁"	Duluoz, Catherine "Nin"

法玛尔,阿尔特	Farmer, Art
范·多伦,马克	Van Doren, Mark
范·米特,彼得	Van Meter, Peter
费根,本	Fagan, Ben
菲茨杰拉德,杰克	Fitzgerald, Jack
菲茨杰拉德,斯科特	Fitzgerald, Scott
菲茨帕特里克,贝内特	Fitzpatrick, Bennet
菲茨帕特里克,沃尔特	Fitzpatrick, Walt
菲尔布拉瑟,埃里克斯	Fairbrother, Alex
菲尔兹,W. C.	Fields, W. C.
费林盖蒂,劳伦斯	Ferlinghetti, Lawrence
菲普斯,阿瑟	Phipps, Arthur
费伊,艾丽丝	Faye, Alice

冯内古特,小库尔特	Vonnegut Jr.,Kurt
佛朗哥,贝亚	Franco,Bea
富赫谢特,吉恩	Fourchette,Jean
福克斯,玛尔杜	Fox,Mardou
弗兰克,罗伯特	Frank,Robert
福力,玛莎	Foley,Martha
弗里德,阿瑟	Freed,Arthur
弗洛伊德,西格蒙德	Freud,Sigmund
盖博,克拉克	Gable,Clark
盖拉德,斯利姆	Gaillard,Slim
甘特,尤金	Gant,Eugene
冈萨雷斯,巴布斯	Gonzales,Babs
戈达德,德怀特	Goddard,Dwight
戈尔德布克,阿尔瓦	Goldbook,Alvah
格拉斯曼,乔伊思	Glassman,Joyce
格兰特,麦克斯韦尔	Grant,Maxwell
格劳尔霍兹,詹姆斯	Grauerholz,James
格雷,埃德	Gray,Ed
格雷,提姆	Grey,Tim
格雷布,罗洛	Greb,Rollo
格利戈里奇,尤里	Gligoric,Yuri
格利森,马迪	Gleason,Maddie
格林,格雷厄姆	Green,Graham
格林,居伊	Green,Guy

格林冈斯,布鲁诺	Gringas, Bruno
格林冈斯,杜克	Gringas, Duke
格林冈斯,塔里马克斯	Gringas, Telemachus
格林斯特里特,西德尼	Greenstreet, Sidney
格洛兹,乔治	Grosz, George
古德曼,班尼	Goodman, Benny
古德曼,保罗	Goodman, Paul
古德曼,罗伯特	Goodman, Robert
古德曼,罗娜	Goodman, Lorna
古尔德,斯坦利	Gould, Stanley
哈伯德,布尔	Hubbard, Bull
哈伯德,威尔森·霍尔姆斯·"威尔"	Hubbard, Wilson Holmes "Will"
哈顿,吉姆	Hutton, Jim
哈弗斯,瓦尔	Haves, Val
哈弗蒂,琼	Haverty, Joan
哈林顿,艾伦	Harrington, Alan
哈塞尔,埃尔默	Hassel, Elmo
哈瑟威,保罗	Hathaway, Paul
哈特,霍华德	Hart, Howard
海明威,欧内斯特	Hemingway, Ernest
海斯,瓦尔	Hayes, Val
海伍德,阿尔	Harewood, Al
汉普西尔,迪基	Hampshire, Dicky

汉森,戴安娜	Hansen, Diana
豪斯曼,A. E.	Housman, A. E.
赫德里克,沃利	Hedrick, Wally
赫普,露丝	Heaper, Ruth
亨德森,露安娜	Henderson, Luanne
洪克,赫伯特	Huncke, Herbert
怀斯,西摩	Wyse, Seymour
怀特,埃德	White, Ed
怀特,菲尔	White, Phil
黄,自强	Wong, Victor
惠伦,菲利普	Whalen, Philip
霍尔,唐纳德	Hall, Donald
霍尔姆斯,吉姆	Holmes, Jim
霍尔姆斯,约翰·克莱伦	Holmes, John Clellon
霍芬伯格,梅森	Hoffenberg, Mason
霍夫曼,特德	Hoffman, Ted
霍兰德,约翰	Hollander, John

加登,哈利	Garden, Harry
加迪斯,威廉	Gaddis, Williams
加弗,比尔	Garver, Bill
吉布森,艾瑞克	Gibson, Eric
吉布森,杰姬	Gibson, Jackie
吉尔伯特,艾迪	Gilbert, Eddie
吉尔胡利,玛丽	Gilhooley, Mary

吉莱斯皮,迪兹	Gillespie, Dizzy
吉鲁,罗伯特	Giroux, Robert
吉尼斯,亚历克	Guinness, Alec
贾雷尔,兰德尔	Jarrell, Randall
杰弗里斯,弗兰克	Jeffries, Frank
杰克逊,菲丽斯	Jackson, Phyllis
杰克逊,娜塔莉	Jackson, Natalie
杰克逊,皮克托利·瑞福	Jackson, Pictorial Review
金,查德	King, Chad
金,瓦尔	King, Val
金斯堡,艾伦	Ginsberg, Allen
金斯堡,路易	Ginsberg, Louis
卡恩,赫伯	Caen, Herb
卡尔,吕西安	Carr, Lucien
卡尔,西塞	Carr, Cessa
卡津,阿尔弗雷德	Kazin, Alfred
卡科伊西斯,莱因霍尔德	Cacoethes, Reinhold
卡莫迪,弗兰克	Carmody, Frank
卡默勒,大卫	Kammerer, David
卡尼,玛丽	Carney, Mary
卡侬,莱斯利	Carnon, Leslie
卡萨迪,卡罗琳	Cassady, Carolyn
卡萨迪,凯茜	Cassady, Cathy
卡萨迪,尼尔	Cassady, Neal

卡萨迪,约翰·艾伦	Cassady, John Allen
卡萨迪,詹米	Cassady, Jamie
卡西迪,玛吉	Cassidy, Maggie
卡扎拉奇,约翰尼	Kazarakis, Johnny
凯克,比尔	Keck, Bill
凯鲁亚克,吉拉德	Kerouac, Gerard
凯鲁亚克,杰克	Kerouac, Jack
凯鲁亚克,利奥·阿尔西德	Kerouac, Leo Alcide
凯西,埃德加	Cayce, Edgar
坎德尔,勒诺	Kandel, Lenore
坎纳斯特拉,比尔	Cannastra, Bill
考恩,埃莉斯	Cowen, Elise
考恩,丹	Cowan, Dan
考利,马尔科姆	Cowley, Malcolm
科达,佐尔坦	Korda, Zoltan
科多瓦,帕迪	Cordovan, Paddy
科恩,阿尔	Cohn, Al
科尔,波琳·"莫伊"	Cole, Pauline "Moe"
科尔伯特,斯坦利	Colbert, Stanley
科尔索,格里高利	Corso, Gregory
科菲,玛格丽特	Coffey, Margaret
科夫林,沃伦	Coughlin, Warren
克莱门茨,马歇尔	Clements, Marshall
克兰,弗朗兹	Kline, Franz
克兰斯顿,拉蒙特	Cranston, Lamont

克兰西,提米	Clancy, Timmy
克里利,罗伯特	Creely, Robert
克鲁,亨利	Cru, Henri
克罗斯比,哈里	Crosby, Harry
科缪卡,里奇	Comucca, Ricci
克缪卡,里奇	Komuca, Richie
克西,肯	Kesey, Ken
肯顿,斯坦	Kenton, Stan
库门扎利,约翰尼	Koumentzalis, Johnny
拉夫林,詹姆斯	Laughlin, James
拉曼提亚,菲利普	Lamantia, Philip
拉瓦里纳,阿利亚尔	Lavalina, Arial
拉维涅,罗伯特	LaVigne, Robert
拉祖利,露丝·怀斯	Lazuli, Rose Wise
莱德,贾菲	Ryder, Japhy
莱德,罗达	Ryder, Rhoda
莱尔曼,丽兹	Lerman, Liz
莱斯利,阿尔弗雷德	Leslie, Alfred
莱韦克,加布丽埃勒·安热	L'Evesque, Gabrielle Ange
莱维托夫,丹尼斯	Levertov, Denise
莱温斯基,利昂	Levinsky, Leon
兰德尔,梅里尔	Randall, Merrill
兰德姆,瓦内姆	Random, Varnum
兰德斯曼,杰	Landesman, Jay

雷克斯罗斯,肯尼斯	Rexroth, Kenneth
李,劳伦斯	Lee, Laurence
里昂,朱莉	Lyon, Julie
利波尔,卢	Libble, Lu
里德,迪奇	Reed, Dickie
里弗斯,拉里	Rivers, Larry
里格洛庞罗斯,G. J.	Rigolopoulos, G. J.
里格庞罗斯,G. J.	Rigopoulos, G. J.
利里,蒂姆	Leary, Tim
里普,芭芭拉	Lipp, Barbara
里奇曼,丹尼	Richman, Danny
利斯尔,谢利	Lisle, Shelley
利特尔,卢	Little, Lou
鲁洛,斯考奇	Rouleau, Scotcho
鲁塞尔,维基	Russell, Vicki
洛,彼特	Lorre, Peter
洛德,斯特林	Lord, Sterling
洛厄尔,罗伯特	Lowell, Robert
洛夫,朱利安	Love, Julien
罗林斯,巴贝	Rawlins, Babe
罗林斯,雷	Rawlins, Ray
罗塞特,巴尼	Rosset, Barney
罗森堡,安东	Rosenberg, Anton
罗森堡,乔伊	Rosenberg, Joey
罗森鲍姆,杰克	Rosenbaum, Jack

罗斯,吉拉德　　　　　　　　　Rose, Gerard
罗斯曼,罗尼　　　　　　　　　Roseman, Ronnie
洛威尔,艾米　　　　　　　　　Lowell, Amy
洛宗,阿尔伯特·"讨厌鬼"　　　　Lauzon, Albert "Lousy"

马,阿瑟　　　　　　　　　　　Ma, Arthur
马丁,彼得　　　　　　　　　　Martin, Peter
马丁,玛格丽特·库尔贝　　　　　Martin, Marguerite Courbet
马丁,米奇　　　　　　　　　　Martin, Mickey
马丁,朱利安　　　　　　　　　Martin, Julian
马尔维希尔,丹尼"D. J."　　　　Mulverhill, Danny "D. J."
马克,哈维　　　　　　　　　　Marker, Harvey
马克菲尔德,华莱士　　　　　　Markfield, Wallace
马克斯,卡洛　　　　　　　　　Marx, Carlo
麦杜华,罗迪　　　　　　　　　McDowall, Roddy
麦瓜恩,托马斯　　　　　　　　McGuane, Thomas
麦吉利卡迪,梅茨　　　　　　　McGillicuddy, Mezz
麦卡锡,约瑟夫　　　　　　　　McCarthy, Joseph
麦克菲,吉米　　　　　　　　　McFee, Jimmy
麦科克尔,洛克　　　　　　　　McCorkle, Locke
麦克蕾,卡门　　　　　　　　　McRae, Carmen
麦克利尔,帕特里克　　　　　　McLear, Patrick
麦克卢尔,迈克尔　　　　　　　McClure, Michael
麦克洛克,凯文　　　　　　　　McLoch, Kevin
麦克纳利,德尼斯　　　　　　　McNally, Dennis

麦克琼斯,巴里欧尔	MacJones, Balliol
迈斯特,沃尔多	Meister, Waldo
曼内利,贾斯丁	Mannerly, Justin
梅,爱琳	May, Irene
梅恩,谢利	Manne, Shelly
梅勒,诺曼	Mailer, Norman
梅里尔,詹姆斯	Merrill, James
梅洛迪,杰克	Melody, Jack
梅西,罗纳德	Macy, Ronald
梅耶,路易斯·B.	Mayer, Louis B.
蒙哥马利,约翰	Montgomery, John
蒙克,塞隆尼斯	Monk, Thelonious
蒙桑托,洛伦佐	Monsanto, Lorenzo
米尔斯坦,吉尔伯特	Millstein, Gilbert
米勒,格伦	Miller, Glenn
米勒,亨利	Miller, Henry
米切尔,雷德	Mitchell, Red
米悠,查理	Mew, Charlie
敏科,艾伦	Minko, Allen
敏科,欧文	Minko, Irving
缪尔,约翰	Muir, John
默顿,托马斯	Merton, Thomas
摩尔,布鲁	Moore, Brew
摩尔,布洛	Moore, Brue
莫拉斯,阿黛尔	Morales, Adele

莫兰德,达斯提	Moreland, Dusty
莫利,亨利	Morley, Henry
莫利塞特,查理	Morrisette, Charlie
莫里亚蒂,艾米	Moriarty, Amy
莫里亚蒂,迪安	Moriarty, Dean
莫里亚蒂,乔妮	Moriarty, Joanie
莫纳汉,西恩	Monahan, Sean
穆拉德,亚当	Moorad, Adam
穆勒,弗朗兹	Mueller, Franz
穆勒根,杰瑞	Mulligan, Gerry
纳尔逊,玛丽·娄	Nelson, Mary Lou
内斯坦,雷	Neinstein, Ray
尼古拉斯,弗瑞兹	Nicholas, Fritz
纽曼,阿丽丝	Newman, Alyce
纽曼,杰里	Newman, Jerry
诺埃尔,奥玛	Noël, Omar
欧夏,伊克	O'Shay, Ike
帕尔默,埃德娜·"乔妮"	Palmer, Edna "Johnnie"
帕克,查理	Parker, Charlie
帕克,伊迪	Parker, Edie
帕拉迪塞,萨尔	Paradise, Sal
帕诺斯,亚历克斯	Panos, Alex

庞姆瑞,艾米丽	Pomeray, Emily
庞姆瑞,盖比	Pomeray, Gaby
庞姆瑞,科迪	Pomeray, Cody
庞姆瑞,提米·约翰	Pomeray, Timmy John
佩恩,威廉	Penn, William
佩格勒,韦斯特布鲁克	Pegler, Westbrook
佩帕德,乔治	Peppard, George
佩皮尼昂,詹米	Perpignan, Jamie
佩瑟皮耶,利奥	Percepied, Leo
皮科洛,路易吉	Piccolo, Luigi
珀金斯,麦克斯韦尔	Perkins, Maxwell
坡克尔,雷	Pockell, Les
普列文,安德烈	Previn, Andre
普鲁夫,吉恩	Plouffe, Gene
齐尤冈斯,杜克	Chiungas, Duke
钱德勒,比利	Chandler, Billy
萨布莱特,阿尔	Sublette, Al
萨尔瓦斯,罗兰	Salvas, Roland
萨瓦基斯,萨比	Savakis, Sabby
萨瓦基斯,斯塔芙鲁拉	Savakis, Stavroula
塞布鲁克,汤姆	Saybrook, Tom
塞尔巴格,迈扎特	Serbagi, Midhat
桑戴,比利	Sunday, Billy

桑德,哈罗德	Sand, Harold
桑德堡,卡尔	Sandburg, Carl
桑德斯,埃德	Sanders, Ed
桑帕斯,萨米	Sampas, Sammy
桑帕斯,斯特拉	Sampas, Stella
桑托斯,詹姆斯·G.	Santos, James G.
圣克莱尔,怀蒂	St. Clair, Whitey
圣路易,瑞德	St. Louis, Red
施华兹,罗曼娜	Swartz, Ramona
史密斯,保罗	Smith, Paul
史密斯,雷	Smith, Ray
史密斯,朱迪	Smith, Judie
施塔克,菲尔	Stark, Phil
史蒂文森,阿德莱	Stevenson, Adlai
斯宾格勒,奥斯瓦尔德	Spengler, Oswald
斯蒂尔,克里福德	Still, Clyfford
斯玛特,莱昂内尔	Smart, Lionel
斯纳克,汤姆	Snark, Tom
斯耐德,加里	Snyder, Gary
斯耐德,西娅	Snyder, Thea
斯派塞,杰克	Spicer, Jack
斯皮克,鲍勃	Speak, Bob
斯特劳斯,西尔维斯特	Strauss, Sylvester
斯特林厄姆,埃德	Stringham, Ed
斯特罗海姆,戴夫	Stroheim, Dave

斯提恩,杰克	Steen, Jack
斯温森,欧文	Swenson, Irwin
索海尔,于连	Sorels, Julien
所罗门,卡尔	Solomon, Carl
塔利亚布埃,约翰	Tagliabue, John
泰布勒,迪尔德丽	Tabler, Deirdre
泰勒,简	Taylor, Jane
泰勒,帕克	Tyler, Parker
汤姆森,比尔	Tomson, Bill
汤姆森,多萝西	Tomson, Dorothy
唐纳德,杰弗里	Donald, Geoffrey
特姆科,艾伦	Temko, Allan
特塞罗,大卫	Tercero, David
特瓦尔多维奇,斯坦利	Twardowicz, Stanley
托马斯,狄兰	Thomas, Dylan
托姆,罗伯特	Thom, Robert
瓦格纳,雅里	Wagner, Jarry
瓦伦西亚,吉雅	Valencia, Gia
维达尔,戈尔	Vidal, Gore
维德,山姆	Vedder, Sam
韦恩,阿瑟	Whane, Arthur
韦恩,戴夫	Wain, Dave
威尔,埃德	Wehle, Ed

威尔洛克,约翰·霍尔	Wheelock, John Hall
韦尔奇,卢	Welch, Lew
威尔斯,奥逊	Wells, Orson
韦弗,海伦	Weaver, Helen
韦弗,雷蒙德	Weaver, Raymond
韦克菲尔德,丹	Wakefield, Dan
维拉努埃瓦,埃斯佩兰萨	Villanueva, Esperanza
威廉斯,威廉·卡洛斯	Williams, William Carlos
维特-迪亚芒,露丝	Witt-Diamant, Ruth
温,艾艾	Wyn, A. A.
温盖特,约翰	Wingate, John
温切尔,吉米	Winchel, Jimmy
沃茨,艾伦	Watts, Alan
沃尔,埃德	Wall, Ed
沃尔夫,托马斯	Wolfe, Thomas
沃尔默,琼	Vollmer, Joan
沃里塞尔,扎扎	Vauriselle, Zaza
沃伦斯坦,罗斯	Wallenstein, Ross
沃森,汤姆	Watson, Tom
沃森,詹姆斯	Watson, James
伍德,肯尼	Wood, Kenny
乌尔,埃德	Uhl, Ed
乌尔,唐	Uhl, Don
锡姆斯,祖特	Sims, Zoot

西条, 阿尔伯特　　　　　Saijo, Albert
谢哈布, 沙希布　　　　　Shahab, Sahib
谢尔曼, 戴夫　　　　　　Sherman, Dave
谢泼德, 斯坦　　　　　　Shepard, Stan
欣汉姆, 哈尔　　　　　　Hingham, Hal
欣克尔, 阿尔　　　　　　Hinkle, Al
欣克尔, 海伦　　　　　　Hinkle, Helen
辛普森, 路易　　　　　　Simpson, Louis
休斯, 兰斯顿　　　　　　Hughes, Langston

亚布隆斯基, 刘易斯　　　Yablonsky, Lewis
雅各布斯, 桑迪　　　　　Jacobs, Sandy
亚历山大, 比尔　　　　　Alexander, Bill
亚历山大, 朱利安　　　　Alexander, Julian
杨, 莱斯特　　　　　　　Young, Lester
扬格, 赛琳　　　　　　　Young, Celine
叶芝, 威廉·巴特勒　　　 Yeats, William Butler
伊格, 艾伦　　　　　　　Eager, Alan
伊特比德, 佩里　　　　　Yturbide, Perry
尤索, 拉菲尔　　　　　　Urso, Raphael
约翰逊, 阿尔特　　　　　Johnson, Arte
约翰逊, 厄尔　　　　　　Johnson, Earl
约翰逊, 海伦　　　　　　Johnson, Helen
约翰逊, 罗伊　　　　　　Johnson, Roy

扎扎,阿里　　　　　　　Zaza, Ali
詹姆斯,亨利　　　　　　James, Henry
詹尼森,基思　　　　　　Jennison, Keith